Ken Winkler: Die Biographie – Lama Anagarika Govinda –

Ken Winkler lebte vier Jahre lang in Asien, wo er in Indien für das US Peace Corps und als Dozent für Journalismus in Bangkok arbeitete. Als Sozialarbeiter hatte er mit der Betreuung von Flüchtlingen zu tun.
Er ist seit über zehn Jahren Buddhist und Mitglied des Thubten Dargye Ling Tibetan Buddhist Centre.

Lama Anagarika Govinda (Li Gotamis Lieblingphoto von ihm)

Ken Winkler

Die Biographie
Lama Anagarika Govinda

©Ken Winkler 1990

Nach der Ausgabe von
Element Books Limited
Longmead, Shaftesbury, Dorset

©der deutschen Ausgabe
Aquamarin Verlag
Voglherd 1 · 8018 Grafing

Titelbild nach einem Photo
von Li Gotami
mit freundlicher Genehmigung des
Arya Maitreya Mandala

Layout: Annette Wagner

Herstellung: P&P Lichtsatz GmbH, Grafing

ISBN 3-89427-015-2

Inhalt

Einleitung	7
Danksagung	11
1 Kindheit	15
2 Capri	21
3 Ceylon und Burma	29
4 Tomo Geshe Rimpoche	41
5 Westtibet	53
6 Li Gotami (Rati Petit)	63
7 Internierung	87
8 Heirat	93
9 Tsaparang	119
10 Der Phiyang Lama	151
11 Gespräche mit Sangharashita	163
12 Dr. Evans-Wentz	173
13 „Der Kampf zwischen zwei Welten"	201
14 „Eine subtile Transformation"	219
15 Die letzte Unterweisung	233
Epilog	243
Anmerkungen	247

Einleitung

Im Lauf der Jahre hatte Lama Anagarika Govinda einen Ruf auf dem Gebiet der Tibetologie erworben, der den vieler seiner Zeitgenossen in den Schatten stellte und der ihn nicht nur als Gelehrten, sondern auch als Anhänger des Buddhismus bekannt machte. Bald erreichte der Lama, der stets in eine Robe gekleidet war, eine so große Popularität, daß westliche Buddhisten ihn als wesentlichen Repräsentanten des tibetischen Buddhismus betrachteten. Seine bedeutenden Veröffentlichungen *(Grundlagen der tibetischen Mystik, Kreative Meditation und multidimensionales Bewußtsein, Die psychologische Haltung der früh-buddhistischen Psychologie)* behandelten den spirituellen Hintergrund und die Philosophie des Buddhismus in westlichem und östlichem Kontext. Seine Autobiographie jedoch *(Der Weg der weißen Wolken)* wurde sein meistgelesenes Buch. Seine Erfahrungen als Pilger offenbarten dem westlichen Leser die Möglichkeit einer anderen Sicht der Wirklichkeit.

Lama Govinda war stets ein Mensch voller Geheimnisse. Seine zurückhaltende Art und sein gewinnendes, freundliches Auftreten täuschten über seinen scharfen Intellekt und sein profundes Wissen über die Grundlagen von Philosophie und Religion hinweg. Vor allem war er ein Künstler, und seine Beobachtungen und seine Beziehung zur Welt reflektierten sein ästhetisches Gefühl für Ausgewogenheit und Farbigkeit. Gespräche mit ihm waren stets belebend, humorvoll und gedankenanregend, doch seine Gegenwart bedeutete mehr als seine Worte; am Ende hinterließ sein Beispiel eines einfachen, unmittelbaren Lebens – mehr noch als sein schriftliches Werk – einen dauerhaften Eindruck.

Lama Govinda stammte aus einem anderen Jahrhundert. Seine Kindheit in dem Deutschland von einst bestimmte seine Reiselust, und seine Interessen ließen ihn eine spirituelle Richtung einschlagen. Der erste Weltkrieg und sein Universitätsstudium führten ihn zu den Künstlergemeinden Italiens und Capris, einer Zwischenstufe auf seinem Weg nach Ceylon und seiner späteren Konvertierung zum tibetischen Buddhismus. Seinen Weg ging er stets unbeirrt, und ohne Unterlaß suchte er nach einem spirituellen Leben. Seine ökumenische Grundhaltung läßt sich auf seine Erfahrungen mit allen Formen der buddhistischen Lehre zurückführen.

Allerdings wollte Lama Govinda niemals etwas Besonderes sein, und er ermutigte andere Menschen stets, in ihrer persönlichen Suche sich selbst zu finden. Er besaß das Glück, in Li Gotami eine Gefährtin und Helferin gefunden zu haben, die seine Auffassung teilte und seine Zeit verwaltete, und die ihm so erst die Möglichkeit gab, seine Bücher zu schreiben. Zu bestimmten Zeiten war er Soldat, Künstler, Poet und Lama; diese Vielschichtigkeit bestimmte sein Leben. Als ich seine Biographie schrieb, erlebte ich ihn als faszinierenden, ernsthaften Gelehrten, der in sein Leben eine erstaunliche Mischung aus Humor, Reisen, Vorträgen, Meditation und schriftstellerischer Arbeit packen konnte. Sein Leben bewegte eine große Zahl von Menschen, und durch seine Suche und seinen Zuspruch konnte er viele auf ihrer Suche begleiten.

Ich traf Lama Govinda kurz, nachdem er sich in Kalifornien niedergelassen hatte. Unsere Beziehung war zu Beginn ein wenig förmlich; wir sprachen über die Ergebnisse meiner Recherchen über das Leben seines Freundes und Mäzens, des verstorbenen Dr. Walter Evans-Wentz. Förmlichkeit bestimmte allerdings nie lange eine Begegnung mit dem Lama. Wir lachten oft gemeinsam, und der Lama und Li Gotami wetteiferten miteinander, wer sich an mehr Einzelheiten aus dem Leben ihres gemeinsamen Freundes erinnern konnte.

Einige Jahre lang traf ich Lama Govinda etwa jeden Monat, und ich wäre jede Woche gekommen, wenn es möglich gewesen wäre. Li Gotami rief mich immer an und bat mich zu kommen, und dies tat ich dann für gewöhnlich. Die Tatsache, daß Li an der Parkinsonschen Krankheit litt, beeinträchtigte sie nicht völlig, und so bereitete sie Tee zu und bestand darauf, nötige Arbeiten zu erledigen, während ich mit dem Lama über „Guru-Themen" sprach. Ihre Großzügigkeit und Fürsorglichkeit haben mich immer tief bewegt, und ich bemerkte Freunden gegenüber, ich hätte zwei wirklich außergewöhnliche Menschen getroffen.

Ken Winkler
Los Angeles
1990

Danksagung

Drei Frauen haben mir bei der Fertigstellung dieses Buches geholfen: Carol Fields gab den Anstoß dazu; Yvonne Rand öffnete die Tür zu meinen Studien, die vorher verschlossen war, und Nancy Nason half mir, in den langen Tagen des Studiums, Schreibens und Redigierens immer wieder weiterzumachen.

Während diese drei Frauen mir dabei halfen, diese Biographie zu schreiben, liehen mir viele andere ihre Zeit, Energie und Erfahrung, und ohne ihre Unterstützung bei meinen Nachforschungen wäre dieses Buch wohl kaum fertig geworden. Mit einem Problem sieht man sich konfrontiert, wenn man über einen Menschen wie Lama Anagarika Govinda schreibt, der in seinem Leben dieses Jahrhundert durchlebt und den ganzen Erdball durchmessen hat, und nur wenige Menschen, mit denen er Kontakt hatte, noch erreichbar oder am Leben sind.

Einige von Lama Govindas Freunden leben in Indien. Sangharashita lebt nun nördlich von London in Norwich, und er war so großzügig, mir Kopien seines Briefwechsels zu überlassen. Er gab darüber hinaus seine Erinnerungen weiter, und ich bedanke mich für seine Hilfsbereitschaft ganz besonders. Sri Madhava Ashish, der Schüler Krishna Prems, lebt noch in Mirtola, wo er mich und Nancy Nason in seinem Garten am Himalaja einen Nachmittag lang unterhielt. Sunyabhai (Alfred Sørenson) und Gertrude Sen sind von uns gegangen, aber in der Zeit, die wir miteinander verbracht haben, lachten wir gemeinsam über ihre Besuche bei den Govindas. Sie zeigten mir ihre Briefe und erzählten mir von Almora in den alten Tagen.

Mehrere Nachbarn in „Crank's Ridge" teilten ihre Gedanken und ihre Zeit mit mir, vor allem Kakoo und Sita Dawan, der verstorbene Guru Lama, und auch der verstorbene Dr. Walter Evans-Wentz, dessen Briefe sich in der Stanford University Special Collections Library befinden (ich danke Carol Rudisell dafür, daß ich sie einsehen konnte; ebenso danke ich der Universität von Stanford). Lama Govinda gab mir selbst einige Briefe und ermöglichte mir einen besonderen Einblick in ihre gemeinsame Beziehung.

Aus England erhielt ich viele Informationen. John Snelling, der frühere Herausgeber des *Middle Way,* gab mir freundlicherweise die Erlaubnis, Lama Govindas Beiträge zu zitieren und ermöglichte mir die Nutzung des Materials aus seinem Buch über den Berg Kailash, *The Sacred Mountain.* Oxford University Press gestattete mir, aus *The Tibetan Book of the Dead* (dt.: *Das Tibetische Totenbuch)* und *Tibet's Great Yogi Milarepa* zu zitieren. Brian Beresford und ich verbrachten einen wunderbaren Tag, als wir gemeinsam über neuere Eindrücke aus Tsaparang und Tholing sprachen. Damals verbrachte ich auch viele Stunden mit den Mitarbeitern von Wisdom Publications, und ich schätze ihren Zuspruch und ihre Hilfe ganz besonders; nochmals vielen Dank an Nick, Robina, Mike, (die) Sarah(s), Susan, Stella und Marianne.

Arya Maitreya Mandala ermöglichte mir, mich in ihrer Bibliothek in Überlingen drei Tage lang aufzuhalten, und Dr. K.H. Gottmann und Sabine Thielow brachten Stunden damit zu, Material für mich zu kopieren, mir Essen zu bringen und mit mir bis in die frühen Morgenstunden Erinnerungen und Ansichten über den verstorbenen Lama Govinda auszutauschen. Sie gaben mir die Erlaubnis, viele der Photos in diesem Buch zu verwenden.

Shambhala Publications gestattete mir, aus *The Way of the White Clouds* (dt.: *Der Weg der weißen Wolken*) zu zitieren, welches von allen Büchern Lama Govindas das faszinierendste und persönlich bedeutendste bleibt.

Ich möchte Samuel Weiser dafür danken, daß er mir die Erlaubnis gab, aus *Foundations of Tibetan Mysticism* (dt.: *Grundlagen der tibetischen Mystik*) zu zitieren und Dharma Publishing danke ich dafür, daß sie es mir ermöglichten, aus *Psycho-Cosmic Symbolism of the Buddhist Stupa* zu zitieren. Ohio University Press gab mir die Erlaubnis zu den Zitaten aus Evans-Wentz's *Cuchama and Sacred Mountains*, und die Herausgeber von *Wind Bell*, der Zeitschrift des Zen-Centers in San Francisco, gestatteten mir die Zitate aus den Beiträgen Lama Govindas. Die Maha-Bodhi Society erlaubte mir, aus den langjährigen Beiträgen Lama Govindas in ihrer Zeitschrift zu zitieren, und die Theosophical Society gestattete mir die Zitate aus *The American Theosophist*. John Weatherhill gestattete mir, aus *The Inner Structure of the I Ging* zu zitieren und Century Hutchinson Ltd. gab mir die Erlaubnis, Teile aus *The Psychological Attitude of Early Buddhist Philosophy* zu verwenden.

In Amerika war Yvonne Rand eine sehr hilfreiche und interessierte Teilnehmerin an meinen Studien. Wir verbrachten gemeinsame Stunden mit der Lektüre von Artikeln und Gesprächen über ihre Erinnerungen. Sie gestattete mir den Gebrauch der Bandaufzeichnungen ihrer Interviews mit Lama Govinda, in denen er über die Zeit in Capri und Ceylon sprach. Gary Snyder half mir mit seinen Erinnerungen an Lama Govinda und erlaubte mir, Teile aus seinen Beiträgen in *Main Currents in Modern Thought* zu verwenden. Dorji Lama, Ruth Costello, John und Mary Theobald und der verstorbene John Blofeld waren eine unersetzliche Hilfe beim Schreiben dieser Biographie, ebenso Nyanaponika Mahathera und Peter Matthiessen. Li Gotami Govinda gab mir großzügigerweise die Erlaubnis, Photos aus ihrer reichhaltigen Sammlung zu verwenden.

Ich möchte außerdem den Herausgebern von *Illustrated Week of India* meinen Dank dafür aussprechen, daß sie mir die Erlaubnis gewährten, aus den Artikeln Li Gotamis über ihre Reise nach Tsaparang zu zitieren.

Teile dieser Biographie erschienen als Artikel in *Tibetan Review*; mein Dank dafür geht an Tsering Wangyal.

Ebenso wurde ich beim Schreiben dieses Buchs indirekt durch Freunde und Bekannte in Asien unterstützt. Deshalb widme ich mit großer Freude und Dankbarkeit dieses Buch den Menschen in Nepal und Thailand, die mir geholfen haben, den Dharma besser kennenzulernen. Ein besonderer Dank geht an meine Mitreisenden in Asien, besonders an Silvi, Adrian, Murray, Rosemary, Steve van Beck und Lama Lhundrup Rigsel aus Kopan Gompa, Katmandu.

1
Kindheit

Träume vom bolivianischen Hochland waren für die Kindheit Ernst Lothar Hoffmanns bestimmend. Diese Träume entsprangen nicht nur seiner kindlichen Phantasie, sondern sie waren die Kristallisation wirklicher Erlebnisse, die mit seiner Familie zu tun hatten. Die Hoffmanns stammten aus einer alten, etablierten Familie von Geschäftsleuten aus Hessen, und Ernsts Vater hatte sogar eine Zigarrenfabrik besessen. Die Vorfahren seiner Mutter jedoch hatten an der Befreiung und am Aufbau Boliviens teilgenommen. Während andere Jungen über Helden nur lasen, waren „Ernies" Verwandte solche Helden. Seine Onkel erzählten Geschichten über einsame Reisen, Erlebnisse im Bergbau und Kriege, und durch sie erhielten die einsamen Berge und abgelegenen Pässe eine magische Bedeutung. Die Anden waren eine Welt, die Geheimnisse und Schätze barg, und der Junge, der für solche Erzählungen empfänglich war, erklärte, er wolle der Familientradition folgen und Bergbau und die Suche nach Bodenschätzen als Beruf betreiben.

Sein Urgroßvater mütterlicherseits, Otto Philipp Braun, war ein

Lolita Braun,
Lama Govindas Mutter

August Hoffmann,
Lama Govindas Vater

Glücksritter aus Kassel gewesen. Als junger Mann war er nach Südamerika ausgewandert und hatte sich Simon Bolivar angeschlossen, der für die Unabhängigkeit seines Landes von den Spaniern kämpfte. Obwohl Braun als Sattler (des hessischen Königs) und Rittmeister der hessischen Kavallerie beschrieben wird, besaß er offenbar weitergehende militärische Talente, denn er hatte zunächst die erste bolivianische Kavallerie und schließlich die ganze Armee umgestaltet. Nach der entscheidenden Schlacht von Montenegro, bei der Bolivars Freiheitskämpfer einen überwältigenden Sieg davontrugen, wurde Braun zum Feldmarschall ernannt. Weitere Ehrungen folgten, und nach der Unabhängigkeit wurde Braun gebeten, sich als Kriegsminister dem jungen bolivianischen Staat zur Verfügung zu stellen. Braun ließ sich in Bolivien nieder; er heiratete Justa German de Riviero, die Tochter eines spanischen Edelmannes und gründete eine Familie. Luis, sein ältestes Kind, war

Ernst Hoffmanns Großvater. Brauns Frau starb nach der Geburt ihres dritten Kindes und schließlich kehrte Braun mit seiner Familie nach Kassel zurück, wo er Emma Barenfeld heiratete, die ihm weitere vier Kinder schenkte.

Trotz eines solch illusteren Vorfahrens scheint Ernst Hoffmanns Familie ein recht normales Leben geführt zu haben. Nur wenig ist über sie bekannt, und obwohl viele Familienmitglieder, darunter seine Mutter Lolita, regelmäßig in Südamerika gewesen waren, hatte sich doch keiner von ihnen einen Ruf erworben, der dem des verstorbenen Feldmarschalls ebenbürtig gewesen wäre. Eine wenig ereignisreiche Ehe zwischen August Hoffmann und Lolita Braun ging zu Ende, als sie bei der Geburt ihres letzten Kindes starb, und Ernst (der damals drei war) und sein älterer Bruder Oscar wurden von Mathilde, der Schwester ihrer Mutter, aufgezogen. Über Hans-Joachim, den jüngsten Bruder, ist aus der Zeit seiner Kindheit nichts bekannt. Mathilde, eine sehr gesellige und theatralische Frau, erzog die Jungen weltbürgerlich. Sie sprach mit ihnen Spanisch, und ihre Großmutter, Helene de Soubiron, eine Hugenottin aus Bremen, unterhielt sich mit ihnen meist auf Französisch. Mathildes Gatte, ebenfalls ein Deutsch-Bolivianer, bevorzugte Deutsch. Die Jungen wuchsen dreisprachig auf.

Ernst Hoffmann behielt tiefe Erinnerungen an seine Kindheit in Kassel. Mathilde war für ihn wie eine Mutter. Die Erziehung der Jungen lag ihr sehr am Herzen, und deshalb schickte sie sie auf das Pädagogikum, ein Internat in Bad Berka. Die geringe Klassenstärke gab dem träumerischen Ernst die Möglichkeit, ohne Schranken seine Interessen kennenzulernen. Seine früheren Pläne, Bergbauingenieur zu werden, änderten sich, als er ein anderes interessantes Gebiet entdeckte:

Als ich jedoch etwas älter wurde, entdeckte ich, daß ich mich nicht so sehr für die Tiefen der Erde als für die Tiefen des Geistes interes-

sierte, und so wandte ich mich vom Studium der Naturwissenschaften zum Studium der Philosophie. [1]

Zu diesem Zeitpunkt war Hoffmann gerade sechzehn geworden und hatte erklärt, er sei an Systemen religiösen Denkens „weniger interessiert", als an ihren „religiösen Ausdrucksformen und Verwirklichungsmöglichkeiten". [2] In einer der wenigen Stellen, an denen er über seine Studien spricht, erwähnt er in *Der Weg der weißen Wolken*, Platons Dialoge hätten ihm gefallen, vor allem wegen ihrer poetischen Schönheit und religiösen Grundeinstellung. Er erwähnt ebenfalls, Arthur Schopenhauer habe auf sein späteres Leben einen wesentlichen Einfluß ausgeübt; es hat jedoch den Anschein, daß der Philosoph eher der Grund für Hoffmanns Studium der christlichen Mystiker war. Ohne Zweifel läßt sich dies auf Schopenhauers Beschäftigtsein mit der Abwendung vom Geistigen zurückführen. Schließlich las Hoffmann die Upanischaden, was ihn zum Buddhismus führte. [3]

Während Europa in den Schlachten des Ersten Weltkrieges zerfiel, begann Hoffmann ein vergleichendes Studium von Christentum, Islam und Buddhismus, um eine dieser Religionen für sich zu wählen. Obwohl er seinen Vergleich recht gewissenhaft durchführte, war es eine Art „Wettbewerb", welche der drei Religionen für ihn am ehesten in Frage kommen sollte. Am Beginn tendierte Hoffmann eher zum Christentum, aber dies änderte sich grundlegend, als er entdeckte, daß er eher mit dem Buddhismus sympathisierte.

Jahre später erklärte er in einer kleinen Broschüre mit dem Titel „Why I Am a Buddhist" („Warum ich Buddhist bin"), daß „die buddhistische Moral auf Freiheit, d.h. auf individueller Freiheit" beruhe, [4] eine Feststellung, die eine wichtige Grundeinstellung in seinem Leben wurde. „Die buddhistische Lehre und Moral hört nicht beim Menschen auf, sondern beinhaltet alle Lebewesen", [5]

Feldmarschall Otto Phillipp Braun, Lama Govindas Urgroßvater

schrieb er und offenbarte damit eine Denkweise, die nicht nur den Buddhismus integrierte, sondern auch seine eigene ökumenische Grundüberzeugung wiedergab.

Diese Studien dauerten nur kurze Zeit; sie wurden im Oktober 1917 jäh unterbrochen, als er zum Militärdienst einberufen und an die italienische Front geschickt wurde. Der einzige Hinweis auf seine Militärzeit findet sich in einer Aufzeichnung, die besagt, daß er 1918 in ein Hospital nach Mailand eingeliefert wurde, nachdem er an Tuberkulose erkrankt war. Es ist nicht bekannt, ob er jemals mit seiner Einheit, die schwere Maschinengewehre bediente, an Kampfhandlungen teilgenommen hat. Damals litt er unter Problemen mit seiner Lunge, und eine Behandlung war nur in privaten Sanatorien möglich. Hoffmanns Genesung verursachte somit hohe Kosten, als er in ein kleines Heim im Schwarzwald überwiesen wurde. Die Finanzen seiner Tante waren in London von den britischen Behörden beschlagnahmt worden, und es ist unklar, wie Hoffmann die Behandlung bezahlen konnte, denn die deutsche Regierung unterstützte die invaliden Soldaten nur mit geringfügigen Mitteln. 1918 wurde Hoffmann aus dem Militärdienst entlassen, und er nahm sein Universitätsstudium in Freiburg wieder auf.

Was Ernst Hoffmann durch seine Erfahrungen im Krieg gelernt hatte, welches seine Freunde waren, wie er gelebt und wie er seine Zeit verbracht hatte, wissen wir nicht. Bis zu diesem Zeitpunkt ist nur wenig über seine Familie, seine Gedanken und seine Vorstellungen bekannt. Alles, was uns aus dieser Zeit bleibt, sind Hinweise, die wir einigen wenigen Dokumenten und seinen eigenen Erinnerungen entnehmen können.

2

Capri

Nach dem Zusammenbruch des Österreichisch-Ungarischen Kaiserreiches hatte sich das Gesicht Europas geändert. Die Grenzen vieler Länder wurden auf drastische Weise neu geformt, und einige Gebiete existierten nicht mehr als selbständige politische Einheit. Es gab viele junge Menschen, die nach Jahren, in denen sie einen furchtbaren „neuen Stil" der Kriegsführung erlebt hatten, eine unkonventionelle Lebensweise suchten und nach ihrer Entlassung aus dem Militärdienst im Schlepptau des Waffenstillstandes dahinlebten. Diese früheren Soldaten waren unwillig oder unfähig, nach Hause zurückzukehren und suchten deshalb andere Erfahrungsmöglichkeiten oder experimentierten mit den neuen politischen Realitäten. Die künstlerischen und literarischen Kreise Europas erlebten einen Ansturm von Menschen, die sich für alle möglichen Themen – vom vegetarischen Essen bis hin zur Mystik – interessierten; man war ausgehungert nach neuen Perspektiven.

Nachdem seine Tuberkulose ausgeheilt war, verließ Ernst Lothar Hoffmann die Schweiz und ging nach Italien; der Grund war neben dem gesünderen Klima der Wunsch, sein Buddhismus-Studium fortzusetzen. Der König von Siam hatte der Universität von Neapel einen vollständigen Satz des Pali-Kanon in siamesischer Sprache geschenkt, eine Sprache, die der junge Deutsche studieren wollte. Hoffmann mußte vor allem sein eigenes Leben in die Hand nehmen; selbst nachdem die Finanzen seiner Tante von den britischen Behörden wieder freigegeben worden waren, blieb die Finanzierung seines Lebensunterhaltes ungesichert. Er überquerte schließlich den Golf von Neapel nach Capri, wo es eine internationale Künstlerkolonie gab, und fand nach kurzer Zeit einen Job in einem Photostudio bei einer Frau, die einen maßgeblichen Einfluß auf sein Leben ausüben sollte, Anna Habermann.

Sie war eine kleine, hagere, doch attraktive Frau, die im Studio arbeitete, das sie von ihren verstorbenen Mann geerbt hatte. Ihre Tochter war ebenfalls gestorben, ein Opfer der Tuberkulose, die viele Überlebende des Ersten Weltkrieges heimgesucht und andere verschont hatte. Frau Habermann sah in dem jungen Hoffmann eine Art Ersatz für ihr eigenes Kind, das sie durch die Tuberkulose verloren hatte. Später wunderte man sich über diese etwas eigenartige Beziehung, aber die Zuneigung zwischen diesen beiden Menschen war wohl echt, und Hoffmann begann, sie als seine „Pflegemutter" vorzustellen. Nach einiger Zeit teilten sie ein kleines Haus – eine Art Künstlerklause – das sie nach dem Paradies des Amitābha, des Buddha des Grenzenlosen Lichtes, „Sukavati" nannten. Hoffmanns Zeit wurde mehr und mehr von seinem eigenen Studium und dem Unterricht an der örtlichen Berlitz-Schule (einmal war er gleichzeitig Direktor *und* einziger Lehrer) bestimmt. Anna Habermann übernahm die Organisation ihres Haushalts. Ihr Lebensstil glich dem ihrer Freunde in der Boheme, und sie paßten gut in das exzentrische und bilderstürmerische Umfeld, das die internationale Gemeinschaft auf der Insel charakterisierte.

Obwohl in der Künstlerkolonie auf Capri im wesentlichen Deutsche lebten, waren auch Menschen anderer Nationalitäten vertreten. An erster Stelle stand dabei ein amerikanischer Künstler, Earl Brewster, ein kultivierter, reicher und gebildeter Zeitgenosse, zu dessen Freunden der Schriftsteller D.H. Lawrence zählte. Brewster und seine Frau Achsch spielten in den Künstlerkreisen auf der kleinen Insel eine zentrale Rolle. Ihre Werke waren bereits in Paris ausgestellt worden, und Brewster hatte ein Buch über Italien geschrieben, das mehr auf seinem Interesse an alten Kulturen als auf den Bagatellen des Reisens beruhte. Er besaß ebenfalls eine tiefe Sympathie für den Buddhismus (1926 schrieb er *The Life of Gotama – The Buddha* [6]). Sein Einfluß auf Ernst Hoffmann sollte von grundlegender Bedeutung sein.

Trotz der endlosen Parties, den ständigen Vernissagen, Soireen, Lesungen und Shows gelang es dem jungen Mann, neben der Arbeit für seinen Lebensunterhalt noch Zeit für sein Studium und zum Nachdenken zu finden. Er veröffentlichte 1920 *The Basic Ideas of Buddhism and Its Relationship to Ideas of God*. Es sind keine Kopien dieses Buches mehr erhältlich, aber es heißt, es habe sich einer kurzen Popularität in Europa erfreut, bevor es nach seiner Übersetzung ins Japanische in Japan publiziert wurde. Es gibt zwar keine Augenzeugen mehr, die uns von der Begegnung zwischen Hoffmann und Brewster berichten könnten, aber spätere Erinnerungen der beiden lassen vermuten, daß sie nur kurze Zeit nach dem Beginn ihrer Freundschaft mit ihren Experimenten in Satti-Pattana-Meditation begonnen hatten. Hoffmann erzählte, er hätte jede Woche ein anderes Sutra (Satipathana Sutra) gelesen, um darin Anweisungen für die Meditation zu finden; darüber hinaus gab es keine Meditationslehrer oder Übungskurse, die sie hätten besuchen können, und somit mußten sie improvisieren. Sie entwickelten gemeinsam eine präzise Anleitung für die Sitzhaltung während der Meditation, die sie immer wieder mit schriftlichen Hinweisen zu diesem Thema verglichen.

Eines Tages entdeckte Hoffmann eine große Höhle, als er auf der anderen Seite der Insel wanderte. Sie war so groß, daß leicht eine Kathedrale in ihr Platz gefunden hätte, und er fand, diese Höhle sei äußerst geeignet für ihre Meditation. „Es gab nichts vor meinen Augen außer die Weite der See und weit unter mir eine kleine Straße, die um die Felsen von Capri herumführte", erinnerte er sich. Tief in der Höhle fand er Ruinen eines Mithras-Kultes.

Ich erinnere mich an diesen Tag. Ich begann, die Höhle in ihrer Tiefe zu erforschen und versuchte herauszufinden, ob es irgendwelche (anderen) Überreste gab. Es gab nichts ... Der Ort war voller Schlingpflanzen ... Wurzeln hingen herab, das Kerzenlicht ... Es sah aus wie der Eingang zum Inferno. Ich malte ein Bild von diesem Ort und nannte es „Der Eingang zum Inferno". [7]

Damals begann Hoffmann, seine Maltechnik zu verbessern. Zusammen mit Brewster experimentierte er mit Pastellfarben und konzentrierte sich auf die Landschaftsmalerei. Allmählich entwickelte er nicht nur durch das Studium bei anderen Künstlern auf Capri seinen eigenen Stil, sondern auch durch die Praxis der Satti-Pattana-Meditation. Die gemeinsame Meditation mit seinem amerikanischen Freund übte auf die Arbeit beider Männer einen gewaltigen Einfluß aus.

Die Meditationsbilder [abgedruckt in Govindas Buch Schöpferische Meditation und multidimensionales Bewußtsein*] in dieser Höhle ... Ich begann mit dem ersten Entwurf einer großen Höhle, und man kann die Reflexionen der Altarwände und die eigenartigen kreisförmigen Bewegungen auf dem Höhlenboden sehen. Das nächste Bild ist einheitlicher und zeigt die Bewegungen des vorgelagerten Meeres. Das nächste zeigt die Bewegungen als goldenen Schimmer, dann schließlich vermischt sich alles ineinander und wird zu einer Art von transparentem Pool, der vibriert – Vi-*

brationen der Meditation – und dann verschwindet. Ich wurde von jener Umgebung und der Erinnerung inspiriert, denn ich malte alles sehr schnell auf ein Stück Papier – nur als Skizze – und arbeitete es später aus. Ein goldener Augenblick und dann vier Bilder [8].

1922 ging Brewster, den D.H. Lawrence den „Buddha-Sucher" genannt hatte, nach Ceylon. Es war für den amerikanischen Künstler die erste von mehreren Reisen nach Asien, und dieses Mal ließ er sich in einem kleinen Bungalow am Rande des Dschungels nieder und lud Lawrence ein, sich ihm anzuschließen. Der britische Schriftsteller und Brewster waren durch Italien gereist und hatten antike Gräber, Tumuli, besichtigt, etwas, das damals bei europäischen Intellektuellen gerade sehr beliebt war. Ceylon jedoch war trotz seiner anfänglichen Begeisterung und seiner überschwenglichen Bemerkungen über die Farbenpracht und die Ruhe, die er dort fand, nicht nach Lawrence's Geschmack. Vermutlich wurden ihre Briefe damals auch von Hoffmann gelesen, als er in der Bibliothek der Universität von Neapel studierte und den Interessen seines Mentors an den alten mediterranen Kulturen folgte. Zur rechten Zeit erhielt Hoffmann ein Stipendium für das Studium der steinzeitlichen Tumuli-Bauweise im Mittelmeerraum. Obwohl ihn Asien lockte, besaß er nicht genügend Geld und konzentrierte sich deshalb auf die zylindrischen Stein-*Nuraghi* Sardiniens, die Höhlenstädte Tunesiens und Marokkos und die megalithischen Strukturen auf Malta.

Einzelheiten von Hoffmanns Reisen in den folgenden Jahren sind nur bruchstückweise bekannt, denn seine archäologischen Untersuchungen führten ihn von Capri weg. Ein langer Aufenthalt in Sardinien brachte ihn an die Universität von Cagliari, obwohl er später an der Malaria erkrankte und wegen der Banditen nicht länger bleiben wollte. Obwohl diese Feldstudien Hoffmann aufs äußerste fasziniert hatten, führte er seine buddhistischen Meditationen und Studien weiter. Brewsters Reisen nach Ceylon und seine anschließende Rückkehr beeinflußten Hoffmann, denn der Amerikaner ermutigte ihn stets in seiner Arbeit und brachte ihm Bücher aus Asien mit. Artikel unter Hoffmanns Namen erschienen in ceylonesischen Zeitschriften und in einem dieser Artikel, „The Meaning of Buddhist Monuments", berichtete er über seine Entdeckungen:

Das unmißverständlichste Symbol der Kultur eines Volkes oder einer Kultur, die eine Idee hervorgebracht hat, ist seine Architektur, denn in ihr findet sich der Wille zum Ganzen integriert in eine höhere Einheit. [9]

Wenn Hoffmann hier vor allem die buddhistischen Stupas im Sinn hatte, so verstand er unter dieser „höheren Einheit" etwas, das sich nicht nur auf bestimmte regionale Beispiele oder Ausprägungen bezieht. Sie repräsentierte für ihn einen universellen geistigen Aspekt, und Beispiele für diese höhere Einheit entdeckte er auf allen seinen Reisen. In seiner Einleitung zu *Psycho-Cosmic Symbolism of the Buddhist Stupa* schrieb er, Leben und Tod seien „der Ausdruck eines größeren, universellen Lebens, an dem nicht nur die Lebewesen Anteil hätten, sondern ebenfalls die materielle Welt". Materie, so fährt er fort, wurde in der Zeit der Antike „‹Mater›, mütterliches Element, genannt, das die spirituellen Kräfte des Universums verkörperte". Deshalb seien „alle Elemente der Natur und alle Dinge, die aus jenen Elementen geschaffen wurden, mit Ehrfurcht betrachtet" worden. Im neolithischen Tumulus und anderen prähistorischen Strukturen werde der Tod nicht als Feind des Lebens sichtbar, sondern als dessen Gegenpart, als der Teil des Lebens, durch den die „spirituellen Qualitäten des Menschen aus ihrer irdischen Bedingtheit befreit wurden, während eine bedeutende Verbindung zu jenen, die zurückgeblieben waren, aufrechterhalten wurde (durch die von Menschenhand geschaffenen Hügel und Monolithe)." [10]

Von den Arbeiten jener Zeit blieb nur wenig übrig. Obwohl Hoffmann von einem Stipendium des Deutschen Archäologischen Instituts in Rom sprach, sagten mir Mitarbeiter des Instituts, sie hätten keine Unterlagen über Hoffmanns Arbeit für das Institut finden können. Hoffmann sagte, der Zweite Weltkrieg hätte seine Pläne vereitelt, die Arbeiten zu veröffentlichen, und er hätte die Aufzeichnungen noch in Indien und Amerika bis zu dem Zeitpunkt, an dem diese Biographie geschrieben wurde, besessen, aber der Ort ihres Verbleibs, ja sogar die Tatsache ihrer Existenz, liegt im unklaren.

1928 fuhr Hoffmann nach Asien. Sein Wunsch, sich dem buddhistischen Sangha anzuschließen, war immer sehr stark gewesen und hatte zur Gründung der Internationalen Buddhistischen Union, einer Organisation, deren einziges Mitglied Hoffmann selbst war, geführt. Er war gleichzeitig Herausgeber und literarischer Berater des Benares Verlags, eines Verlags für buddhistische Schriften in Deutschland. „Ich hatte genug Geld gesammelt, um für mich und meine Pflegemutter die Reise nach Ceylon bezahlen zu können", erinnerte er sich viel später in Kalifornien, „und wir hatten alles verkauft, das wir besessen hatten, wirklich alles." [11]

Das Konsulat, das damals noch die britische Regierung repräsentierte, teilte ihnen jedoch mit, man benötige eine gewisse Summe Geld, um dort an Land gehen zu können. Diese Maßnahme hatte den Zweck, unerwünschte Einwanderer und Reisende fernzuhalten. „Ich konnte kaum die Überfahrt bezahlen, wie hätte ich tausende von Dollars nur für die Landung bezahlen können?" [12] Tage später, als er nach Hause zurückgekehrt war und über die Angelegenheit mit seinen Nachbarn diskutierte, fand man eine Möglichkeit, das Problem zu lösen. Einer seiner Freunde, aller Wahrscheinlichkeit nach Earl Brewster, der einzige in der Künstlergemeinde, der es sich leisten konnte, bot

Hoffmann an, ihm das Geld für die Landung zu leihen, vorausgesetzt, er würde es bei seiner Rückkehr zurückerstatten.

„Also los, versuchen wir es", sagte Hoffmann zu seiner Pflegemutter.

3

Ceylon und Burma

Am frühen Morgen fühlt man sich am Hafen in Colombo bereits wie in einem Dampfbad. Die Feuchtigkeit kann für Europäer unangenehm hoch sein; die Kleidung ist bald vom Schweiß durchnäßt, man bewegt sich nur noch im Schneckentempo. Selbst das Licht der Sonne, zuerst in seiner Vielfarbigkeit faszinierend, nimmt an Schärfe und Intensivität zu und wird so als Feind empfunden. Ernst Hoffmann hatte einen tropischen Leinenanzug und einen *Topi* (Sonnenhut) gekauft, um sich diesen klimatischen Verhältnissen besser anzupassen (von seinem letzten Geld). Aber statt sich in dieser Kleidung besser zu fühlen, sah er darin albern aus, und noch schlimmer, die Kleidung war sehr warm. Auch half sie ihm nicht dabei, leichter in Ceylon einreisen zu können, wie er Jahre später in einem Interview erzählte.

„Wo ist Ihr Geld?" fragte der Zollbeamte.

„Das Geld für die Landung ist in Colombo auf der Bank", antwortete er und war dabei dankbar, daß Freunde mit ihm die richtigen Antworten eingeübt hatten. Hoffmann erklärte geduldig, niemand sei mit tausenden von Dollars in der Tasche unterwegs.

Davon unbeeindruckt verlangte der Beamte erneut, das Geld sehen zu können.

„Sie können das Geld nicht sehen", sagte Hoffmann zu ihm. „Sie können zur Bank mitkommen und es dort bekommen" (Jener Tag war ein Feiertag, an dem die Banken geschlossen hatten). „Wenn Sie das Geld jetzt nicht bezahlen können, müssen Sie zurückkehren, und wir werden das Geld nach Marseille schicken", antwortete der Beamte.

Ernst Hoffmann wußte nicht, was er tun sollte. Ein junger indischer Freund wollte für ihn einen Blankoscheck ausstellen, aber man wollte diesen Scheck nicht akzeptieren. Trotz seines Bittens und Flehens wurde der glücklose Deutsche verhaftet, und man steckte ihn in eine kleinen Zelle in der Hafenpolizeistation. „Ich war dort den ganzen Tag ohne Essen und Trinken. Ich war nahe am Zusammenbrechen." Er erweckte Mitleid bei einem singhalesischen Polizisten, der ihm etwas Tee brachte, aber sonst geschah nichts, was ihm den Aufenthalt ein wenig erleichtert hätte.

„Nach all den Mühen Ceylon erreicht zu haben und dann der Polizei in die Hände zu fallen und zurückgeschickt zu werden!", erinnerte er sich.

Am Abend hatte sich die Situation nicht geändert. „Ich fühlte mich hilflos, man setzte mich in ein Motorboot ... dann dachte ich über die Lage nach. Ich hatte noch etwas Geld bei mir, um die Überfahrt nach Marseille bezahlen zu können, aber ich wollte ihnen nicht einen einzigen Cent überlassen. Ich sagte ihnen, ich würde in dem Augenblick, in dem das Boot losfuhr, mein ganzes Geld nehmen und ins Meer werfen."

Niemand bewegte sich. Genau in diesem Moment rief eine Stimme in der Dunkelheit seinen Namen über das Wasser.

„Woher kennen Sie mich?" fragte Hoffmann vollkommen überrascht.

„Ihr Freund aus Capri hat mir geschrieben, ich sollte sie heute von diesem Schiff abholen, und so bin ich also hier. Ich bin hier, um Ihnen zu helfen. Bitte kommen Sie schnell auf mein Boot, und ich werde Sie an Land bringen." Es war ein äußerst hilfsbereiter Singhalese namens Desilva.

Kurz darauf wurde Hoffmann in einer buddhistischen Herberge abgesetzt, und er war so müde, daß er sich kaum daran erinnern konnte, was geschehen war. „Das Merkwürdigste war, daß ich am nächsten Morgen aufwachte und den Eindruck hatte, die Nacht sei sehr, sehr lang gewesen. Ich sah kein Licht, absolut nichts. Ich hatte keine Uhr." Lachend fügte er hinzu: „Ich stand dann auf und stellte fest, daß die Fensterläden geschlossen waren und draußen hell die Sonne schien und die Vögel zwitscherten. Aber ich hatte fürchterliche Angst ... ich glaubte, daß man jeden Moment kommen und mich verhaften würde."

Hoffmann war nicht der einzige, der von den Ereignissen des Tages verwirrt war. Sein zukünftiger Abt, der gebürtige Deutsche Nyanatiloka Mahathera, der Gründer des Inselklosters von Polgasduwa (dem er sich anschließen wollte), hatte den Zug verpaßt und konnte deshalb seinen neuen Schüler nicht begrüßen. Schließlich, nachdem alles geklärt war, fuhr der junge Europäer ins Innere der Insel – allerdings nicht ganz sorgenfrei. „Mit großem Zögern schaute ich aus dem Wagen, ob ich draußen Polizei sehen würde, die mich festnehmen könnte ... aber zum Glück passierte nichts. Ich fühlte mich so verzweifelt (nach Ankunft im Kloster), daß ich als erstes meinen *Topi* wegwarf, denn er erinnerte mich allzusehr an die Helme der Polizei." [12]

Erste Eindrücke sind stets sehr dauerhaft, und Hoffmanns erster Tag in Polgasduwa prägte sich in seinem Gedächtnis ein. Die Gebäude waren zu Ruinen zerfallen oder zerstört worden, als der Abt während des Krieges ins Exil gehen mußte. Nur die Fundamente aus Zement und einige wenige Hütten waren stehengeblieben. Alles, was es an Möbeln gab, war ein kaputtes eisernes Bett („Man schlief darauf wie auf einer Treppe"). Die erste Nacht war er ziemlich niedergeschlagen und erschöpft; es gab so vieles, das er nicht verstand. Der Abt hatte ihn bereits vor den Schlangen gewarnt, die die Bevölkerung auf der Insel aussetzte, in dem Wissen, daß die Mönche ihnen nichts tun würden. Kurze Zeit, nachdem Hoffmann eingeschlafen war, spürte er etwas auf seinem Bett – zum Glück war es ein Hund. Er glaubte, mit einem Hund sein Zimmer teilen zu können und schlief wieder ein. Etwas später wachte er wieder auf, denn er hörte ein lautes Geräusch – „Rrrrrrr!, Rrrrrrr!" Er schaltete seine Taschenlampe an und sah ein großes Krokodil auf sich zukriechen. Dies war also sein Empfang in Ceylon. [13]

An meinem ersten Platz gab es einen Zementfußboden, der glücklicherweise die Kühle speicherte. Ich baute also eine Hütte aus Lehm darüber, und es gab auch einen alten Brunnen, keinen sehr guten, denn er enthielt Brackwasser, das ich auf jeden Fall zum Waschen gebrauchen konnte. Die Hütte war nicht gerade sehr sicher, denn oft hingen Schlangen von der Decke herunter (Fünfzig Jahre später stöhnte Li Gotami leicht, als sie dies hörte). Es war einfach, mit ihnen zurechtzukommen. Ich störte sie nicht, und sie ließen mich in Ruhe. Ein wirklich schöner Ort. [14]

In *Der Weg der weißen Wolken* schrieb Hoffmann, der Grund, warum er nach Ceylon gekommen war, sei seine Überzeugung gewesen, er „würde dort die reinste Tradition des Buddhismus finden und vor allem die Gelegenheit, tiefere Meditationserfahrungen zu gewinnen und meine Pali-Studien fortzusetzen ... Ceylon erwies sich in der Tat in mancher Hinsicht als fruchtbar ... unter der freundlichen Führung von Nyanatiloka Mahathera". Obwohl er von der Freundlichkeit der Singhalesen und dem Wissen und der Disziplin der Mönche beeindruckt war, vermißte er doch etwas. Trotz dieser Bedenken widmete er sich seinem Studium als Brahmachari-Novize und half mit, das Kloster wiederaufzubauen. Damals gab ihm der Abt den Namen Govinda, obwohl er selbst 1975 während eines Vortrages in Kalifornien sagte, es sei seine eigene Idee gewesen.

Die Länge seines Aufenthaltes in Ceylon, die genaue Dauer, war nicht zu ermitteln, obwohl ein Zeitungsartikel seine Ankunft auf den 11. Januar 1929 festlegte, [15] und alle Angaben, die Govinda später zu diesem Thema machte, sollten daran gemessen werden. Zuerst wollte Govinda nur sechs Monate bleiben und später nach Europa zurückkehren, um buddhistische Zentren zu gründen. Zeitungsartikel nannten dies später eine Reihe buddhistischer „Konsulate", die auf der ganzen Welt gegründet werden sollten, um das Gesetz Sakyamunis zu verbreiten. Govinda erwähnte, daß er „nach einigen Jahren in Polgasduwa" begann, einen Ort in den Bergen zu suchen, der weniger heiß war. Er sagte ebenfalls, er sei damals immer hungrig gewesen:

In diesem Kloster ißt man nur morgens, und die Mönche hatten die Gewohnheit, auf einmal so viel zu essen, daß sie richtig vollgestopft waren. Ich konnte dagegen nicht so viel essen, da ich nicht alles verdauen konnte. Ich aß also meine gewohnte Menge und hatte am Nachmittag nichts zu Essen. Natürlich hatte ich jeden Tag Hunger und merkte nicht, daß ich mich nicht gut fühlte, aber ich wurde immer dünner und dünner. [16]

Bevor er jedoch seinen Wohnsitz wechselte, brach Govinda (der sich auch „Brahmachari Govinda" nannte) [17] im März 1929 zu einer Pilgerfahrt nach Burma auf. Am Anfang fuhr er allein, aber kurz nach seiner Ankunft in Rangun schloß sich ihm sein Abt an. In Asien hielten alle Theravada-Gemeinden enge Kontakte zueinander, und es war nicht ungewöhnlich, daß junge Mönche aus einem Land zum Studium in ein anderes geschickt wurden. Nyanatiloka Mahathera war selbst sechzehn Jahre zuvor in Burma ordiniert worden und war zurückgekommen, um seinem vor kurzem verstorbenen Guru die letzte Ehre zu erweisen. Da die Vorbereitungen für die Feuerbestattung bis zu einem Jahr dauern und die zwei Männer nicht darauf warten konnten, fuhren sie den Fluß Irawady bis Mandalay hinauf. Unterwegs besichtigten sie Pagan, eine heilige Stadt, die in einer weiten Ebene liegt, und besuchten einige hundert der tausenden von Tempeln und Pagoden, die sich bis zum Horizont hin erstreckten.

Er berichtete: „Das größte Heiligtum von Mandalay ist ein felsiger Berg, der an der Peripherie der Stadt steil aus der Ebene emporsteigt". [18] Der Berg ist von Tempeln, Pagoden und unzähligen kleineren Schreinen und sonstigen Gebäuden bedeckt, die durch lange überdeckte Treppenfluchten miteinander verbunden sind und sich vom Fuß bis zum Gipfel des Berges erstrecken. Diese wurden im 19. Jahrhundert von König Mindon Min erbaut, dessen Nachfolger die Bauten zu Ruinen verfallen ließ, und lange Zeit wagten sich nur wenige Pilger wegen der Räuber, die diesen Ort unsicher machten, in dessen Nähe. Eines Tages erschien ein Pilger namens U Khanti, der wegen des Verfalls sehr betrübt war und sich schließlich dort niederließ und gelobte, sein Leben dem Wiederaufbau des Berges zu weihen. Er hinterließ die gesamten Kommentare der heiligen Schriften des Buddhismus, eingraviert auf großen Marmorstelen, gemeinsam mit einer vollständigen Stadt, in der diese Schriften aufbewahrt werden sollten. Dies genügte U Khanti jedoch noch nicht, denn er war ein Mensch, der über enorme Energie verfügte und so beschloß, diese Schriften der ganzen Welt zugänglich zu machen. Er gründete eine Druckerei und veröffentlichte die gesamte kanonische und nachkanonische Literatur des Buddhismus.

Natürlich interessierten sich Govinda und sein Lehrer dafür. Sie wußten, daß Ceylon einen guten Ruf im Verlegen buddhistischer Bücher besaß, aber es fehlten noch viele wichtige Pali-Texte.

Während eines Gespräches mit U Khanti über internationale buddhistische Belange, überreichte ihnen der anerkannte Gelehrte genau diese Texte, die ihrer Sammlung noch fehlten, als ob er ihr Bedürfnis gespürt hätte. Einer der Bhikkus um U Khanti erzählte Govinda, dieser sei die Reinkarnation des Königs Mindon Min, und der deutsche Brahmachari bekannte, daß er nicht daran zweifelte:

Ich muß gestehen, daß ich keinen Zweifel an der Wahrheit dieser Aussage hatte, denn sie bestätigte mir, was ich in dem Augenblick, in dem ich die edle Gestalt des Rishi zum ersten Mal erblickte, empfunden hatte. Seine ganze Erscheinung hatte etwas Königliches, Respekteinflößendes, Ehrfurchtgebietendes. Seine Haltung, seine Taten und seine ganze Persönlichkeit waren für mich ein größerer Beweis für den bewußten Zusammenhang mit einer bedeutenden vorgeburtlichen Vergangenheit, als was alle faktischen Nachprüfungen hätten erbringen können. Sein Leben und seine Handlungen zeigten unmißverständlich, daß er über ungewöhnliche seelische und geistige Kräfte verfügte. Die Erinnerung an seine frühere Geburt und die Bedingungen seines früheren Lebens schienen die treibende Kraft zu sein, eine Kraft, die seinem jetzigen Leben eine erhöhte Bedeutung verlieh. Das Wissen um seine Vergangenheit war für ihn nicht toter Ballast, sondern ein stärkerer Ansporn zum Handeln; es erhöhte sein Verantwortungsgefühl für das in einem früheren Leben unvollendet gelassene Werk ... Unser höheres Streben ist es, unser Bemühen, über uns selbst hinauszuwachsen und unser höchstes Ziel völliger Erleuchtung zu verwirklichen, was uns unsterblich macht – nicht die Dauer einer unveränderlichen Einzelseele, deren ewiges Gleichsein uns vom Leben und Wachstum und von dem unendlichen Abenteuer des Geistes ausschließen und uns auf ewig zu Gefangenen unserer eigenen Beschränktheit machen würde. [19]

Diese Stelle ist offenbar die einzige Aufzeichnung über die Lehre, die Govinda in Burma erfahren hatte. In seiner Autobiographie behandelt er diesen Teil seines Lebens recht flüchtig, und somit ist nicht sicher bekannt, an welchen Orten er weilte und was er dort tat.

Er erhielt damals die gelbe Robe des *Anagarika* („der Heimatlose"). Dies entsprach seinem Wunsch, ein richtiger Mönch zu werden. Bekannt ist, daß Govinda und Nyanatiloka Mahathera nach ihrem Aufenthalt in Mandalay in die nördlichen Schan-Staaten reisten, um der Hitze zu entgehen. In der Sommerresidenz Maymyo hörten sie von einem kleinen Knaben, Maung Tun Kyaing, der im Besitz vorgeburtlicher Erinnerungen und vorgeburtlichen Wissens sein sollte, und den zu finden sie hofften. Da der Aufenthaltsort des Jungen nicht in Erfahrung zu bringen war, verabschiedeten sich die beiden Männer voneinander. Govinda wollte nach China weiterreisen, und sein Lehrmeister kehrte nach Hause zurück. In Bhamo, wo die Karawanenstraße nach Yünnan begann, stieß Govinda auf Maung Tun Kyaing, der, wie er später schrieb, in seiner Person das Bodhisattva-Ideal durch sein „Gerichtetsein", demzufolge das Bewußtsein „zu einer einheitlichen vitalen Kraft" werde, darstellte.

Trotz dieser Beispiele, die Govinda für authentisch hielt, war er sich doch bewußt, daß seine Freunde aus dem Westen nicht an die Reinkarnation glaubten. Er erinnerte sich an die seltsamen spiritistischen Praktiken, mittels derer man mit den Toten in Kontakt treten wollte, um mit diesen über ihr Leben zu sprechen. Er fügte hinzu, daß diese „Verknüpfung des gegenwärtigen Lebens mit den vergangenen nicht durch ein Hängen an der Vergangenheit oder durch eine morbide Neugierde betreffs früherer Existenzen [erreicht wird] ... sondern durch die vorwärtsblickende Zielbewußtheit eines klargerichteten Geistes, der sich mehr auf Erkenntnis und die Verwirklichung der universellen Natur des Bewußtseins stützt".[20]

(Weiter fügt er hinzu) daß während Buddhas endgültiger Erleuchtung, in der seine Wahrnehmung in immer weiter sich ausdehnenden Kreisen, beginnend mit der Erinnerung früherer Leben ... zu der Erkenntnis fortschritt, wie lebende Wesen ins Dasein treten, wie sie in immer neuen Formen und unter ständig wechselnden Bedingungen, entsprechend ihrer eingeborenen oder erworbenen Tendenzen, unterbewußten Wünschen und bewußten Handlungen erscheinen ... er beobachtete das Entstehen und Vergehen ganzer Weltsysteme in endlosen Zyklen der Materialisierung und Wiedereinschmelzung und Integrierung. [21]

Eine solche kosmische Weltsicht ist in der Perspektive westlichen orthodoxen Denkens kaum vorstellbar, aber Govinda war der Meinung, nur eine solche Sichtweise lasse den individuellen Pfad in der richtigen Perspektive erscheinen, „von der aus dieser Pfad sowohl seine Bedeutung wie seinen Wert erhält". Das Fehlen einer solchen entweder gedanklich oder durch Erfahrung erworbenen Perspektive würde vorgeburtliche Erinnerungen nur als Last empfinden lassen. Während dies genau die Meinung der Kritiker dieser Weltsicht ist, verstand Govinda diese Einstellung als einen Rückblick in die Vergangenheit, der verhindere, daß wir die Probleme der Gegenwart mir frischen Augen sehen und, für ihn noch wichtiger, „neuen Situationen spontan ... begegnen". [22]

Burma ermöglichte es Govinda, die Grundlagen des Buddhismus besser kennenzulernen, indem er dort Kontakte und Erfahrungen fand, die für ihn eine genauere Schau der Wirklichkeit möglich machten. Später erweiterte er seine Sicht der Reinkarnationslehre mit Hinblick auf das Gerichtetsein, die Spontanität des Bewußtseins, aber dies alles läßt sich auf jene frühen Erfahrungen zurückführen.

Er kehrte schließlich nach Ceylon zurück und begann erneut damit, einen für ihn geeigneteren Wohnort zu suchen. Die Begegnung mit einem singhalesischen Teeplantagenbesitzer führte ihn in die Berge in der Nähe Kandys. Das Grundstück des Mannes war sehr schön – überall waren Blumen und Bäume. „Eines Tages sagte ich, es wäre schön, wenn ich auch hier leben könnte." Der Besitzer der Plantage sagte: „Also, ich werde Ihnen ein Stück des Gartens überlassen, und wenn Sie das nötige Geld aufbringen, werde ich Ihnen das Material so billig wie möglich verkaufen, und Sie können ein kleines Haus bauen." Govinda sagte fünfzig Jahre später, als er in Mill Valley, Kalifornien lebte: „Ich erinnere mich, daß ich dafür vierhundert Rupien bezahlte, was in jenen Tagen eine stolze Summe war."

„Sie dürfen keine einzige Teepflanze zerstören", sagte er zu Govinda.

Ich war wirklich überrascht. Es handelte sich um ein außerordentlich großes Grundstück, und ich hielt einige Teepflanzen nicht für so wichtig. Aber ich lernte später, daß man Tee nicht einfach aus einem Steckling ziehen kann. Es ist sehr schwer, Tee anzubauen. Es dauert zehn bis zwanzig Jahre, bis man einen Busch bekommt, denn die Sträucher wurzeln sehr tief. Ich sagte daher zu ihm: Also gut, ich werde versuchen, eine Stelle zu finden, an der es keine Teesträucher gibt. [23]

In den Tropen ist der Bau eines Hauses keine besonders anstrengende Tätigkeit, und Govinda fand viel Zeit für seine Studien und seine Arbeit als Generalsekretär der Internationalen Buddhistischen Union. Als Vertreter dieser Gesellschaft wurde er zu einer internationalen buddhistischen Konferenz nach Darjeeling in Nordostindien eingeladen, um den Vorsitz über den literarischen Teil dieser Konferenz zu führen. Sein anfängliches Zögern ist verständlich, denn er hatte sich an das angenehme Leben im tropischen Paradies Ceylons angepaßt. Die gebirgige

Landschaft dort ist sehr schön, und das Klima erschien ihm mehr als ideal. Nach Fertigstellung des Hauses war Govinda davon überzeugt, den Rest seines Lebens dort zu verbringen. Allerdings vermißte er dort irgend etwas. Govinda besaß nur wenig Vorstellungen davon, was ihn in Indien erwarten sollte, aber er glaubte, auf der Konferenz würden sich die Dinge für ihn klären. Er schrieb, er werde „von dem Gedanken angespornt, daß sich hier sicher eine Gelegenheit böte, die Reinheit der buddhistischen Lehre, so wie Ceylon sie bewahrt hatte, in einem Lande zu verkünden und aufrechtzuerhalten, in dem das Wort des Buddha zu einem System der Dämonenverehrung und phantastischer Glaubensformen entartet war." [24]

4

Tomo Geshe Rimpoche

Ein Blick, ein paar leicht hingeworfene Worte, die Bruchstücke einer Melodie, deren Klänge durch die Stille eines Sommerabends an unser Ohr getragen werden; ein Buch, das zufällig unseren Weg kreuzt, ein Gedicht, ein erinnerungsbeladener Duft – solche scheinbar zufälligen Eindrücke können Impulse hervorbringen, die unser ganzes weiteres Leben ändern und bestimmen. [25]

Der Wendepunkt in Govindas Leben kam mit einem dreitägigen Schneesturm, der ihn in einem tibetischen Kloster außerhalb Darjeelings festhielt. 1975 sagte er in einem Gespräch: „Ich war wegen eines schrecklichen Schneesturms, eines Blizzards gefangen, der eigentlich nicht in die Jahreszeit paßte, ich glaube, es war der 1. Mai, der normalerweise zur warmen Jahreszeit gerechnet wird. Es war furchtbar, drei Tage nur Schnee und Eis." [26]
Das Kloster von Ghoom thront auf einem Felsvorsprung, der die tiefen Täler in der Nähe Darjeelings überragt. Bestenfalls findet man dort dicken Nebel oder Sprühregen, und die Leute sagen, es sei dort immer so. Das Kloster schien „von einem wahren Hexen-

kessel von brodelnden Wolken umgeben zu sein, die aus dem unsichtbaren dunklen Tal aufstiegen, während andere Wolken von den eisigen Hängen des Zentral-Himalajas herabzufegen schienen". Eine dramatischere Abfuhr könnte man sich kaum für einen Mann vorstellen, der dachte, daß er „den Tibetern lehren könne, was wahrer Buddhismus sei". Die Elemente zwangen Govinda, Zuflucht zu suchen, und nun blickte er, eingehüllt in seine dünne tropische Robe, auf die „furchterregende Welt des Lamaismus".

Seine anfängliche Einstellung dem tibetischen Buddhismus gegenüber ist nicht verwunderlich, wenn man bedenkt, was in jenen Tagen darüber bekannt war. Zu Beginn der dreißiger Jahre gab es nur wenige überzeugende Studien zu diesem Thema. Man wußte nicht viel über Tibet, obwohl ein allgemeines Interesse an diesem Land wegen der zahlreichen Abenteuergeschichten und Erzählungen bestand. Die Ausgabe des *Tibetischen Totenbuches* von Evans-Wentz (Oxford, 1929) hatte in akademischen Kreisen im Westen breites Interesse erweckt, aber das Buch wurde nur in einer geringen Auflage gedruckt. Govinda beschäftigte sich zu jener Zeit mit dem Studium des Pali und der Theravada-Meditation, und in diesem Rahmen gab es nicht die Bilder und Symbole, mit denen er nun konfrontiert wurde.

Nachdem sich der Himmel geklärt hatte, konnte Govinda wieder in die Außenwelt zurückzukehren, aber er wollte nicht.

„Eine unwiderstehliche Macht schien mich zurückzuhalten", schrieb er, „und je länger ich mich in dieser magischen Welt aufhielt, in die ich durch eine seltsame Verflechtung der Umstände versetzt worden war, desto mehr fühlte ich, daß mir eine bisher unbekannte Form der Wirklichkeit enthüllte wurde, und ich an der Schwelle eines neuen Lebens stand." [27]

Anagarika Govinda (eine Kombination der Namen, die er nun gebrauchte) hatte hier eine „tiefere Wahrnehmungsfähigkeit und Unmittelbarkeit des Erlebens" entdeckt, als er in allen Büchern und durch all seine Studien zuvor hatte finden können. Vielleicht gerade deshalb, weil er die Bilderwelt der Tempel nicht vollkommen verstand, und auch niemand da war, der sie ihm hätte erklären können, wurde deren Einfluß und seine Reaktion auf sie nicht intellektuell neutralisiert.

Ich begriff, daß religiöse Wahrheiten und geistiges Leben mehr eine Angelegenheit des Überschreitens der Grenzen unseres gewohnten Bewußtseins sind als eines Wechsels unserer Meinungen und Anschauungen oder der Erwerbung von Überzeugungen auf Grund intellektueller Argumente und Syllogismen; diese können uns nie über den Kreis des schon Bekannten in Form fertig zugeschnittener Begriffe ... hinausführen. [28]

Diese Transformation war offenbar so vollkommen, daß alles vorher gewesene fast völlig an Bedeutung verlor. Egal wohin Govinda in Ghoom auch ging, er gewann den Eindruck, bisher in einer Wüste gelebt zu haben. Die tibetische Musik übte auf ihn eine tiefe Wirkung aus; in Ceylon dagegen wurde jegliche Form von Musik als sinnliches Vergnügen betrachtet. Folglich erklärte er, daß

das religiöse Leben Ceylons einen trockenen intellektuellen Charakter angenommen (hatte), in dem, zusammen mit den niederen, auch die höheren Gemütsbewegungen unterdrückt wurden, während alle negativen Tugenden, die hauptsächlich in der Unterlassung des Bösen oder aller nicht der Erlösung dienenden Handlungen bestanden, in einer Ausschließlichkeit gepflegt wurden, daß keine größere Persönlichkeit – die über das Niveau der akzeptierten Norm hinausging – entstehen konnte. Buchwissen war wichtiger geworden als Erfahrung, der Buchstabe wichtiger als der Geist. [29]

Das spirituelle Leben, erklärte Govinda, beruhe auf innerer Bewußtheit und Erfahrung – etwas, das er in Ceylon zuvor nicht gelernt hatte. Dort dominierte die Grundüberzeugung, daß seit Ablauf des ersten Millenniums der buddhistischen Zeitrechnung kein Mensch mehr die Vollendung erreichen könne. Dies bedeutet, daß der Buddha-Dharma nur in der Theorie oder bestenfalls als Glaubensüberzeugung existiert, es aber nicht möglich ist, die höheren Zustände unmittelbarer geistiger Klarheit zu erreichen. Man konnte deshalb nicht über tiefere Meditationserlebnisse diskutieren, eine Situation, die für Govinda unbefriedigend war. „Der Buddhismus war somit zu einer Angelegenheit der Vergangenheit geworden, eine bloße Glaubensform oder ein fernes Ideal, nach dem man nur streben konnte, indem man ein moralisches, den Regeln entsprechendes Leben führte und so viele heilige Texte auswendig lernte, als es irgend möglich war." [30]

Die Tibeter, so entdeckte er bald, lebten in einer anderen Welt. Die Wände des Yi-Gah Cho-ling-Tempels (wie man das Kloster von Ghoom nannte) öffneten sich „den Tiefen unbekannter Dimensionen ... ich lebte in einem Zustand der Verzauberung und des Wunders; ich nahm eine unbeschreibliche Vielzahl von Eindrücken in mich auf." [31] Obwohl Govinda mit den Menschen und Dingen anfänglich schweigend kommunizierte, entwickelte er zu seiner neuen Umwelt eine zunehmend stärkere Bindung, als er die Sprache studierte und seine neue Wirklichkeit erforschte. Dabei fand er einen Mentor, der ihm nicht nur als Freund, sondern auch als spiritueller Lehrer half. Kachenla war kein Lama, und er übte keine andere Funktion als die des Tempelaufsehers aus, aber sein Leben war einer steten, bescheidenen Hingabe gewidmet, wie es Govinda nannte, einer kontinuierlichen *Sadhana* (religiösen Praxis).

Wenn dieser alte Mönch Butterlampen reinigte, den Boden putzte oder Gebete für das Wohl aller empfindsamen Wesen sprach, so stand er dabei „immer im Dienst des Tempels", was bedeutet, daß er jede Art von Arbeit generell als Arbeit am Dharma betrachtete. Das, was Govinda in Ceylon gelernt hatte, besaß mit seinen augenblicklichen Erlebnissen nur wenig Ähnlichkeit. „Ich wurde mir bald vieler kleiner Dinge bewußt, denen ich früher weder Beachtung geschenkt noch Bedeutung beigemessen hätte." Kachenla lehrte ihn, wie man die heiligen Bücher aus ihrer Schutzumhüllung auspackt und handhabt, wie man sich im Bereich des Klosters zu bewegen hatte. Sie saßen jeden Abend zusammen, Govinda mit Bleistift und Papier, und der gebeugte, bärtige Mönch brachte ihm Gebete bei. Es machte Kachenla nichts aus, daß sein ausländischer Freund ihn nicht verstand, dies würde später der Fall sein. Govinda fühlte etwas, das auch jenseits aller Worte verständlich war.

Es war das erste Mal, daß ich die Macht mantrischer Worte erlebte, in denen, frei von allem begrifflichen Wissen, der transzendente Laut des dem menschlichen Herzen innewohnenden Geistes vernehmbar wird. Und weil es der „Laut des Herzens" und nicht des Intellektes ist, kann das Ohr ihn nicht hören und das Gehirn ihn nicht fassen. [32]

Die Unterweisung hörte mit Kachenlas geduldigen Erklärungen noch nicht auf. Überall, wo Govinda hinging, entdeckte er eine neue Perspektive. Dieser deutsche Intellektuelle wies eine eindeutig romantische Veranlagung auf, die auf den von Nebel umwobenen Hügeln Ghooms ihre Ausprägung fand, wo alles von einer übernatürlichen Atmosphäre umgeben war. Die vollkommene Stille, so schrieb er, „erhöhte die Wirkung einzelner seltsamer Geräusche, die die Luft in an- und abschwebenden Kadenzen erfüllte." [33]

Aber seine Aufmerksamkeit wurde auf ein kleines quadratisches, gelbgestrichenes Gebäude mit geschwungenem chinesischen Dach gelenkt. Es hatte eine geschlossene, verglaste Veranda, die infolge des abschüssigen Terrains auf Pfeilern ruhte. Die einzige Tür an der Rückseite des Gebäudes war verschlossen. Kachenla erklärte ihm, ein „großer Lama" meditiere dort. Govinda fühlte sich zu diesem Unbekannten hingezogen und dachte darüber nach, ob es hier eine Verbindung zu seiner eigenen spirituellen Entwicklung gebe. Er sagte Kachenla, er wolle Schüler dieses Lehrers werden, und der alte Mönch antwortete, er werde mit dem Abt über die Angelegenheit reden. Der Lama war Tomo Geshe Rimpoche.

Niemand sonst hat danach einen so großen Einfluß auf Govinda ausgeübt. Die gemeinsam verbrachte Zeit mit Tomo Geshe war nur von kurzer Dauer, wenige Wochen lang, aber der Rimpoche verbreitete eine Atmosphäre von Friedfertigkeit und Harmonie, die Govinda noch nie zuvor in dieser Intensität empfunden hatte, und der *Darshan* (wörtlich: religiöser Austausch), zu dem sie sich beide trafen, war vollkommen. „Die bloße Gegenwart dieses Mannes war genug, um alle Probleme aufzulösen und nicht-existent zu machen — wie die Dunkelheit in Gegenwart des Lichts." [34]

Der Rimpoche war ein gebildeter Mensch, der nicht nur den Titel eines Geshe trug, sondern er hatte darüber hinaus zwölf Jahre als Einsiedler in Südtibet in einer Felsklause gelebt. Wie viele Menschen des Geistes war auch er zu dem Schluß gekommen, eine Verwirklichung könne nur in der Stille und Einsamkeit der Natur gefunden werden. Nachdem er von einem zufällig vorbeigekommenen Hirten entdeckt worden war, kehrte er zur Welt zurück und ließ sich selbst in Dunkar Ghompa, einem kleinen Kloster im Chumbi-Tal in der Nähe der Grenze zu Indien, nieder.

Das bedeutendste Ereignis seines Lebens war wohl die Vision gewesen, die ihm in Chortin Nyima zuteil geworden war, einem heiligen Ort in der Nähe der Grenze zu Sikkim, der Padmasambhava geweiht war. Govinda beschreibt diese Gegend als Ort unendlicher Weite, „an dem Himmel und Erde sich in Erhabenheit begegnen ... an dem sich der Mensch den Himmelskörpern nahe fühlt, wo

Sonne und Mond seine Nachbarn sind und die Sterne seine Freunde." [35] An diesem Ort wäre jede Vision spektakulär gewesen, aber die Vision Tomo Geshes wurde zur gleichen Zeit auch von anderen wahrgenommen. In der Vision offenbarte sich das gesamte Pantheon der Buddhas und Bodhisattvas aus allen Teilen des Universums am Firmament und konnte viele Stunden lang gesehen werden.

> *All die unterschiedlichen Formen von Bergen und Gewässern, Felsen und Pflanzen und all den Dingen, aus denen unsere alltägliche Welt besteht, verschmolzen ineinander und lösten sich auf, bis nur noch das unbeschreibliche Erlebnis der letzten Ureinheit übrigblieb; diese hatte nichts von Eintönigkeit und Starre an sich, sondern vibrierte von rhythmischem Leben und Licht und war von der Harmonie der Sphären erfüllt, deren Klänge melodisch anschwollen und abklangen, sich ineinander verwebend und sich wieder auflösend, bis sie in die Große Stille verschmolzen.* [36]

Die Vision veranlaßte Tomo Geshe, Dunkar Ghompa zu verlassen, im Himalaja herumzureisen und seine Lehre zu verbreiten. Als Govinda ihm begegnete, besaß der Rimpoche zahlreiche Anhänger, und man sprach ihm große Heiligkeit zu. Die Kommunikation mit einem Lehrer wie dem Rimpoche ist nur schwer wiederzugeben. Man könnte die Eindrücke beschreiben, die bei einer solchen Begegnung entstehen, oder das, was sich aus einer solchen Begegnung entwickelt, oder aber die direkte Interaktion – sei es die Berührung des Kopfes oder eine verbale Instruktion – es bleibt jedoch immer eine intensive persönliche Erfahrung, die durch bloße Worte nicht beschrieben werden kann.

In einigen kurzen Abschnitten beschrieb Govinda in *Der Weg der Weißen Wolken* die Gespräche, die vor seiner formalen Initiation stattgefunden hatten. In vieler Hinsicht erscheint darin Tomo

Geshe wie manche andere Meister, die ihre Schüler dazu ermutigen, universelle Liebe und Mitgefühl zu praktizieren und an ihrer eigenen Befreiung zu arbeiten. Das *Bodhicitta*-Potential (erleuchtetes Bewußtsein) aller lebenden Wesen betonte er häufig und ermahnte Govinda eindringlich, sich niemals anderen Menschen überlegen zu fühlen. „Sobald wir aber", schrieb er, „zu der Einsicht gelangen, daß wir genau in *der* Welt leben, die wir verdienen, werden wir die Fehler anderer als unsere eigenen empfinden." [37] Da Govinda bereits sein ganzes Leben ein Schüler der buddhistischen Lehre gewesen war, überging Tomo Geshe die direkte Unterweisung in der Lehre und lehrte sofort die Praxis der Meditation, die er für wichtiger hielt, als jedes theoretische Wissen.

Zu den Methoden selbst hat sich Govinda nie geäußert. Obwohl er schrieb, seine frühere Praxis hätte sich auf Intuition und Schriftstudium gegründet, schwieg er zu Tomo Geshes Instruktionen. In der Tat vermied Govinda in seinen Schriften jede Diskussion über Meditationstechniken. Während er in *Schöpferische Meditation und Multidimensionales Bewußtsein* einer solchen Diskussion noch am nächsten kommt, so beschreibt dieses Buch doch eher den philosophischen und spirituellen Hintergrund und bietet Erklärungen, aber es finden sich in ihm keine fundierten Meditationsanweisungen. Dabei erinnert er an Dr. Walter Evans-Wentz, der sich selbst mehr als „Vermittler" der Überlieferung des Gurus verstand, denn als Lehrmeister.

Ihr gemeinsamer Aufenthalt in Yi-gah Cho-ling dauerte einige Wochen. Zeit spielte für beide sicherlich kein Rolle, und Govinda sagte später, Glück, Geduld und der Wille, auf seinen Lehrer zu warten, ermöglichten eine Begegnung mit diesem außergewöhnlichen Menschen. An einer anderen Stelle seiner Biographie erzählte er von ihren Gesprächen. Govinda beschrieb eine telepathische Erfahrung, als er gerade über die bevorstehende Rückkehr seines Lehrers nach Tibet nachdachte, während der Übersetzer gerade dem Rimpoche eine persönliche Frage stellte. Die Sorge, es könnten Jahre vor einem Wiedersehen vergehen, stand dabei im Vordergrund, und Govinda erhoffte sehnlichst ein Zeichen seines Lehrers bezüglich ihrer inneren Verbundenheit, vielleicht eine kleine Buddha-Figur, die vom Rimpoche gesegnet war.

Tomo Geshe unterbrach plötzlich seine Unterhaltung und sagte zu seinem neuen Schüler: „Bevor wir scheiden, will ich dir eine kleine Buddha-Figur zum Gedenken geben." [38]

Govinda brachte kein Wort über die Lippen, denn er war darüber beschämt, seinen Guru auf die Probe gestellt zu haben. Dieser Vorfall bewies eindeutig, daß Tomo Geshe tatsächlich die Fähigkeit besaß, die Gedanken anderer wahrzunehmen, eine Fähigkeit, die in Tibet oft das „göttliche Ohr" genannt wird. Bei spirituellen Lehrern Asiens findet man solche übersinnlichen Fähigkeiten häufig, obwohl sie selten angewendet werden. Govinda betrachtete dies als Demonstration der Fähigkeit seines Lehrers, auf die Gedanken anderer zu regieren und als Beweis für das tiefe Verständnis, das sein Meister von der Lehre hatte.

Als sie einige Tage später Abschied nahmen, schenkte ihm Tomo Geshe eine kleine Buddha-Figur, die Kachenla selbst gefertigt hatte. Diese Figur war für ihn im Lauf der Jahre mehr als eine bloße Erinnerung. Da sie das Siegel des Rimpoche trug, diente sie ihm als Versicherung auf seinen Reisen durch Gegenden, in denen sich die Einheimischen ihm gegenüber feindselig verhielten, da sie ihn für einen chinesischen Spion hielten. Mißtrauische Ordensmitglieder wurden zu Freunden, als sie erfuhren, daß dieser Ausländer den Segen des Rimpoche trug. In Westtibet, Nordindien oder den Grenzregionen wurde Tomo Geshes Name mit Respekt betrachtet, und jeder, der mit ihm in Verbindung stand, wurde dementsprechend respektvoll behandelt.

Im nachhinein erscheint es seltsam, daß eine so entscheidende Begegnung so geringen schriftlichen Niederschlag gefunden hat, vor allem, weil Tomo Geshe Govindas Zeit in Indien und später in Amerika noch viel stärker beeinflußte. Govinda wollte jedenfalls an seinen Guru lieber durch die Praxis seiner Lehre erinnern, statt dessen Chronist zu sein. Dabei folgte Govinda dem Rat zahlloser Lehrer der tibetischen Tradition, die stets betont hatten, wie wichtig es sei, Prioritäten richtig zu setzen. Dies wird bei Milarepa, Tibets großem Dichter und Heiligen, deutlich:

Alle weltlichen Bestrebungen haben ein unvermeidliches und unumgängliches Ende, welches Sorge mit sich führt; Besitz endet in Auflösung, Bauwerke in Zerstörung, Beziehungen in Trennung, Geburt in Tod. Dies zu wissen sollte zuerst dazu führen, daß Besitz sowie der Bau von Gebäuden und Beziehungen vermieden werden; treu den Forderungen eines bedeutenden Guru sollte man die Wahrheit erkennen (die weder Tod noch Geburt kennt). [39]

Dies war für Govinda nie ein philosophisches Problem gewesen, denn sein theoretisches Wissen in buddhistischer Dialektik und Philosophie war sehr groß. Obwohl er persönlich Milarepas Auffassung nahestand, wußte Govinda als ein gerade initiierter Schüler, daß dies seine Zeit dauert. Als Tomo Geshe ihm seine Wohnung im Kloster überließ, war er glücklich. Sie konnte ihm nicht nur als Ausgangspunkt für seine Reisen, sondern gleichzeitig als Inspirationsquelle für seine Studien dienen.

Nachdem sein Guru abgereist war und bevor er sich der Routine des Studiums und des Sprachtrainings widmete, brach Govinda zur ersten seiner zahlreichen kurzen Pilgerreisen auf tibetisches Gebiet auf. In seiner Autobiographie sprach er von seinem Drang, dem Rimpoche nachzufolgen, und dies mag auch der Fall gewesen sein, aber er liebte es auch, unterwegs zu sein. Den Namen Anagarika – der Heimatlose, der Wanderer – brachte er aus Burma mit;

er verdeutlicht eine Charaktereigenschaft, die bereits viele Jahre früher entstanden war und sich in den nächsten beiden Jahrzehnten voll entfalten sollte, in Phasen intensivem Studiums und/oder Lehrens, die von Zeiten des Reisens unterbrochen wurden. Dieses Mal veranlaßte ihn die Wetterlage dazu. Karawanen gab es zu dieser späten Jahreszeit nicht mehr, denn die Gefahr bestand, daß Schneefall die Pässe unpassierbar werden ließ und somit die Reisenden eingeschlossen worden wären. Dennoch stieß Govinda auf eine Gruppe, die, unbeeinflußt von einer solchen Aussicht, die Bedingungen auf der Strecke ins Chumbi-Tal prüfen wollte. In letzter Minute besorgte er sich eine Reiseerlaubnis für jene Gegend, obwohl diese normalerweise gesperrt war.

„Die Reise selbst hatte etwas Traumhaftes", so begann er seine Beschreibung des Regens und Nebels, der Felsen und Gebirge veränderte und ihnen eine unnatürliche, unwirkliche Gestalt verlieh. „Wolken über und tief unter dem sich aufwärtswindenden Saumpfad, aus dunkler Tiefe aufwallend und wieder niedersinkend, hier und da Ausblicke von atemberaubender Großartigkeit eröffnend, um im nächsten Augenblick alles wieder auszulöschen, als ob es nie dagewesen wäre." [40]

Er stieg durch den Urwald Sikkims immer höher hinauf; jede Wende offenbarte eine immer neue Schönheit der Natur. „Die Landschaft schien sich in einem Zustand dauernder Verwandlung zu befinden", schrieb er, „als ob sie von Augenblick zu Augenblick neu erschaffen würde." Als Mensch, der seine Jugend in der Umgebung einer übermäßig kultivierten Landschaft in Europa verbracht hatte, war Govinda von einer solchen Schönheit natürlich überwältigt. Aber auf der Spitze des Passes erwartete ihn ein noch größeres Wunder, eines, das sich, wie er selbst sagte, wiederholte und ihn jedes Mal, wenn er nach Tibet kam, von neuem ergriff.

Auf dem höchsten Punkt des Passes, auf den die Wolken in dunklen Massen zustürmten, öffnete sich der Himmel wie durch einen Zauberschlag, die Wolken lösten sich auf, und eine Welt leuchtender Farben unter einem tiefblauen Himmel enthüllte sich dem verwunderten Blick, während eine blendende Sonne die schneebedeckten Abhänge der anderen Seite aufleuchten ließ, daß das Auge vom Glanz geblendet war. [41]

Nachdem er in Ghoom eine persönliche Transformation erlebt hatte, wurde Govinda hier mit einer anderen konfrontiert. Als Zeichen der Dankbarkeit für seine sicher verlaufene Reise fügte er der Steinpyramide, die sich dort befand, einen Stein hinzu, und sprach einen Segenswunsch für alle Pilger, die hier noch vorbeikommen sollten; sich selbst gegenüber gelobte er für seinen zukünftigen Weg, als er den Paß überquert hatte und sich unter diesem strahlenden tibetischen Himmel wiederfand:

(Mir wurde klar), daß ich von nun an dem Weg der Weißen Wolken in das verzauberte Land meines Gurus folgen würde, um mehr von seiner Weisheit zu lernen und in dem Frieden und der Schönheit seiner Natur Inspiration zu finden. Ich wußte, daß ich von nun an mich stets zu diesem Land des Lichtes und der Farben hingezogen fühlen und mein Leben der Erforschung seiner geistigen Schätze gewidmet sein würde. [42]

5
Westtibet

Das westliche Tibet ist so ungeheuer groß, rauh, einsam, abwechslungsreich und erhaben, daß seine Landschaft schon immer die Vorstellungskraft der Reisenden, die es dorthin verschlagen hat, in Bann gehalten hat. Die Farben sind leuchtend, das Licht intensiv, das Wetter extrem, und die Aussicht ist so außergewöhnlich, daß die Sinne überwältigt werden. Es ist nicht verwunderlich, daß ein solches Land die Heimat des Kailash darstellt, des heiligen Berges der Buddhisten, Hindus, Jains und Bon-Pos, und des Manasarovar-Sees, in dessen Nähe die vier Flüsse Karnali, Indus, Sutlej und Brahmaputra entspringen. Obwohl dieser Ort schon von jeher das Ziel von Pilgerfahrten war, gab es hier zahllose Banditen, und viele Reisende wollten dieses Gebiet so schnell wie möglich hinter sich lassen. Für Govinda war es eine Erfahrung wie keine andere.

Trotz des Gefühls der Kleinheit gegenüber der Größe und Gewaltigkeit der Gebirgslandschaft, trotz des Bewußtseins menschlicher Begrenztheit und Abhängigkeit von den Launen der Witterung, wie von Wasser und Weidegründen, Nahrung und Brennstoff und sonstiger materieller Bedingungen, habe ich nie ein größeres Gefühl der Freiheit und Unabhängigkeit erfahren. Es wurde mir mehr denn je klar, wie eng und beschränkt unser sogenanntes zivilisiertes Leben ist und welch hohen Preis an Freiheit und wirklicher Unabhängigkeit des Denkens und Handelns wir für die Sicherheit eines geborgten Lebens zahlen. [43]

1933 war die Grenze zwischen Ladakh und Tibet noch nicht eindeutig festgelegt. Die Grenzlinie wurde offenbar erst vor Ort definiert; ohne offizielle Grenzbeamte war ein unkontrolliertes Reisen möglich. Govinda erzählte Jahre später darüber Anekdoten. Er hatte kein Visum für Tibet, und seine Papiere für Ladakh gestatteten ihm das Reisen im ganzen Land; somit konnte er mit etwas Vorsicht die Grenze überschreiten, die ja nicht besonders markiert war.

Kommunistische Intrigen und militärische Aktionen fanden in Zentralasien zu keinem Ende. In den dreißiger Jahren kämpften regionale Kriegsherren und lokale Anführer gegeneinander und gegen die ferne Regierung in Peking für mehr Unabhängigkeit. Deshalb war es in Anbetracht der Kämpfe, die im benachbarten Turkestan ausgebrochen waren und von denen Govinda auch wußte, ein etwas eigenartiger Zeitvertreib, herumzureisen und in alten Bauwerken Kunstwerke zu suchen. In der Tat blieb keine Gegend von diesen Unruhen verschont. Drei Jahre nach seinem Besuch in Westtibet kam eine Horde turkestanischer Reiter auf dem Weg nach Kashmir durch jenes Gebiet. Li Gotami erzählte mir, sie selbst hätte 1949 noch Zeichen ihrer Plünderungen und Verwüstungen gesehen.

Govinda machte sich darüber keine Sorgen. Er fühlte sich selbst dadurch in Hochstimmung versetzt, daß er allein in dieser unermeßlichen Weite sein konnte, die er mit der natürlichen Ordnung des Universums verglich, die existiert hatte, bevor die menschliche

Art entstanden war. Damals hatte er die „künstlich, maschinell geregelte Zeit des modernen Menschen" zur Genüge erfahren. Er bezog dies auf die Situation des modernen Menschen ganz allgemein, denn er selbst konnte in Ghoom ohne Zeitdruck studieren. Jedenfalls beklagte er: „Wenn jedes Detail unseres Lebens geplant und reguliert ist, der Inhalt jeder kleinsten Zeitspanne im voraus festgelegt und mit belanglosen Tätigkeiten ausgefüllt wird, dann schwindet die letzte Spur unseres zeitlosen und grenzenlosen Wesens, auf dem die Freiheit unserer Seele beruht." [44]

Diese Freiheit (so schrieb er in Der Weg der Weißen Wolken*) besteht nicht darin, daß wir tun können, was wir wollen; (dies schrieb er, als die ersten Hippies in der Öffentlichkeit auftauchten) sie ist weder Willkür noch ein Sichgehenlassen und ebensowenig bloße Abenteuerlust, sondern die Fähigkeit, das Unerwartete zu akzeptieren, in uns aufzunehmen und zu verarbeiten, d.h. den unvorhergesehensten Lebenssituationen − guten sowohl wie schlechten − mit offenem Geist entgegenzutreten.* [45]

Diese Fähigkeit zur Anpassung war einer der Angelpunkte für sein Verständnis und seine Verwirklichung des Buddhismus. Govinda fand, die Spontanität des Lebens, die Fähigkeit, „die Fülle zu erfahren", sei leider in unserer gegenwärtigen Gesellschaft nicht vorhanden. Allein in dieser weiten, menschenleeren Wüste hatte er die Gelegenheit, die Flüchtigkeit des Besitzes zu erkennen. Unter solchen Bedingungen ist der bloße Besitz von Dingen, die nicht lebensnotwendig sind, unzweckmäßig. Er beschloß, seine nutzlosen Pläne, Ideen und Praktiken aufzugeben.

In seinen Schriften findet sich sonst kaum eine Stelle, in der seine spirituelle Entwicklung so genau beschrieben wird. Seine wahre Reife läßt sich, wie er schrieb, auf diese erste Reise nach Tibet zurückführen. Vorbei war die Unbedarftheit der Jugend und die

„Flachheit des intellektuellen Nachdenkens". Nun fühlte er sich von der irrationalen Qualität der Wirklichkeit und der Qualität des Buddha überzeugt, was bedeutet, daß die historischen Qualitäten des großen religiösen Meisters in seinem eigenen Wesen lebendig wurden.

Govinda verglich den modernen Menschen später mit einem Sklaven der Zeit oder mit einem Menschen, der versucht, einen Fluß mit einem Eimer auszuschöpfen. „Nur wer [die Zeit] in ihrer Fülle, in ihrem ewigen, lebenspendenden Rhythmus akzeptiert, in der ihre Kontinuität besteht, kann sie meistern und sich zu eigen machen."[46] Sich anzupassen hatte Govinda auf dem Chang Thang-Plateau gelernt. Dadurch, daß er den Situationen, mit denen er dort konfrontiert wurde, keinen Widerstand entgegensetzte, daß er zuließ, mit dem natürlichen Rhythmus dieser Art des Reisens und der Lebensbedingungen jener Gegend dahinzugleiten, erkannte er, daß die Zeit über ihn keine Macht mehr besaß.

„Nirgends habe ich dies tiefer empfunden als unter dem freien Himmel Tibets", schrieb er, „in der Intensität seiner Stille und der Klarheit seiner Atmosphäre."[47] Hier spürte er, wie der große Rhythmus der Natur alles durchdringt, wo die Vorstellungskraft des Menschen nicht länger sich selbst, sondern der Landschaft gehört. „Imagination", so fuhr er fort, „wird hier zum adäquaten Ausdruck der Wirklichkeit auf der Ebene des menschlichen Bewußtseins."[48] Schließlich spürte er, daß der Erfahrungscharakter der spirituellen Entdeckung den Intellekt besiegt hatte, und daß Worte nicht mehr ausreichen, um das zu beschreiben, was er fühlte und tat.

Deshalb verstand Govinda alles, was ihm in dieser Landschaft begegnete, als Mittel zur Veränderung – das Licht, die Erde, die Luft – vor allem die Luft. „Die außerordentlich dünne Höhenluft hat eine ähnliche Wirkung wie gewisse Übungen der *Pranayama*-Praxis; denn sie zwingt uns, unsere Atmung in einer bestimmten

Weise zu regulieren, besonders beim Steigen oder bei langen Märschen." [48] Bergsteiger und Himalaja-Bezwinger, die schwere Tätigkeiten mit Bedacht vollbringen müssen, um Kraft zu sparen, kennen dieses Phänomen. Je höher man sich über dem Meeresspiegel aufhält, desto langsamer werden die Bewegungen. Aber diese langsamen Bewegungen können, wie Govinda schrieb, in einen harmonischen Gleichklang mit der Atmung gelangen, und Govinda glaubte, daß in Tibet „auch das Schreiten zu einer bewußten Atemübung (wird), ähnlich wie im indischen Hatha-Yoga, und dies trifft besonders zu, wenn der bewußt dem Schreiten angeglichene Atem von der Rezitation heiliger Formeln (Mantras) begleitet wird ... (dies hat) eine sehr beruhigende und zugleich energieverstärkende Wirkung." [49]

Dies ist eine der wenigen publizierten Stellen, in denen er über seine persönliche religiöse Praxis sprach. In der Beschreibung seiner Reisen durch Tibet äußerte er tiefen Respekt und tiefe Ehrfurcht vor diesem Land und dessen Geschichte, Kunst und Religion, aber nur selten gewährt er Einblick in seine eigene religiöse Praxis. Es gibt in Govindas Autobiographie eine interessante Photographie, die ihn bei der *Puja* am Manasarovar-See zeigt, ohne einen Hinweis auf die eigentlichen Umstände für diese Zeremonie. Erst Sangarashita, ein Engländer, der zum Buddhismus konvertiert war, beschrieb, wie Govinda (und seine Frau) im Yi-Gah Choling-Kloster in Ghoom ihre Rituale praktizierten.

Einen Rosenkranz in der Hand, gingen Lama Govinda und Li Gotami im Uhrzeigersinn in der Kammer herum und blieben einen Augenblick lang vor jedem Bildnis oder Thanka stehen und rezitierten ein entsprechendes Mantra ... einige der Mantras waren neu für mich ... sie klangen nur irgendwie vertraut, aber sie erzeugten gleichzeitig einen Widerhall, der sie in den entferntesten Ecken meines Wesens erklingen ließ ... es gab diese rechteckige

Kammer, die von oben nur spärlich durch Licht erhellt wurde, das durch eine Art von Dachluke eindrang; da war die stumme Präsenz der Statuen, mit dem riesigen Maitreya, der schweigend alle anderen überragte, und es gab den Klang der Mantras, als zwei dunkle Gestalten in chubas *gekleidet mit gebeugtem Kopf ihre Runde durch die Kammer machten. Am meisten berührte mich aber die offensichtliche Hingabe, mit der sie die Mantras rezitierten und in der sie hinter jedem Bildnis die lebendige spirituelle Präsenz dessen zu spüren schienen, das die Bildnisse repräsentierten oder das sie verkörperten.* [50]

Sind solche Beobachtungen eigentlich notwendig? Sind sie wirklich wichtig? Sie sind es, wenn wir in Govinda einen anderen sehen wollen, als einen bebrillten buddhistischen Gelehrten, der uns geheimnisvolle und interessante Informationen vermittelt hat. Er war sich seiner Verantwortung in der Vermittlung des Dharmas bewußt, und er lebte, was er lehrte. Er betete täglich, wenn es erforderlich war, auf dem Boden liegend, und er trug die Robe eines Mönches – nach seinen eigenen Vorstellungen geschneidert – den größten Teil seines Lebens. Aber Govinda, ein vielschichtiger Mensch, nahm die Welt gleichzeitig mit anderen Augen wahr.

Viele seiner gewissenhaften Beobachtungen lassen sich auf seine Erfahrungen in der Kunst zurückführen. Im Bereich ästhetischer Werte und Schönheit konnten seine Leser mehr als nur eine bloße Beschreibung Tibets wiederfinden. Früh erkannte Govinda den „ungeheuren Einfluß der Farbe auf den menschlichen Geist ... [ich] empfand, daß noch etwas Tieferes und Schöneres durch den Einfluß der Farben ausgelöst wurde und vielleicht mehr als irgendein anderer Faktor zur Verwandlung des Bewußtseins beitrug. Die Richtigkeit dieses Empfindens bestätigte sich mir in der außerordentlichen Bedeutung, die bei allen tibetischen Meditations- und Schauerlebnissen der Farbe beigemessen wird."

Dies entdeckte er, als er durch Westtibet reiste. Allein die bloße Intensität der Farben berührte ihn tief. Das Licht, die Seen, der Himmel erweckten Empfindungen in ihm, als ob er eine Vision gehabt hätte.

> *... vor uns breitete sich ein See wie eine Fläche aus geschmolzenem Lapislazuli, die in der Ferne zu einem intensiven Ultramarin und an den näheren Steilufern zu leuchtendem Kobaltblau wurde. An den von blendend weißem Strand eingefaßten flachen Buchten verwandelte es sich in ein opalisierendes Veroneser Grün. Die Berge, die den Rahmen dieses unglaublichen Farbenspiels bildeten, waren eine Symphonie von goldenem Ocker, gebrannter Siena-Erde und pompejanischem Rot mit purpurnen und violetten Schatten. Ja, dies war die leuchtende Landschaft meines Traumes ...* [51]

In seiner Autobiographie gibt es einige Zeichnungen aus Westtibet *. Die Bilder sind stilisiert, symbolisch und die ihnen eigene Qualität ist so fesselnd wie die tibetische Landschaft selbst. Eine bemerkenswerte Ähnlichkeit verbindet diese Bilder; die Kargheit der von Erosion zerfurchten Landschaft läßt die Erinnerung an eine andere Religion, eine andere Wüste erwachen, den Sinai. In der Tat könnten die abgebildeten *Chörten* und tibetischen Klöstern überall stehen. Vielleicht ist gerade diese Universalität die Stärke seiner Bilder. Govindas Stil ist sicherlich nicht vollkommen eigenständig. Nicholas Roerich, der emigrierte russische Maler und Mystiker, der im Kulu-Tal in Nordindien lebte, läßt in seinen spirituellen Landschaftsimpressionen einen vergleichbaren Stil erkennen.

Obwohl diese Expedition auf die Intention zurückging, einige

---

* A.d.Ü. In der deutschen Ausgabe sind diese Bilder nicht vorhanden. Statt dessen befinden sie sich in dem Buch „Bilder aus Indien und Tibet", Haldenwang 1978

Kunstwerke in den Klöstern und Tempeln des Chang Thang-Plateaus zu retten, gab es noch andere Gründe für diese Reise, die Erwähnung finden sollten. Die Tage erhielten auf dieser Reise eine beinahe identische Struktur, mit der es zurechtzukommen hieß; das Lager mußte errichtet werden, die Mahlzeiten zubereitet, und für das Feuer mußte Brennstoff gesucht werden. Mit dem Be- und Entladen der Pferde und der Suche nach dem Weg war Govinda weniger beschäftigt als seine beiden Begleiter. In einer Karawane konnte der Leiter meist seine eigenen Interessen verfolgen und die einfachen Arbeiten den anderen überlassen. Während die Vorbereitungen für diese Reise keine schriftliche Erwähnung fanden, war dies während der Reise etwas anderes. Anagarika Govinda entwickelte dazu seine eigene Theorie. Die Einsamkeit gestattete ihm, sich mehr zu konzentrieren; er sagte, seine Konzentrationsfähigkeit sei „hundertfach ... durch die Weite, Stille und Einsamkeit der Natur (verstärkt worden), die wie ein Hohlspiegel wirkt, der nicht nur unsere innersten Gefühle und Gemütsbewegungen vergrößert und reflektiert, sondern sie auch in einem Brennpunkt vereint; unserem eigenen Bewußtsein." [52]

Jenseits des „sinnlosen Lärms des modernen Lebens" (das er seiner Meinung nach glücklicherweise hinter sich gelassen hatte) beobachtete er, daß das Bewußtsein auf den atmosphärischen Druck reagiert. Jede „Schwere" führe dazu, daß „tiefere Schichten unseres Bewußtseins in den Bereich unserer Wahrnehmung kommen, d.h. Schichten des Unterbewußten, in denen die Erinnerungen unserer individuellen Vergangenheit aufgespeichert sind. Je größer der Druck, desto weiter gehen wir in die Vergangenheit zurück ... In den großen Höhenlagen Tibets wird man nicht nur sensitiver für diese Dinge, sondern man wird sich auch mehr seiner Träume bewußt und von ihnen beeindruckt." [53]

Darüber hinaus spekulierte er, daß eine Verbindung zwischen Träumen und einem Wechsel des atmosphärischen Drucks bestehe, so sehr, daß man sogar daraus „mit Sicherheit" eine Wetteränderung vorhersagen könne. Deshalb erklärte Govinda, er „beobachtete" seine Träume während seines Aufenthalts in Tibet und stellte sich in seinen Plänen darauf ein. Ob man dies glaubte oder nicht, war für Govinda ohne Bedeutung. Govinda betonte, die Tibeter verließen sich weitgehend auf ihr Traumbewußtsein und irrten „sich selten in der Beurteilung ihrer Träume." [54]

Die Beobachtungen, die sich in *Der Weg der Weißen Wolken* finden, waren nicht als Forum gegensätzlicher Meinungen gedacht. Er hielt die Tibeter für kompetent in der Beantwortung von Fragen zur Funktion des Geistes, und deshalb war für ihn das Buch nicht der Ort einer kritischen Auseinandersetzung; die Systeme der Tibeter funktionierten für ihn. Moderne psychologische Experimente zu dieser Thematik verwarf er als ungenügend; die Umstände selbst, unter denen diese Experimente durchgeführt wurden, waren für ihn das größte Hindernis für deren Erfolg. Er kritisierte deren „Objektivität" und war der Meinung, die notwendigen emotionalen und spirituellen Triebkräfte seien dabei ausgeklammert worden, ohne die kein Zustand wirklicher Vertiefung oder Konzentration erreicht werden kann. Die skeptisch-experimentelle Einstellung, die mechanische Handhabung und statistische Methodik (die nur Quantitatives erfaßt, aber völlig am Qualitativen vorbeigeht), und endlich die nüchterne Umgebung, in der solche Experimente vorgenommen werden, blockierten geradezu die „Tore psychischer Wahrnehmung." [55]

Von einem wissenschaftlichen und praktischen Standpunkt aus gesehen, glaubte Govinda jedenfalls, setze sich die westliche Psychologie gegenwärtig mit dem Buddhismus nur ungenügend auseinander.

„Während die Ergebnisse der rein wissenschaftlichen („theoretischen") Psychologie, die im wesentlichen auf dem Weg der Logik erworben wurden, mehr oder weniger hypothetisch sind und den eigentlichen Beweis schuldig bleiben", so sagte er während eines Vortrags an der Universität von Patna, „so kann dagegen gesagt werden, daß nicht nur die Elemente, sondern ebenfalls die eigentlichen Ziele der buddhistischen Psychologie auf Erfahrung beruhen." [56]

Die praktische Psychologie dagegen, schrieb er, „bleibt innerhalb der Grenzlinien des Vorgegebenen; die Logik dient dabei nur der Formung und Anordnung des Materials." Die Amplitude dieser Grenzlinien ist für ihn der bestimmende Faktor für die Werte einer solchen Psychologie. „An der Basis des Buddhismus ... reichen diese Linien besonders weit, denn sie beinhalten nicht nur die Erfahrungen des Durchschnittsmenschen, sondern ebenfalls die Ebenen der höchsten Erfahrungen, die keine Wissenschaft im Westen bisher überhaupt beschrieben hat." [57]

Was Govinda gelernt hatte, ging über die Rettung von Kunstschätzen hinaus. Dies wird in seiner Autobiographie deutlich. Statt seine Reisen detailliert zu beschreiben, schilderte er nur einige seiner wirklichen Reiseerlebnisse. Inmitten einer Diskussion bestimmter Aspekte seiner Reise beschrieb Govinda in einer Reihe kleinerer Geschichten Trancelaufen (*Lung-gom*) und geheimnisvolle Heilkräfte. Mehr erzählte er nicht von dieser kleineren Expedition. Später verwies er indirekt darauf, als er schrieb, er hätte einen vollständigen Satz von Zeichnungen der Vierundachtzig Siddhas (die dann dem städtischen Museum von Allahabad übergeben wurden) und anderer tibetischer Fresken angefertigt, aber diese Reise scheint nicht nur aus den Seiten seines Tagebuchs, sondern ebenfalls aus seinem Gedächtnis verschwunden zu sein.

6
Li Gotami (Rati Petit)

Der Abstieg auf den wetterzerklüfteten Wegen vom Chang Thang herunter war schon immer schwer gewesen. Erfahrung und Geschick waren ebenso nötig wie Durchhaltevermögen und Glück — bei diesem Wetter vor allem Glück. Wenn die Pässe nach Ladakh und Kashmir durch Schnee blockiert waren, hatte ein Reisender keine andere Wahl; er konnte nur warten und hoffen, daß die Vorräte reichten. In seiner Reisebeschreibung schrieb Govinda nur wenig über die täglichen Arbeiten und Probleme und den Erfolg seiner Reise. Dies alles überließ er der Vorstellungskraft des Lesers. Dies war anders als in den meisten Büchern über Reisen im Himalaja, in denen eher die dabei gemachten Erfahrungen geschildert werden (z.B. beschrieb Peter Matthiessen in seinem Buch *Der Schneeleopard* detailliert die Probleme, mit denen er unterwegs zu kämpfen hatte, und die endlosen Mahlzeiten aus Reis und Linsen, die nur selten von Weizenkuchen und Kartoffeln ergänzt wurden).

Govinda pflegte in den folgenden Jahren ein unstetes Wanderleben. Er blieb nie lange an einem Ort, trotz seiner Lehrverpflichtungen an den Universitäten von Patna und Shantiniketan, die der Gelehrte Rabindranath Tagore in Westbengalen gegründet hatte. In seiner Autobiographie erklärte Govinda, warum er sich selbst *Anagarika*, Heimatloser, nannte:

> *Wenn ich den Weg eines auf mich selbst gestellten „hauslosen" Pilgers (Anagarika bedeutet „ein Hausloser", ein „Nicht-Haushaltender") wählte, so tat ich das in bewußter Verfolgung eines Zieles, das es mir weder erlaubte, in der Sicherheit einer monastischen Gemeinschaft Zuflucht zu suchen, noch auch in den Annehmlichkeiten eines häuslichen Familienlebens. Mein Weg war der Weg der Siddhas: der Weg individueller Erfahrung und Verantwortung, inspiriert durch den lebendigen Kontakt zwischen Guru und Chela, durch die unmittelbare Übertragung eines geistigen Impulses im Akt der Initiation.* [58]

Um dies zu verdeutlichen, zitierte Govinda aus dem *Mahamudrapadesha*:

> *Wo der Geist keinen Ort hat, an dem er stehenbleiben (und abgegrenzt werden) kann, dort ist die* mahāmudrā *(die „Große Haltung") gegenwärtig. Durch die Pflege einer solchen Haltung erreicht man die höchste Erleuchtung.* [59]

Die Siddhas, deren Weg er gehen wollte, waren die buddhistischen Mystiker des Mittelalters in Tibet und Indien. Sie hätten, so sagte er,

> *den direkten Weg spontaner Erfahrung und Verwirklichung des universellen Tiefenbewußtseins wiederentdeckt, der unter Bergen von scholastischer Gelehrsamkeit, abstrakten philosophischen Spekulationen, haarspalterischen Argumenten und mönchischen Regeln begraben war, denen zufolge Tugend nicht das natürliche Produkt höheren Wissens, sondern bloßer Verneinung war.*

Für die Siddhas stellte die „Selbstgefälligkeit negativer Tugenden" ein größeres Hindernis auf dem Weg zur Erleuchtung dar als die Leidenschaften. Sie wollten die engen Regeln sprengen. Leidenschaft war für sie ein Mittel „zu großen Taten ... und großer Vollendungen im Reich des Geistes." [60] Ihre Praktiken wurden als der Weg der „verrückten Weisheit" zur Erleuchtung bezeichnet, und ihre Anhänger fanden sich unter den Ch'an-Patriarchen Chinas und den Zen-Meistern Japans. Nur wenige Menschen im Westen hatten je von den Siddhas gehört, aber sie wurden indirekt in den späten fünfziger Jahren durch ein Buch des amerikanischen Schriftstellers Jack Kerouac populär, *The Dharma Bums* (dt. *Gammler, Zen und hohe Berge*). Der Titel dieses Buches wurde für eine ganze Generation zum stehenden Begriff, und jeder, der nur ein wenig an einem spirituellen Leben interessiert war, war nach gängigem Verständnis ein *Dharma Bum*, ein Dharma Gammler.

Aber dies war alles sehr weit weg, und Govinda beschritt eigene Wege. Nach seiner Rückkehr aus Tibet begann er damit, Vorlesungen zu halten. Ein Zeitungsartikel aus dem Jahre 1933 schrieb über eine Debatte, an der er teilgenommen hatte: „Hat die Kultur des Ostens ausgespielt?" Govinda dachte natürlich nicht so, aber er fühlte, daß „es eine Zeit gegeben hat, als die großen Länder Asiens in einer gewissen Isolierung ihre zivilisatorische Entwicklung förderten. Nun ist das Zeitalter der Koordination und Kooperation gekommen. Sie müssen den Test des Weltmarktes bestehen." [61] Bei anderen Gelegenheiten, in anderen Städten schilderte er Tibet nicht als den schrecklichen Ort, für den man dieses Land hielt, sondern als märchenhaftes Land. Govinda schrieb ebenfalls regelmäßig für *Mahabodhi*, die Zeitschrift der Mahabodhi-Gesellschaft in Kalkutta, und in den dreißiger Jahren erschienen seine Artikel beinahe monatlich. Diese frühen Artikel wirken heute inhaltlich ein wenig abgehoben, obwohl in ihnen seine Ernsthaftigkeit so deutlich wird wie der Wille, seine Sicht des Buddhismus kundzutun. Govinda war stets ein stiller, intellektueller Autor, der in seinen Artikeln pedantisch und äußerst bemüht war, seine Entdeckungen zu erklären. Mit Ausnahme der Robe, die er trug, war Govindas einzige nach außen sichtbare Eigenheit seine Reisetätigkeit – er schien die ganze Zeit über unterwegs zu sein. Seine Reisen aber waren, verglichen mit denen seines tibetisch-buddhistischen Kollegen, Dr. Walter Evans-Wentz, nur von kurzer Dauer. Während er entlang der Himalaja-Vorberge und durch die heiligen Orte am Ganges reiste, war Evans-Wentz alle achtzehn Monate in London und Südkalifornien.

Es mutet seltsam an, daß sich beide bis in die Mitte der dreißiger Jahre nie begegnet sind. Evans-Wentz war ein Pionier auf dem Gebiet der Tibetologie; sein *Tibetisches Totenbuch* und *Tibet's großer Yogi Milarepa* waren von der Kritik gelobt worden. Govinda hatte beide Bücher nicht gelesen. Evans-Wentz ging in einem kleinen abgelegenen Ort am Hügel des Himalaja, mit dem Namen Almora, aus und ein und traf dort Menschen, die beiden bekannt waren. Govinda kannte ebenso wie der Gelehrte aus Oxford viele der bedeutenden Theosophen jener Zeit, beide schrieben Artikel für die Zeitschriften der Theosophischen Gesellschaft und trotzdem kannten sie einander nicht.

Trotz seines ruhigen Charakters integrierte sich Govinda nicht in das spirituelle Milieu Indiens. Durch die International Buddhist University Association (die er gegründet hatte) erhielt er eine Lehrposition in Shantiniketan. Shantiniketan war ein idyllischer Universitätsort in der weiten Landschaft südlich von Kalkutta, fernab allem geschäftigen Treiben, das im unteren Teil des indischen Subkontinents vorherrscht. Häufig fand der Unterricht in klassischer indischer Art und Weise unter einem Baum statt. Die Künste erhielten einen hohen Stellenwert, und der Nobelpreisträger Tagore zog Studenten aus aller Welt an. Einer von ihnen, ein Däne namens Alfred Sørenson, war von Tagore eingeladen worden, um „Stille zu leh-

Li Gotami   Lama Govinda als junger Mann

ren." Sørenson oder Sunya, wie er bald genannt wurde, war alles andere als still; er wurde Zeit seines Lebens ein Freund Govindas. Einige Studenten blieben mehrere Jahre und studierten bei Lehrern wie Tagores Bruder Abindranath, einem bekannten Künstler (1934 hatte Abindranath Govindas erste Kunstausstellung in Kalkutta eröffnet). Eine der langjährigen Studentinnen war eine reiche, offenherzige und äußerst attraktive Frau, eine Parsin aus Bombay, namens Rati Petit. Sie war die Tochter eines Industriellen und stammte aus einem privilegierten Hause; sie hatte in England die Schule besucht und wollte Künstlerin werden. Wegen einer Krankheit mußte sie ihren Aufenthalt an der Slade School of Art in London abbrechen, studierte dann in Indien einige Jahre bei diversen Künstlern und bekam dort für ihre Photographien Preise. Sie besaß einen ausgeprägten und ein wenig überheblichen Charakter und folgte stets ihrem eigenen Willen. Die Welt sollte sie später als Li Gotami kennenlernen.

Govinda ging nach Shantiniketan, um Sprachen und buddhistische Philosophie zu lehren. Später betreute er eigenen Angaben zufolge auch Studenten in höheren Semestern, was nicht allzu ungewöhlich war. Die Lehrtätigkeit war nicht anstrengend und ließ viel Zeit für eigene Interessen. Ein Buch, *Psycho-Cosmic Symbolism of the Buddhist Stupa*, resultierte aus seinen damaligen Forschungen und Vorlesungen, ebenso machte er eine Bekanntschaft, die sich viele Jahre später als sehr glücklich erweisen sollte.

Die nationalistische Grundeinstellung, die sich damals in Indien verbreitete, führte dazu, daß viele Eltern, die die Unabhängigkeit befürworteten, ihre Kinder auf Schulen schickten, die wenig oder gar keine Verbindung zu England hatten. Shantiniketan bot in dieser Hinsicht die besten Voraussetzungen, und einige Kinder erhielten dort eine vollständige Ausbildung. Ein kleines Mädchen ohne Mutter, dessen Vater häufig im Gefängnis saß, wollte Französisch studieren, und Govinda wurde ihr Lehrer. Die ungezwungene aber verbindliche Atmosphäre der Schule führte dazu, daß sie bis zu ihrem Tod Freunde blieben. Ihr Name war Indira Nehru; sie wurde später weltberühmt, denn sie wurde die erste Premierministerin des unabhängigen Indiens und trat damit in die Fußstapfen ihres großen Vaters.

Aber den stärksten Eindruck auf Govinda übte jedoch Rati Petit aus. Ihr erstes Treffen zeigte einen ausgesprochen symbolischen Charakter und war im Rückblick, zumindest von ihrer Seite aus gesehen, sehr romantisch. Ein parsischer Philanthrop — ein Mitglied der Petit-Familie — hatte auf dem Campus einen Bungalow erbaut, der ausschließlich den ausländischen Lehrern zur Verfügung stand. Eines frühen Morgens, als das Licht jenen besonderen rot-goldenen Farbton aufwies, der für das ländliche Indien so charakteristisch ist, kam Rati am Vordach des Hauses vorbei. In diesem Augenblick öffnete sich die Tür und jener gutaussehende, lächelnde Ausländer, in die Robe eine Mönches gekleidet, kam heraus (Photos aus jener Zeit zeigen ihn als außerordentlich attraktiven jungen Mann, der ein wenig an einen mittelalterlichen Meßdiener erinnert).

„Wer ist dieser nette, fröhliche Mensch?" wollte sie gerne wissen.

Wenn man in Betracht zieht, wie direkt Rati sein konnte, so ist es nicht überraschend, daß sie sich über den Weg liefen, geschweige denn, daß sie zehn Jahre später heirateten. Sie war allerdings eine Studentin, und wenn sie auch ein anderes Verhalten hätte an den Tag legen können, so verhielt sie sich ihrem Lehrer gegenüber sehr respektvoll. Sie war zudem sehr kontaktfreudig, eine Eigenschaft, die mit einer gewissen Schüchternheit verknüpft war, die bei indischen Mädchen mit guter Erziehung nicht selten zu finden ist. Selbst in der Gegenwart des verehrten Rabindranath Tagore verhielt sie sich so. Li sagte, sie sei täglich auf dem Weg zum Unterricht an seiner Veranda vorbeigekommen, voller Furcht, er könnte sie ansprechen.

Ihre Freundschaft mit Govinda nahm allmählich ihren Anfang, aber von ihren Gesprächen aus dieser Zeit ist nur wenig überliefert. Li zog es vor, über den Unterricht zu sprechen, an dem sie gemeinsam mit Indira teilnahm, über ihre gemeinsamen Aktivitäten, ihre Gespräche und *ihre* Kunst. Damals wollte sie Buddhist werden – durch das Wissen, das sie Büchern entnahm. „Leichtverständliche Bücher," [62] betonte sie, und fügte hinzu, daß sie die komplizierten Wälzer, die Govinda ihr gab, nicht verstand. Jedenfalls war Govinda durch ihr Interesse so beeindruckt, daß er sie und seine Pflegemutter 1936 bei einer Tagung in Sarnath Tomo Geshe vorstellte.

Shantiniketan schränkte Govindas Reisetätigkeit in keiner Weise ein: In vieler Hinsicht war dieser Ort ein guter Ausgangspunkt für Reisen in die nähere Umgebung (eine Reise führte ihn gemeinsam mit Tagore sogar nach Ceylon). In diesem Teil Indiens befinden sich viele heilige Orte und Plätze, die für die Hindus eine historische

Bedeutung besitzen; alle können besichtigt werden. Puri, die heilige Küstenstadt im Bundesstaat Orissa, liegt in der Nähe, ebenso Konorac, Heimat des berühmten Sonnentempels, und Bubaneswar, die Stadt der Kathedralen, die zur Blütezeit des Hinduismus siebentausend Tempel beheimatet hatte.

Einer der Heiligen, die in Puri gelebt hatten, war Sri Yukteswar Giri, Guru von Paramahansa Yogananda (Gründer der Self-Realization Fellowship und Autor von *Autobiographie eines Yogi*). Während dieser Lehrer besonders verehrt und sein Schüler für das, was er später verwirklichte, bewundert wurde, galt dies nicht für alle Heiligen dieses Ortes. Während seines Besuches stellte Govinda fest, wie wenige *Sadhus* wirklich verehrungswürdig waren. Für ihn war es eine Sache der „richtigen Sichtweise". Der frühere Ernst Hoffmann erwartete von einem Mönch eine vorbildliche Haltung, und wenn er sich als Scharlatan entpuppte, war er enttäuscht. Statt aber dann einen Streit vom Zaun zu brechen, behielt Govinda seine Meinung lieber für sich.

Darjeeling wurde sein Zufluchtsort. Es ist nicht bekannt, wie oft er mit der Eisenbahn von Siliguri nach Ghoom gefahren, ausgestiegen und um den Hügel herum zu seinem kleinen Haus gegangen ist. Obwohl er sich als heimatlos betrachtete, lebte seine Pflegemutter dort oben in den Wolken und Rhododendronhainen, und ihr Haus diente ihm so als Anlaufstelle. Für Govinda war es ein Ort der Ruhe und Erholung; in der Nähe lag sein bevorzugtes Ghompa, und er liebte es, auf den Wegen dieser Gegend zu wandern. Frau Habermann blieb jedoch immer im Hintergrund. Hinweise auf sie tauchen in Govindas Büchern nur gelegentlich auf, trotzdem sie ihn stets unterstützt hatte. Als er sich in Ceylon aufhielt, lebte sie immer in seiner Nähe, kochte für ihn und half ihm, wo sie konnte. Auch in Ghoom drängte sie sich nicht auf und lebte lieber bei Freunden in Darjeeling, wenn ihr Pflegesohn nicht da war.

In Ghoom hatten sich einige Freunde aus der Zeit in Capri niedergelassen; man las deutsche Zeitungen und Zeitschriften (dies führte einige Jahre später zu unvorhergesehenen Konsequenzen). Man saß die Abende oft gemeinsam vor einem Holzkohlenofen und diskutierte über das Kommen und Gehen in der Umgebung jedes einzelnen, und ein Thema wechselte das andere ab. Govinda hatte sich immer für die Kunst interessiert, und er ließ keine Gelegenheit aus, um darüber zu philosophieren und sein Kunstverständnis zu vergrößern. Heute findet sich kein Hinweis mehr auf die Menschen, mit denen er damals zusammenlebte, und auch Li Gotami konnte sich an keinen der europäischen Künstler und Schriftsteller mehr erinnern, die sie dort besucht hatten.

Eine neue Gelegenheit zu einer Lehrtätigkeit bot sich an, und Govinda begab sich wieder auf den Weg zurück zur Ebene. Wer ihm diese Position an der Universität von Patna vermittelt hat, ist unbekannt; sein Fachwissen auf dem Gebiet des Pali-Buddhismus war jedoch kein Geheimnis, trotz seines Wechsels vom Theravada-Buddhismus zum Mahayana. Seine Kurse in dieser etwas unscheinbaren, häßlichen Stadt richteten sich an Studenten des Pali-Buddhismus in höheren Semestern und besaßen ein dementsprechendes Niveau. Innerhalb eines Jahres brachte die Universität seine Unterlagen unter dem Titel *The Psychological Attitude of Early Buddhist Philosophy* (dt.: *Die psychologische Haltung der frühbuddhistischen Philosophie*) heraus; die Paperback-Ausgabe wurde vor einigen Jahren von Rider und Co. in England (in Deutschland: Rascher Verlag, Zürich und Stuttgart) publiziert.

Im Einband des Buches heißt es, diese Vorlesungen seien „ein logischer Ansatz, um die Probleme der Philosophie von Mahayana und Tantrismus zu verstehen, die aus der Annahme ein und desselben Prinzips entstanden sind, der gegenseitigen Bedingtheit und Nicht-Substantialität aller Phänomene." [63] In seiner Einleitung war Govinda etwas direkter:

Als Erlebnis der praktischen Verwirklichung ist der Buddhismus eine Religion; als gedankliche Formulierung dieses Erlebens ist er Philosophie; als Resultat systematischer Selbstbeobachtung ist er Psychologie; aus diesem allem ergibt sich eine Norm des Verhaltens, die wir innerlich als Ethik, von außen gesehen als Moral bezeichnen.

Als er dann über den Ausgangspunkt für eine kritische Hinterfragung des Buddhismus und über die Bedeutung eines richtigen Verständnisses sprach, war ihm daran gelegen, daß seine Studenten den historischen Hintergrund verstanden. „Aber ehe wir die Richtung, in die dieser Weg führt, betrachten, wollen wir zurückblicken, von wo er kam." [64]

Das Buch befaßt sich mit dem Ursprung der Religion und den frühen Stufen des indischen Denkens, notwendigen Stufen in jeder Form des Buddhismus-Studiums. Er beschreibt Psychologie und Metaphysik im Licht des Abhidhamma und die vier edlen Wahrheiten als Ausgangspunkt und logischen Rahmen der buddhistischen Philosophie. Drei Kapitel tragen die Überschriften „Grundprinzipien der buddhistischen Bewußtseinslehre", „Die Faktoren des Bewußtseins (Cetasika)" und „Die Funktion des Bewußtseins und der Wahrnehmungsvorgang". Es gibt eine Reihe von Diagrammen und Zeichnungen und einen Anhang, in dem weitere Diagramme zu finden sind. Inhaltlich und thematisch wurde dieses Buch für den fortgeschrittenen Studenten geschrieben, und die Vorlesungen setzten bei jedem Zuhörer ein gewisses Grundwissen voraus.

Lehrverpflichtungen wie dieser kam er nur selten nach, obwohl sie für Govinda neben seiner schriftstellerischen und künstlerischen Tätigkeit die einzige Möglichkeit darstellten, Geld zu verdienen. Trotz seiner praxisorientierten Grundeinstellung interessierte er sich nicht besonders für materielle Dinge. Eine gewisse finanzielle Unterstützung erhielt er aus dem Besitz seiner Familie in

Deutschland, aber diese Mittel waren weder ausreichend noch konnte er sich auf sie verlassen. Darüber hinaus verboten die Nationalsozialisten bald jede Art des Geldtransfers. Eine gelegentliche Beratertätigkeit für das *Asia Magazine* brachte zwar kein Gehalt ein, aber so erhielt er Unterkunft und Verpflegung in Almora bei den Boshe Sens (der Ehemann war ein weltberühmter Wissenschaftler, seine Frau, Gertrude Emerson, war die Herausgeberin und Verlegerin des Magazins). Glücklicherweise waren seine Ausgaben sehr gering. Seine Art des Reisens war damals in Indien sehr billig; er lebte bei Freunden oder in Herbergen und Klöstern. Der englische Schriftsteller John Blofeld (*Rad des Lebens, Tantric Mysticism of Tibet* u.a.) berichtete, daß damals das Reisebudget nicht sehr groß sein mußte. Er schrieb, er habe in China von etwa fünf Pfund Sterling im Monat gelebt.

Um von größeren finanziellen Belastungen frei zu sein, ging Govinda so oft wie möglich in die Berge. Als Mönch war es für ihn sehr einfach, vor allem in Sikkim, eine Übernachtungsmöglichkeit zu finden. 1937 verfügte er über weitreichende Kontakte zu reichen Buddhisten, und der Maharadscha stellte ihm sein Haus zur Verfügung. Mit dieser Hilfe konnte Govinda seine ausgedehnten Reisen und Forschungsarbeiten im Hinterland finanzieren, ähnlich wie es früher Evans-Wentz und Alexandra David-Neel (*Heilige und Hexer, Meister und Schüler* u.a.) getan hatten. In diesem Königreich der Berge, in dem sich mehr Gipfel befinden, die höher als achttausend Meter sind, als in jedem anderen Gebiet von ähnlicher Größe, fand er bescheidene, abgelegene Einsiedeleien, die für ihn eine bessere Inspirationsquelle darstellten, als alle größeren Gompas und religiösen Plätze im indischen Tiefland.

Sein ganzes Leben lang empfand Govinda diesen Einsiedlern und Höhlenbewohnern gegenüber große Sympathie, und er war der Meinung, es handle sich bei ihnen um moderne Nachfolger Milarepas, des großen Dichters und Heiligen Tibets, der die meiste

Zeit fern der Zivilisation gelebt hatte. Ihre Spontanität, ihr tiefes Schweigen und ihre Meditation beeindruckten ihn mehr als alles Buchwissen und alle gelehrigen Diskussionen. Die Faszination für diese Lebensweise bedeutet nicht, daß er auch so lebte. Govinda, der gebildet und im Grunde ein europäischer Intellektueller war, versuchte nie, längere Zeit wie diese Eremiten zu leben, sondern er beobachtete und beschrieb ihre Praktiken. Seine Einstellung war die eines Beobachters, eines objektiven Studenten des Buddhismus; er versuchte nie, sein Leben mit dem dieser Menschen zu vergleichen. Während er eine gewisse Distanz zu ihnen hielt, besaß er Tomo Geshe gegenüber ein offenes, wenn auch geistig bestimmtes Verhältnis und eine spirituelle Verbindung, die es ihm ermöglichte, hochgestellte Persönlichkeiten wie den Gomchen von Lachin nicht nur zufällig zu treffen. Der Gomchen war der Guru Alexandra David-Neels gewesen, deren Bücher Govindas Meinung nach der Welt „zum ersten Mal ein objektives Bild der bis dahin unbekannt gebliebenen spirituellen Praktiken und psychischen Phänomene" [65] vermittelt hatten, die das Resultat eines dreijährigen Studiums unter der Anleitung dieses Mannes waren.

Govinda schilderte ihr kurzes Zusammentreffen als warmherzig und unkompliziert, und man erhält als Leser einen deutlichen Eindruck davon, was für ein Mensch der Gomchen war und wie seine Klause aussah. Der wichtigste Aspekt ihrer gemeinsamen Zusammenkunft findet sich an der Stelle, an der Govinda ihm mitteilt, er hätte von ihm etwas gelernt,

> ... nämlich, daß wir nicht der „Großen Leere" gegenübertreten können, bevor wir die Kraft und die Größe haben, sie mit unserem Wesen zu füllen. Denn die Leere ist nicht bloß die Negierung unserer begrenzten Persönlichkeit, sondern jenes Allumfassende, nicht bloß mit den Sinnen Erfaßbare, das, wie der unend-

liche Mutterschoß des Weltraums, alle Formen gebiert, nährt und in sich beschließt, in dem das Licht ewig strömt, ohne je verlorenzugehen. [66]

In Sikkim sah sich Govinda mit neuen Abenteuern konfrontiert. Einige von ihnen, wie seine „wunderbare Rettung" auf dem Weg, als das Pferd des Maharadschas ausrutschte, waren recht dramatisch. Andere waren eher subtil. Eine volkstümliche Form des Glaubens war in jener Gegend weit verbreitet und hatte dazu geführt, daß die religiösen Reformen des früheren Maharadschas keinen Erfolg gehabt hatten. Govinda spürte, daß solche Reformen nur dann von Erfolg gekrönt sein würden, wenn es eine Neubewertung der Werte gebe, auf denen der tibetische Buddhismus beruhte, „niemals durch Einführung fremder Denkweisen". Dieser heimische Glaube fand sich aber auch unter den gebildeteren Schichten der Gesellschaft. Der Maharadscha selbst bekannte sich dazu, als er seinen Glauben an die „schwebenden Feuerkugeln" bekundete (die Geschichte befindet sich detailliert in *Der Weg der Weißen Wolken*). Er konnte dafür keine Erklärung finden, aber auch niemand sonst konnte dies. Govinda gab sich mit den vom Aberglauben geprägten Vorstellungen vieler Einwohner nicht zufrieden, doch er wollte sie deshalb auch nicht kritisieren. Statt dessen bekannte er seinen Respekt für ihren Versuch, den vielen „unerklärlichen Phänomenen, die uns umgeben, eine höhere Bedeutung zu geben, anstatt in ihnen nur sinnlose mechanische Prozesse zu sehen, die völlig beziehungslos zu allem beseelten Leben ablaufen." [67]

„Warum sollten physikalische Gesetze als Antithese des bewußten Lebens betrachtet werden, wenn unsere eigene Körperlichkeit sich doch als ein Zusammenwirken geistiger und physikalischer Kräfte ... erweist?" Eine solche rhetorische Frage richtete sich an die europäischen Leser, denn an solche unerklärliche Phänomene glaubt man in Asien im allgemeinen, wenn auch manchmal zweifelnd oder angstbetont. Govinda wußte, daß die Menschen im Westen auf eine solche Form des Glaubens geringschätzig herunterschauen und ihn als primitiv abtun. Dennoch stand für ihn dahinter, daß die Natur „kein toter Mechanismus ist, sondern pulsierendes Leben." Daß dieses Leben nicht erklärt oder intellektuell erfaßt werden kann, schmälert seine Gültigkeit nicht. [68]

Tomo Gesche war damals gerade gestorben, und nach seiner Rückkehr aus Sikkim zog sich Govinda in die Privaträume seines Gurus zurück. Nichts hatte sich in Yi-Gah Cho-lingh verändert; selbst Kachenla machte noch seine Runden und hielt den Raum, in dem sich der Schrein befand, in Ordnung. „Der Raum atmete jahrtausendealte Traditionen, verstärkt und sublimiert durch die Persönlichkeit, die ihn mit seiner lebendigen Gegenwart erfüllte," [69] berichtete Govinda. Diese Gegenwart fand sich nicht nur im Kloster selbst, sondern ebenfalls an den Orten, an denen der Rimpoche eine gewisse Zeit gelebt hatte. Govinda sagte, diesen Eindruck habe er während ihrer letzten Zusammenkunft gehabt, als der Lehrer eine letzte Pilgerreise nach Sarnath unternommen hatte. Govinda, wie immer ein Romantiker, verglich den Ort dieses Treffens mit einer zentralasiatischen Oase, in der Pilger aller Altersgruppen zusammengekommen waren.

Während er die letzten gemeinsamen Tage mit seinem Guru äußerst genau beschrieb, läßt Govinda typischerweise nichts über seine eigenen Eindrücke verlauten. Selbst als er mit dem Guru über dessen Wiedergeburt und die tibetische Institution des *Tulku* sprach, verhielt er sich wie ein Beobachter. Vielleicht wird dies am besten mit seinen eigenen Gedanken wiedergegeben, in denen er bekennt, daß es in unserer Hand liege, den Abgrund des Todes zu überbrücken und unser zukünftiges Leben zu bestimmen, was für ihn die wesentliche Aufgabe unseres Lebens war.

Der innerlich zerrissene und gequälte Mensch unserer Zeit, der sich weder seiner unendlichen Vergangenheit noch seiner unbegrenzten Zukunft bewußt ist, weil er den Zusammenhang mit seinem zeitlosen Wesen verloren hat, gleicht einem Kranken, der an unheilbarer Amnesie leidet, einer Geisteskrankheit, die ihn der Kontinuität seines Bewußtseins beraubt und damit der Fähigkeit, vernunftgemäß und in Übereinstimmung mit seiner wahren Natur zu handeln. Für einen solchen Menschen, der sich mit seiner momentanen Existenz identifiziert, ist der Tod absolute Wirklichkeit. [70]

Persönliche Gefühle fanden deshalb keine Erwähnung. Leben und Tod sind im Buddhismus kein Gegensatz, sondern zwei Seiten der gleichen Wirklichkeit. Govinda hätte einen persönlichen Rückschritt offenbart, wenn er seine Emotionen beim Tod seines Gurus beschrieben hätte. Ja, eine gewisse Trauer war vorhanden, aber er war dankbar, daß er ein solches Verständnis erreicht hatte und versuchen konnte, seinen undisziplinierten Geist zu kontrollieren.

Er schrieb: „Wir müssen uns mit ihnen [den Aspekten des Todes] vertraut machen und uns mit ihnen auseinandersetzen, denn sie haben nur so lange Macht über uns, als wir sie fürchten." Er betonte, wir sollten den „dunklen Mächten ... einen Platz in unserem Bewußtsein einräumen" [71] und sie als notwendigen Teil unserer Wirklichkeit akzeptieren. Sonst blieben wir in unserer Furcht gefangen und könnten unser Leben nicht in seiner Fülle leben. Welcher Anlaß konnte ihm zur Konkretisierung besser dienen, als Tod und Wiedergeburt seines eigenen Gurus, die er als Beispiel für diesen Prozeß anführte?

Bei der Diskussion über die Wiedergeburt Tomo Geshes schien sich Govinda selbst ein wenig zurückzuhalten und dies als Anlaß zu nehmen, um einen fundamentalen Aspekt des tibetischen Buddhismus zu beschreiben. Die Theorie der Reinkarnation ist für viele

Menschen aus dem Westen, die dieses intellektuelle und komplexe System verstehen möchten, ein regelrechter Stolperstein. Wenn, wie Govinda meinte, die Tatsache der Vererbung nicht richtig erklärt wird, so könne man nur schwer ein richtiges Verständnis dafür entwickeln. Er schrieb: „Es ist das Prinzip der Erhaltung und Kontinuität erworbener Eigenschaften, das schließlich in der Fähigkeit bewußter Erinnerung und bewußter Willensäußerung und Richtungsbestimmung unter der Leitung organisierten Wissens, d.h. angewandter Erfahrung, kulminiert." Vererbung war für ihn deshalb nur ein anderer Name für das Gedächtnis, das er für ein „stabilisierendes, erhaltendes Prinzip, [eine] ... der Auflösung und Unbeständigkeit entgegenwirkende Kraft" hielt. Wenn manche Menschen das Gedächtnis als eine rein physikalische Größe ansehen, so war Govinda der Überzeugung, es handele sich dabei „nur [um] verschiedene Ebenen, ... auf denen dieselbe Kraft wirkt und sich manifestiert." Für ihn war bedeutend, „daß es zugleich eine formerhaltende und eine formschaffende Kraft ist ... [die] sich schließlich im Ergebnis der zeitlosen Gegenwart und des bewußten Daseins manifestiert." Da er keine bessere Erklärung wußte, nannte Govinda das Gedächtnis das „Bindeglied zwischen Vergangenheit und Zukunft."[72]

Wie immer man diese Kraft nennen mag, sie bietet eine Erklärungsmöglichkeit, wenn andere technische oder wissenschaftliche Erklärungen scheitern. Während einige dies nicht als vollständige Betrachtungsweise akzeptieren mögen, so ermöglicht es anderen zu verstehen, wie das Bewußtsein entstehen könnte. Govinda glaubte, „wenn Vererbung nur in rein biologischer Weise vor sich gehen würde, also durch Permutation von Chromosomen und dergleichen, so wäre die Entwicklung eines individuellen Bewußtseins mit der Fähigkeit reflektiven Denkens, höherer Vernunft und der Erkenntnis des eigenen Seins völlig überflüssig." Deshalb, so folgerte er, scheint „der ganze gigantische Vorgang biologischer Entwicklung durch Millionen von Jahren ... keinen anderen Zweck gehabt zu haben, als die notwendigen Verbindungen für die Manifestation eines höheren Bewußtseins zu schaffen". [73]

Dieses Bewußtsein ist für einen Buddhisten von zentraler Bedeutung, und Govinda betonte sein ganzes Leben lang, wie wichtig es sei, die Grundlagen des Bewußtseins zu verstehen, bewußt zu verstehen. Er täuschte sich nicht darüber, welche Illusionen sich manche Menschen diesbezüglich machen. Wenn wir auch glauben mögen, die Welt um uns herum sei letztendlich eine Projektion dieses Bewußtseins, denn die „selektiven Fähigkeiten der Wahrnehmung und der Koordination (bestimmen) die Art der Welt, in der wir leben. Ein anderes Bewußtsein würde eine andere Welt um uns hervorbringen, was auch das existierende – oder nicht-existierende – Rohmaterial des Universums sein mag. Es liegt nur in unserem Bewußtsein, daß wir zur Wurzel von allem vordringen können, und nur durch unser Bewußtsein können wir darauf einwirken." [74]

Das Bewußtsein ist Govinda zufolge wie ein lebendiger Fluß, aber bei einem normalen Menschen verästelt sich und verödet dieser Fluß, und deshalb verliert diese Energie schließlich ihre Wirkung und geht verloren. Dies könne jedoch verhindert werden, meinte Govinda. Nicht durch die Unterdrückung des Individuellen (wie die Europäer häufig fälschlicherweise glauben), sondern durch Selbst-Verwirklichung, die nicht mit der Verwirklichung des Ego identisch ist, und diese Veränderung ist „weder willkürlich noch sinnlos ..., sondern (geht) auf Grund einer innewohnenden und universellen Gesetzmäßigkeit (vor sich), welche die Kontinuität und die innere Stabilität der Bewegung aufrechterhält." [75] (Dies betonte er noch stärker in seinen Überlegungen zum *I Ging*, dem chinesischen Buch der Wandlungen.)

Individualität ist nicht nur das notwendige und komplementäre Gegenstück der Universalität, sondern der Brennpunkt, durch den allein Universalität erlebt werden kann. Die Unterdrückung der Individualität, die philosophische oder religiöse Leugnung ihres Wertes oder ihrer Bedeutung, kann nur zu einem Zustand völliger Indifferenz und Auflösung führen, der zwar eine Befreiung vom Leiden mit sich bringen mag, aber eine, die sich rein negativ auswirkt ... [76]

Es ist also wichtig, sich so weit wie möglich zu öffnen, um diese Universalität zu verwirklichen, von deren Vollendung, wie er sich schmerzlich bewußt war, der Großteil der Menschheit weit entfernt war.

Er kehrte anschließend nach Ghoom zurück. Gemeinsam mit Anna Habermann empfing er europäische Besucher und Reisende, und ihr kleines Haus war oft überfüllt. Li Gotami berichtete, Frau Habermann habe Katzen gern gehabt und mehr als neun von ihnen hätten in den kleinen Zimmern gelebt. Mit den Menschen und Tieren, die beinahe immer dort zusammenlebten, ergab sich ein lebendiger Haushalt. Li amüsierte sich darüber, wie die Pflegemutter des Lama ständig versuchte zu verhindern, daß sich die Katzen vermehrten.

Neben den Menschen aus der Gegend sah man auf den kalten, nebligen Wegen in der Nähe des Bahnhofs immer häufiger neue Besucher – Flüchtlinge aus Europa. In Indien bemerkte man nur wenig von dem drohenden Krieg in Europa, aber Militär und Polizei bereiteten sich immerhin auf den Fall der Fälle vor. Alles schien weit weg zu sein, und zudem hatte man mit den ständigen Aktionen der Unabhängigkeitsbewegung zu tun, die die Aufmerksamkeit forderten. Viele der Besucher, die damals dort ankamen, waren Intellektuelle, Künstler und Universitätsprofessoren, und diese waren gebildete und aufgeweckte Menschen. Solange diese Menschen, die vor den Nationalsozialisten geflohen waren, dort lebten, gab es zwischen den Deutschen am Ort keine Meinungsverschiedenheiten, denn diese Menschen machten deutlich, welche Gefahren hinter ihnen lagen.

Damals geschah etwas, das bis lange nach dem Krieg seine Wirkung haben sollte. Ein englischer Schüler Krishna Prems (ein britischer Professor, der als heiliger Mann in der Nähe Almoras lebte) erzählte, er hätte in Govinda Haus in Ghoom eine junge deutsche Jüdin getroffen. Sie berichtete, sie hätte dort viele nationalsozialistische Veröffentlichungen gesehen und fürchtete, jemand könne deren Anwesenheit mißverstehen — jeder Besucher ließ ja irgend etwas zurück — und meinte, es sei unklug, diese Veröffentlichungen zu behalten. Govinda machte sich diesbezüglich keine Sorgen. Er sprach häufig sehr kritisch über den Nationalsozialismus und seine Führer und hatte sich entschieden gegen ihr Tun, ihre Auffassung und ihre Pläne geäußert.

Govinda blieb damals nie lange an einem Ort und brach bald nach Almora auf. Auf den friedlichen Wegen am Fuß der Berge und entlang der tiefen, terrassenartigen Täler des unteren Himalaja konnte er die Welt und seine Sorgen vergessen und sich auf seine Ideen konzentrieren. Der Schrecken des bevorstehenden Krieges war ihm jedoch vorausgeeilt. In Almora, entlegener als Darjeeling oder Ghoom, befand sich das Hauptquartier eines Ghurka-Regiments, und viele Europäer, die dort lebten, waren trotz ihrer isolierten Lage gut informiert.

Einige Monate zuvor hatte er während einer anderen Reise durch die Gegend Dr. Walter Evans-Wentz getroffen. Inmitten der kleinen und exzentrischen europäischen Gemeinschaft unweit der Kumaon-Berge, erschien der Gelehrte aus Oxford noch viel eher als solcher. Evans-Wentz war gebildet und sprachgewandt; er lebte in einem Zelt auf dem Grundstück eines Freundes und besuchte die Märkte am Ort, um günstig Gemüse und Korn einzukaufen. Über seine Suche nach einem Ashram hatten sich seine Freunde, die Boshi Sens, seit einigen Monaten amüsiert, und seine Beschäftigung mit den Preisen und seine Suche nach günstigen Einkaufsmöglichkeiten waren das Thema vieler Gespräche. Während eines Treffens (die Sens und Earl Brewster, der nun in einem großen Haus in „Crank's Ridge" lebte, waren immer für Unterhaltungen zu haben) bat er Govinda, ihn auf einem seiner Ausflüge auf der Suche nach einem Ashram zu begleiten. Auf einem kleinen Vorberg namens Kasar Devi (eigentlich eine Felswand am Fuß des unbedeutenden Gebirgsrückens) trafen beide Männer einen Entschluß, der ihr Leben ändern sollte. Obwohl Evans-Wentz ein anderes Grundstück bevorzugte, konnte ihn Govinda überzeugen, dieses zu kaufen, denn von hier aus war es nicht so weit in die Stadt, und es war deshalb einfacher, alles Lebensnotwendige zu besorgen. Evans-Wentz stimmte zu, und beide Männer fuhren zurück nach Ghoom.

Nun traf Govinda auf seiner letzten Reise nach Almora seinen amerikanischen Freund nicht an. Evans-Wentz, der befürchtet hatte, daß seine Geldmittel nicht ausreichen würden, gesetzt den Fall, Feindseligkeiten brächen aus, hatte Bombay mit dem letzten Passagierdampfer verlassen. In Kasar Devi hatte er ein Steinhaus gebaut, war aber nach einem eiskalten Winter wieder abgereist. Andere Gäste hatten den Ort ebenfalls wieder verlassen, da sie nicht so isoliert leben wollten, falls es Krieg geben sollte. Die Nachrichten aus Europa gaben wenig Anlaß zur Begeisterung, und Gerüchte sprachen von einer möglichen Allianz zwischen Deutschland und Rußland. Die Alliierten, vor allem Frankreich und Großbritannien, schienen den bevorstehenden Konflikt nicht vermeiden zu können. Nach einem kurzen Aufenthalt kehrte Govinda niedergeschlagen nach Ghoom zurück.

Genaue Angaben über Zeitraum und Ziel von Govindas Reisen in den Monaten vor Kriegsausbruch waren nicht zu finden. In einer Zeit, in der die Welt hilflos auf das Feuer blickte, das die nächsten Jahre über brennen sollte, kehrte Govinda zu seiner Malerei und seinem Studium zurück und hielt zahlreiche Vorträge. Im Februar

1936 waren seine Zeichnungen von den Siddhas, zusammen mit einer Reihe von Landschaftsbildern und abstrakten Kompositionen, im städtischen Museum von Allahabad ausgestellt worden. Zwei Jahre später wurde, durch den Einfluß Nicholas Roerichs, ein Flügel des Museums Govinda gewidmet, und seine Bilder befinden sich noch heute dort. Govinda blieb in den Vereinigungen, die er gegründet hatte, aktiv tätig, der International Buddhist University Association (die sich das Ziel gesetzt hatte, eine buddhistische Universität in Sarnath zu gründen), der International Buddhist Academic Association (gegründet, um ein Buddhismus-Studium allgemein zu fördern) und dem Orden Arya Maitreya Mandala. Letztgenannte Gesellschaft hatte er 1933 im Anschluß an seine Expedition nach Westtibet mit dem Ziel gegründet, einen Buddhismus zu verbreiten, der an unsere heutige Zeit und die heutigen Lebensumstände angepaßt ist, und der offen für eine Zukunft sein soll, die durch den zukünftigen Buddha Maitreya symbolisiert wird.

1939 änderten sich die Dinge, als Deutschland Polen überfiel und die britische Regierung Deutschland den Krieg erklärte. Dies wurde sofort in Indien sichtbar, als die zivilen und militärischen Vorsorgepläne in Kraft traten. Innerhalb von Stunden wurden Italiener und Deutsche festgenommen und ungeachtet ihrer politischen Einstellung in Internierungslager gebracht. Da Govinda einen britischen Paß besaß, glaubte er, wenig Grund zur Sorge zu haben.

Diese Annahme erwies sich als falsch.

Während es widersprüchliche Berichte zum Zeitpunkt von Govindas Internierung gibt, so deutet alles — auch seine eigenen Äußerungen zu diesem Thema — darauf hin, daß dies erst in den späteren Kriegsjahren geschah. Durch seinen britischen Paß war er anfänglich sicher, aber trotzdem wurde er von der Polizei in Darjeeling beobachtet. Frühere britische Beamte sagten mir später, dies habe nicht unbedingt einen bestimmten Grund gehabt und sei wahrscheinlich automatisch geschehen, wenn man Govindas Ver-

2. Weltkrieg – Gefangenenlager in Dehra Dun
(Lama Govinda in der Mitte der ersten Reihe)

gangenheit berücksichtigt. Trotz seiner Funktion als Leiter der chinesischen Goodwill Mission im Jahre 1940, die auf eine Inititative des letzten Patriarchen des chinesischen Buddhismus zurückging, war die Tatsache, daß er Freunde im Führungsgremium der indischen Kongreß-Partei besaß, die nicht mit den Kriegszielen übereinstimmten, daran schuld, daß man ihm gegenüber mißtrauisch blieb. Govinda sagte, er sei 1942 in seinem Haus in Ghoom „gekidnapped" und sein britischer Paß einfach ignoriert worden. Innerhalb einiger Tage wurde er in ein Internierungslager gebracht, in dem er einige Jahre bleiben sollte. Ebenso brutal und menschen-verachtend wie dies war

Lama Govinda bei einem Vortrag in Kasar Devi

die Inhaftierung der Nachfahren japanischer Einwanderer in Amerika während des Krieges. Diese Erfahrung erzeugte in Govinda ein Gefühl der Bitterkeit, das ihn sein ganzes Leben lang nicht mehr verließ.

7
Internierung

Die Geschichte zeigt, daß Krieg zu schrecklichen, ja paranoiden Reaktionen führen kann. Was gestern noch kaum wahrscheinlich war, ist heute plötzlich möglich. Eine deduktive Logik gestattet es Regierungen und Einzelpersonen, dieser Argumentation zu folgen und alles zu tun, was zu ihrem eigenen Schutz dient. Lama Anagarika Govinda hätte wegen einer Vielzahl von Gründen verhaftet werden können, von denen viele in normalen Friedenszeiten völlig undiskutabel gewesen wären und heute, nach mehr als vierzig Jahren, kaum mehr nachvollziehbar sind. Seine Freundschaft mit der Familie der Nehrus, die Tatsache, daß sein Vater Deutscher gewesen war, daß man in seinem Haus nationalsozialistische Literatur gesehen hatte und es in einer gefährdeten Grenzregion lag — all dies mag zu seiner Internierung durch die britischen Behörden beigetragen haben.

Ein indischer Beamter erzählte mir beispielsweise, daß in den ersten Kriegsjahren in Kalimpong, das in der Nähe lag, von tibetischen Händlern Maultiere gekauft worden waren, um diese mit dem Flugzeug zur birmanischen Front zu bringen. Das Mißtrauen war damals besonders groß, und jeder, der den Erwerb dieser Maultiere irgendwie hätte sabotieren können, wurde beobachtet. Die Statuten des „Defense-of-India"-Erlasses besagten, daß jeder, der eine potentielle Bedrohung darstellte, zu verhaften sei. Menschen, die für die Unabhängigkeit demonstriert hatten, waren wegen erheblich geringerer Gründe inhaftiert worden. Jahre später erzählte mir Govinda selbst, er glaube, er sei verhaftet worden, weil man nicht wußte, was er alles eventuell *hätte* tun können.

Innerhalb von Stunden wurde er von Ghoom in ein Internierungslager nach Deolali, das etwa hundert Meilen von Bombay entfernt war, gebracht, in dem nicht-verbündete Ausländer seit Ausbruch des Krieges inhaftiert wurden. Während des Verhörs legte Govinda seinen britsch-indischen Paß vor (er war 1938 eingebürgert worden) und glaubte immer noch, es handele sich um ein Mißverständnis. Man erklärte ihm jedoch, der sei Paß nutzlos. [77] Der deutsche Buddhist zerriß darauf das Dokument; mit den Engländern wollte er nichts mehr zu tun haben. Nach einiger Zeit wurde er in den Norden nach Ahmednagar und schließlich in ein Internierungslager nach Premnagar gebracht, das sich in der Nähe von Dehra Dun, einem großen, im Hochland gelegenen Tal am Rande der Siwalik-Berge nördlich von New Delhi befand.

In Premnagar waren etwa zweitausend Menschen interniert, die aus den verschiedenen Ländern der Achsenmächte kamen. Zuerst brachten die Engländer alle Inhaftierten gemeinsam unter, aber dies erwies sich bald als Desaster. Ein kleiner, aber lautstarker antinationalsozialistischer Flügel stellte sich rasch der nationalsozialistisch gesinnten Mehrheit entgegen, und die Behörden mußten beide Gruppen voneinander trennen. Schließlich kam die kleine Gruppe von etwa hundert Personen in einen separaten Bereich des Lagers. Unter ihnen befanden sich Menschen aus den unterschiedlichsten Bereichen des Lebens: Touristen, Ingenieure, Lehrer, Missionare und ein deutscher Theravada-Mönch mit dem Namen Nyanaponika Mahathera. Wir wissen nicht, welcher der beiden Buddhisten zuerst im Lager gewesen war, aber Govinda schloß sich der zahlenmäßig kleineren Gruppe im Lager an und errrichtete einen hölzernen Schrein mit dem Bild des Buddha, Wasserschalen aus Messing und Öllampen darauf. Nyanaponika erzählte mir, sie hätten ein Stück ihrer Baracke abgeteilt und konnten dort für sich leben. „Auf der ruhigen hinteren Veranda, mit Blick auf das von Stacheldraht abgegrenzte Niemandsland", erinnerte er sich, „befand sich unser Studienort." [78]

Die beiden Männer waren sich zuvor noch nie begegnet, aber Nyanaponika war in Polgasduwa ordiniert worden, nachdem Govinda diesen Ort verlassen hatte, um dem Pfad des Mahayana zu folgen. Während der langen Winterabende in Premnagar saßen sie gemeinsam diskutierend am Feuer, manchmal waren auch andere Lagerinsassen anwesend, die ihre Interessen teilten. Sie kamen sich wegen ihres gemeinsamen Glaubens an die Grundlagen des Buddhismus näher, sagte Nyanaponika. „Nur ganz selten hatten wir eine sehr lebendige Auseinandersetzung um Unterschiede in der Lehre, aber diese Auseinandersetzung wurde stets freundschaftlich geführt, und wir waren uns immer unserer gemeinsamen Grundlage als erklärte Buddhisten bewußt." [79]

Die Tatsache, daß Govinda seine Forschungstätigkeit nicht ausüben konnte, ließ ihn nicht in Untätigkeit verharren. Vielleicht erinnerte er sich an diese Worte, die er vor dem Krieg geschrieben hatte: „Je mehr der Mensch gegen widrige Naturkräfte anzukämpfen hat, desto größer wird die Intensität seiner Vorstellungskraft. Er muß seine eigene innere Welt schaffen, um den mächtigen Einfluß der äußeren Welt auszugleichen." [80] Er arbeitete an einem mehrsprachigen Wörterbuch buddhistischer Begriffe (Tibetisch, Sanskrit, Pali und Englisch) und half Nyanaponika dabei, Sanskrit zu lernen. Als dieser genügende Fortschritte erzielt hatte, lasen sie gemeinsam ein Werk des mittelalterlichen Mahayana-Philosophen

Aryadeva, *Die Vierhundert Stanzen*. Im Grunde isolierten sie sich vom Lager und dessen Verwaltung, etwas, was sie vom Augenblick ihrer Verhaftung an angestrebt hatten, wie mir Govinda später erzählte. Während seines Aufenthaltes in Deolali saß er in seinem Zelt, meditierte und studierte und verwirrte damit die Engländer, die nicht wußten, was sie mit einem Europäer tun sollten, der ein solches Verhalten an den Tag legte.

Anagarika Govinda sprach selten über die Zeit im Lager; für ihn war es eine äußerst unerfreuliche Phase seines Lebens. An sich ging er Konfrontationen aus dem Weg und konzentrierte sich lieber auf seine Studien und hielt sich gemeinsam mit einigen wenigen ähnlich denkenden Mitinsassen von den politischen Aktivitäten und Diskussionen im Lager fern, mit denen sich die Menschen dort beschäftigten. Unabhängige Berichte über die Situation im Lager gibt es nicht, obwohl einer der Gäste in Almora behauptet hatte, die Menschen seien dort auch geschlagen worden. Für einige der Internierten (wahrscheinlich die anti-nationalsozialistisch gesinnte Gruppe) kann die Situation nicht so schlimm gewesen sein, denn Nyanaponika erwähnte, daß sie zweimal wöchentlich die Erlaubnis erhielten, Ausflüge in die Stadt und die benachbarte Umgebung zu machen. Typisch britische Gründlichkeit verlangte von ihnen, ein Schreiben zu unterzeichnen, in dem sie versprachen, nicht zu fliehen; um acht Uhr morgens wurden sie aus dem Lager gebracht und bis siebzehn Uhr mußten sie wieder zurück sein. Diese Ausflüge glichen ein wenig ihr ungutes Gefühl über die Internierung aus. Der Theravada-Mönch erzählte später von ihren langen, thematisch nicht eingeschränkten Gesprächen, die sie während ihrer Ausflüge führten, und bei denen sie häufig von einem Mann begleitet wurden, der am Hof von Mysore Architekt gewesen war.

Eines Tages ereignete sich in Premnagar ein Vorfall, der einen Bezug zu Tibet hatte. Im Lager planten zwei Bergsteiger aus einem inhaftierten Expeditionsteam eine mögliche Flucht. Ihr erster Versuch war bereits fehlgeschlagen, aber beim zweiten Versuch gelang es Heinrich Harrer und Peter Aufschnaiter zu fliehen; sie wollten nach Chang Thang. Nach Monaten einer schwierigen Flucht und nach zahllosen Abenteuern erreichten sie Lhasa, wo man ihnen schließlich Asyl gewährte. Beide waren zwar keine Tibetologen, aber gute Beobachter, und Harrers Buch *Sieben Jahre in Tibet* schildert die Hintergründe, die zur chinesischen Invasion führten, aus der Sicht der Tibeter und aus der Sicht eines Lehrers des Dalai Lama. Es überrascht zunächst, daß zwei Menschen, die uns eine westliche Sicht Tibets vermittelt haben, offenbar wenig Gemeinsamkeiten aufwiesen, aber Harrer und Govinda lebten in entgegengesetzten Bereichen des Lagers und repräsentierten zwei Philosophien, die um Welten voneinander getrennt waren.

Als der Krieg in Europa zu Ende ging, wurden einige Lagerinsassen freigelassen, darunter auch Govinda. Nyanaponika sagte, dies sei auf die Tatsache zurückzuführen, daß er anders als die anderen war, obwohl die Jahre seine Erinnerungen vielleicht ein wenig getrübt haben mögen. Ob dies nun auf seinen früheren Status als britischer Bürger zurückzuführen war oder weil der Sieg immer näher rückte und man in ihm kein Problem mehr sah, ist unbekannt. Nach einigen Jahren im Lager war er plötzlich frei und konnte gehen, wohin er wollte. Obwohl Govinda noch lange von einem Gefühl der Bitterkeit begleitete wurde, brachte für seinen Freund Nyanaponika die Zeit im Lager auch eine „bereichernde Erfahrung" mit sich, die er auf Govindas „edelmütiges Herz und seinen kreativen Geist voll spiritueller Tiefe" zurückführte.[81] Beide blieben miteinander in Kontakt, aber als Govinda durch das Tor geschritten war, sollten sie einander danach nur noch einmal, fünfundzwanzig Jahre später in Deutschland, begegnen.

8
Heirat

Die Züge, die durch Indien fuhren, waren von Soldaten überfüllt. Menschen aus aller Welt reisten durch den indischen Subkontinent, als das bevorstehende Ende des Zweiten Weltkriegs neue Fronten und neue Erfordernisse schuf. Im Untergrund entstanden neue politische Realitäten, und eine aufsässige Bevölkerung wartete ungeduldig auf die Unabhängigkeit. Govinda konnte nicht sofort inneren Frieden finden, nachdem er das Lager verlassen hatte, und als er über das Land fuhr, gab es viel Zeit, die Veränderungen in seiner Umgebung zu beobachten. Auch zu seinen besten Zeiten hatte er nie viel Geld besessen, aber die Jahre im Lager und der Krieg hatten verhindert, daß er Geld verdienen konnte, und deshalb waren seine finanziellen Rücklagen noch weiter geschrumpft. Seine Bilder und seine spirituellen Artikel waren noch weniger gefragt als je zuvor, und eine Lehrtätigkeit war im Augenblick unmöglich.

Unbekannt ist, wohin er zuerst ging, obwohl er für kurze Zeit in Shantiniketan wohnte. Vermutlich ging er nach Ghoom, aber da in den Grenzregionen besondere Verordnungen in Kraft waren, blieb ihm wohl der Zutritt zu seinem Haus verwehrt. Seine Pflegemutter hatte während des Krieges in einem Hotel in Darjeeling gelebt. Govinda kannte Freunde in Kalkutta, und in späteren Jahren erwähnte er, er hätte längere Zeit bei ihnen gelebt. Flüchtlinge aus unterschiedlichen Ländern hielten sich in der Stadt auf, trafen sich, stritten miteinander und dachten über die Zukunft nach. Kalkutta war ein Ort der politischen Agitation. Wegen der aufgeblähten Kriegswirtschaft, des äußerst aktiven Geschäftslebens und der vielen kulturellen Aktivitäten war diese Stadt ein faszinierender Platz. Einiges deutet darauf hin, daß Govinda seine Kontakte zu künstlerischen Kreisen dazu benutzte, eine Ausstellung seiner Arbeiten im nächsten Jahr in Bombay vorzubereiten. Die Inhaftierung hatte sein Studium der tibetischen Religion und Literatur und vor allem seine Forschungen über die Restauration und Integration des Buddhismus im Tsaparang-Gebiet in Westtibet unterbrochen. Sein Interesse, dorthin zu reisen, war immer noch groß, aber seine finanzielle Lage und seine angegriffene Gesundheit ließen dieses Ziel in weiter Ferne verschwinden.

Seit meiner Reise nach dem Hochland von Westtibet (Chang-Thang) und Ladakh, von der ich eine vollständige Serie von Pausen der Vierundachtzig Siddhas und eine Anzahl von Kopien tibetischer Tempelfresken zurückgebracht hatte, war mein Interesse am mystischen Pfad der Siddhas, an ihren Lehren, ihren teils historischen, teils legendären Lebensbeschreibungen und ihrer Ikonographie ständig gewachsen. Mit diesem Interesse reifte auch mein Entschluß, die Tempel des Lotsawa Rintschen Sangpo in der verlassenen Hauptstadt des ehemaligen Königreichs Guge zu besuchen, da ich dort Überreste von Tibets ältester und vollkommenster Tradition religiöser Kunst zu finden hoffte. [82]

Als der Krieg schließlich zu Ende war, und die Führer der Unabhängigkeitsbewegung – vor allem der Vater seiner früheren Studentin Indira Gandhi – eine politische Bewegung ins Leben riefen, waren Govindas Reisepläne auf Eis gelegt. Tsaparang war vielleicht ein unerreichbarer Traum geworden, aber blieb dennoch in seinen Gedanken. Überraschenderweise fand er eine unerwartete Verbündete, Rati Petit.

Während Govindas Inhaftierung hatte Rati in Shantiniketan weiter Kunst studiert. 1942 wurde sie die persönliche Schülerin eines großen Künstlers, Abanindranath Tagore, der ihr gegenüber eine spontane Sympathie empfunden hatte. Für Rati, die bereits eine bekannte Photographin war und selbst viele Preise erhalten hatte, kam eine solche Aufmerksamkeit nicht unerwartet. Sie war eine außergewöhnlich attraktive Frau, damals etwa Mitte dreißig, mit langen dunklen Haaren und ausgeprägten, wohlgeformten Zügen. Sie war bereits verheiratet und wieder geschieden, und in ihrem sozialen und kulturellen Leben war sie sehr aktiv. Tagore verfügte selbst über ein einnehmendes Wesen, aber um einen Menschen wie Rati, mit einem starken und launischen Charakter, überzeugen zu können, mußte er dessen Vorstellungen akzeptieren.

In ihren Tagebüchern schrieb sie in einem kurzen autobiographischen Teil, wie Tagore „nach einigen Jahren eingehenden Lehrens aller wichtigen Dinge in der Kunst – und noch viel wichtiger, nachdem er meine ganze Sicht von Kunst und Leben bestimmt hatte, ... mir den richtigen Schritt in die richtige Richtung wies."

„Male tibetische Bilder oder schreibe und illustriere Märchen- und Kinderbücher", sagte er zu ihr, „darin wirst du Erfolg haben." [83]

Nach dem Krieg erneuerte sie ihre Freundschaft mit Govinda, während er sich auf dem friedlichen Universitätsgelände erholte. Obwohl beide sich seit mehr als zwölf Jahren kannten, war ihre Freundschaft durch seine Reisen und den Krieg unterbrochen worden. Als er im Lager interniert war, hatte sie ihr Kunst- und Musikstudium beendet und war sehr aktiv gewesen. Obwohl sich beide für tibetische Kunst interessierten, war ihr Bekenntnis zum Buddhismus doch viel schwächer als das seine, obwohl autobiographische Aufzeichnungen aus jenen Jahren deutlich machen, daß sie mit dem Buddhismus sympathisierte.

Obwohl Govinda lange Zeit keine Reisen nach Tibet unternehmen konnte, hatte er seinen subtilen künstlerischen Blick und ein wissenschaftliches Interesse für die tibetische Kunst bewahrt. Während Rati in der Zwischenzeit die Techniken des tibetischen Fresko und der Thanka-Malerei bei tibetischen Künstlern studiert hatte, begann Govinda nun, sie in den Details der tibetischen Ikonographie und Religion zu unterrichten. Er gibt kaum Aufzeichnungen darüber, womit er damals sonst noch seine Zeit verbrachte. Dadurch, daß Govinda diese attraktive und talentierte Frau unterrichtete, lenkte sich sein Leben wieder in normale Bahnen, und wenn er konnte, ging er zurück nach Ghoom, um dort seine Pflegemutter zu besuchen. Er fuhr jedoch recht häufig nach Shantiniketan, denn seine Beziehung zu Rati hatte sich so vertieft, daß eine Heirat durchaus in den Bereich des Möglichen rückte. Aber wie diese aktive, sehr weltliche Frau eine so innige Beziehung zu dem Lama entwickeln konnte, daß sie schließlich als dessen Gattin in der Orden der Kargyupa eintrat, blieb für ihre Freunde lange Zeit ein Rätsel.

In *Der Weg der Weißen Wolken* berichtete Govinda, Tomo Geshe habe diese Heirat prophezeit. In einem Brief an ihre Schwester Coomie berichtete Rati 1947 davon. Rati schrieb darin, daß der Rimpoche während seiner Reise mit Govinda und Anna Habermann nach Sarnath, im Jahre 1936, gesagte habe, er würde heiraten. Govinda hatte dies die ganzen Jahre für sich behalten, und dafür war ihm Rati dankbar. 1947 war für sie dieser Gedanke viel näher, als er es früher gewesen war.

Drei Hochzeitszeremonien fanden schließlich statt, eigentlich sogar eine vierte. In Kalifornien erzählte mir Li, Govinda hätte eine dieser Zeremonien selbst abgehalten. „Er war ein Lama, er konnte dies tun", sagte sie. [84] Eine zivile Trauung fand in Bombay statt, eine andere in Darjeeling. Govinda beschrieb eine religiöse Hochzeitszeremonie, die von Ajo Rimpoche im Kloster von Tse-Choling im Chumbi-Tal zelebriert wurde. Dort, als sie in der Nähe des Klosters wohnten, schrieb Li an ihre Schwester einen Brief und erklärte darin, was es mit einer solchen „Lama-Hochzeit" auf sich hatte.

Obwohl bereits zuvor eine zivile Trauung stattgefunden hatte, besaß diese für Govinda nicht allein Gültigkeit, denn er war ein Lama, und deshalb konnten wir unsere Hochzeit erst publik machen oder irgendeinem von Euch davon erzählen, als beide Seiten pucca [in Ordnung gebracht] waren. [85]

Eine solche Haltung war typisch für Li, eine Frau, die sehr auf ihr Privatleben bedacht war und ihr Leben anderen nicht ohne weiteres offenbarte. Nachdem sie nun — in der einen oder anderen Form — die Ehefrau des Lama geworden war, zog sie in sein Haus nach Ghoom. Sie war stolz über ihre Heirat und glaubte, ihre Möglichkeiten zu Reisen, Abenteuern und intellektuellen und künstlerischen Ambitionen seien dadurch kaum beschränkt worden.

Zur gleichen Zeit, als sie ihr Haus einrichteten und sich aneinander gewöhnten, schrieb Govinda an die Behörden und erbat eine Reiseerlaubnis nach Gyantse, der großen Handelsstadt in Südtibet. Seine Pläne für eine Reise nach Tsaparang kristallisierten sich, und ihm war nun klar, daß es nur die eine Möglichkeit gab, um die erforderlichen Pässe (*lamyig*) und die Unterstützung der lokalen Würdenträger zu bekommen; man mußte bei den jeweiligen Repräsentanten persönlich erscheinen.

Govinda war vielleicht in der Beschreibung seiner persönlichen Gefühle und täglichen Abenteuer zurückhaltend gewesen, aber Li Gotami verspürte in dieser Hinsicht überhaupt keine Zurückhal-

Hochzeitsphoto von Li Gotami und
Lama Govinda, ca. Ende 1940

tung. Alles war so neu und schön, daß sie keine Hemmungen kannte, anderen davon zu erzählen, sei es in Briefen, Tagebuchaufzeichnungen oder späteren Vorträgen. Obwohl sie mehr den dramatischen und aufregenden Ereignissen ihr Interesse schenkte und oft die grundlegenden Themen ausließ, waren ihre Beschreibungen sehr farbig und direkt. Sie waren überdies die einzigen Aufzeichnungen ihres alltäglichen Lebens.

Ihr Tagebucheintrag vom 15. Juli 1947 begann mit den Worten „Regen, Regen, Regen ... "[86] Um 8 Uhr 30 brachen sie an diesem düsteren Tag von Ghoom nach Gangtok in Sikkim auf, um den politischen Offizier der Region zu sprechen. Dieser Regierungsbeauftragte war eine britische Erfindung, eine Kombination von offiziellem Vertreter und Beobachter in politisch sensiblen oder halbautonomen Gegenden des Landes. Diese Vertreter waren oft die einzigen offiziellen Repräsentanten der Regierung in der Region, und der Offizier in Gangtok besaß die Vollmacht, Pässe für diejenigen auszustellen, die über die Grenze reisen wollten. Da dieses Amt die Übergabe der Regierungsgewalt am 15. August nicht überdauern würde, war der sofortige Besuch der Govindas so unvorhergesehen wie unumgänglich. Li erinnerte sich, daß wegen der bevorstehenden politischen Wirren in Indien und Tibet die Gefahr bestand, daß die Paßstraßen nach Tibet auf unbestimmte Zeit gesperrt sein würden.

Da ihre Expedition nach Tsaparang einer offiziellen Erlaubnis bedurfte, war es von höchster Wichtigkeit, bald nach Gyantse zu kommen. Sie benötigten zudem von der tibetischen Regierung eine schriftliche Erlaubnis, um von den Bildern und Skulpturen in den Klöstern Zeichnungen oder Photographien anfertigen zu können, und diese Erlaubnis würde man ihnen nicht so einfach geben. Sie waren vom Wohlwollen der Regierung abhängig, falls sie je eine solche Erlaubnis erhalten wollten. Li glaubte, der politische Wechsel in Indien würde eine Reiseerlaubnis nach Tibet in weite Ferne rücken lassen oder, noch schlimmer, würde vom neuen Regierungsvertreter überhaupt nicht gewährt werden. Es war also nötig, sofort aufzubrechen oder einen völligen Fehlschlag zu riskieren.

Wenn es zwischen Ländern Konflikte gibt, (schrieb sie freimütig) so erhält alles andere für die Regierungen einen geringeren Stellenwert, und zu versuchen, etwas zu tun, wenn man in Gangtok oder Ghoom sitzt und Briefe an die indische und tibetische Regierung schreibt (beide Regierungen hatten damals unzählige Probleme), wäre, als ob man in einem brennenden Haus nach einem Stück Pfefferminz verlangte! [87]

„Wir riskierten die Reise ohne große Vorbereitungen", fuhr Li fort, nachdem sie eine Erlaubnis zur Reise nach Gyantse erhalten hatten. Es stellte sich alsbald heraus, daß sie als Katalysator für ihre Vorhaben diente.

Wir waren nicht auf die Kälte in einer Höhe von viertausendachthundert Metern vorbereitet, aber wir riskierten es trotzdem. Nachdem wir einige Dinge von den wenigen Sachen, die man überhaupt an einem kleinen Ort wie Gangtok erwerben konnte, gekauft hatten, begannen wir unsere Reise mit drei Tragtieren (zwei für das Gepäck, eines für mich; A.G. (ein Kosename, den sie in Briefen benutzte) ging zu Fuß) und alles schien, als ob wir gerade ein Picknick an einem nahegelegenen Ort veranstalten wollten. [88]

Für Li war es ungewohnt, mit so wenig Gepäck zu reisen, verglichen mit dem, was andere Reisende mitnahmen. Sie stießen auf eine Gruppe von Kanadiern, die auf dem Weg zurückkamen, auf dem sie weiterreisen wollten. Es „war eine Karawane von sieben Tragtieren allein mit Lebensmitteln bepackt, drei oder vier Tragtieren mit warmer Kleidung, einigen Kameras und Stativen, einem

Dolmetscher und einigen Tragtieren für Nahrungsmittel und dem Gepäck des Dolmetschers, und der Himmel weiß, was sie noch alles bei sich hatten." [89]

Wiederum erwähnte sie ihr kleines Picknickgepäck, nun aber mit einem Gefühl des Stolzes. Schließlich schien es beiden, daß sie genügend besaßen, mit „unserer winzigen Karawane aus drei Tragtieren und einem Lama zu Fuß". [90] In Anbetracht der Raubüberfälle und Morde, die gelegentlich auf der Straße nach Gyantse verübt wurden, war ihr kleiner Trupp der sicherste und fröhlichste.

Wir stießen auf Wasserfälle, die in dicken Strahlen von oben herabstürzten, die die Holzbrücken, auf denen wir standen, benetzten, und schließlich in den Abgründen des Dschungels unter unseren Füßen verschwanden, um tausende von Meter ins Tal hinabzufließen, um sich weiter unten mit den Flüssen zu vereinigen, die Tag und Nacht wie silbrige Schlangen funkelten und glänzten, die entlang der Abhänge des schönen Sikkim dahinglitten.

Wie anderen Reisenden kam ihnen die Landschaft entlang ihres verregneten, sich aufwärts windenden Pfades wie eine nie endende Kurve vor. Li kam zu dem Schluß, daß China Sikkim sehr ähneln müsse, denn „wenn man chinesische Bilder betrachtet, so scheint auch dort die Szenerie recht oft eine Oberfläche in Form eines langen ›Kakimono‹ vorauszusetzen, um sie malen zu können. Eine rechteckige oder quadratische Leinwand, die für normale Landschaftsmalerei benutzt wird, ist für diese Höhen und Tiefen völlig ungeeignet." [91]

„Welche wunderbaren Wälder es in Sikkim gibt!" rief sie und fühlte sich winzig, und es überkam sie ein wenig Angst vor dieser Weite.

Die Wälder sind schattig ... deshalb sind die Farben gedämpft ... zusammen mit der Musik der herabstürzenden Wasserfälle ... dem Lied der scheuen und unsichtbaren Vögel .. dies ist alles un-

wirklich für jemanden, der aus der Ebene heraufgestiegen ist ... und durch diese Wälder kommen Menschen und Packtiere – oder wäre es korrekter zu sagen, Esel und Packtiere? Man fühlt sich wie ein Esel, wie ein eingebildeter, dummer, bemitleidenswerter kleiner Esel inmitten einer so majestätischen Größe. [92]

Nach diesen Beobachtungen beklagte sie sich bei ihrem Mann anfänglich darüber, daß Wolken die Sicht versperrten.

Ihr erstes Etappenziel lag noch in Sikkim, in Karponang, in einer Höhe von mehr als dreitausend Metern. Sie erreichten den *Dak* (Post)-Bungalow ausgefroren, müde und naß – bis auf die Knochen durchnäßt und von Blutegeln bedeckt. Innen gab es ein Holzfeuer und heißen Tee. Als sie sich in den niedrigen, gepolsterten Stühlen niedergelassen hatten, seufzte Li tief und sagte, wie wunderbar es sei, fern von den Menschenmassen, die in Städten wie Kalkutta oder Bombay lebten. Ein Diener ging mit einem Salzstreuer herum und löste die Blutegel ab.

Die *Dak*-Bungalows waren typisch für das Land nördlich der indischen Tiefebene und die Grenzregion, und dies ist auch heute noch der Fall. Ursprünglich als Etappenstationen gebaut, boten sie Reisenden (meist Briefboten und offiziellen Regierungsmitgliedern) ein Dach über dem Kopf, häufig warmes Wasser und Essen, Zeitschriften, Medizin und ein Lager. Für die Govindas, die ein sehr kleines Reisebudget besaßen, erschienen diese Bungalows als Geschenk Gottes. Ohne Anstrengung konnten sie ihre Tagesetappen zurücklegen, und darüber hinaus fanden sie noch genügend Zeit für Zeichnen und Photographieren und konnten in guter Verfassung ankommen. Eine tägliche Tour erstreckte sich über etwa zwanzig Kilometer, und manchmal legten sie während eines Tages den doppelten oder dreifachen Weg zurück, was sie an den Rande des Zusammenbruchs brachte.

Es war so fantastisch und unwirklich, daß ich mich bis heute frage, ob ich in jenen Augenblicken wirklich wach war oder träumte ... nun, man schreibt wohl kaum seine Träume nieder, aber Tibet ist wie ein Traum .. es ist eigenartig, wirklich seltsam. [93]

Li Gotami hatte noch nie vorher ein Land gesehen, in dem die Wolken so tief hingen, daß man beinahe darauf springen und *unter* sich im Tal ein Gewitter miterleben konnte. Ihr Aufstieg schien kein Ende zu finden, und sie schrieb ihrer Schwester, daß sie nach der Durchquerung unterschiedlicher Vegetationsgürtel den Eindruck gehabt hatten, mehrere illustrierte Geographiebücher gelesen zu haben. Es ging höher und höher hinauf, bis die Baumgrenze schließlich erreicht war, die Wiesen verschwanden und die Vögel schwiegen. Kurz nachdem Li schon geglaubt hatte, nie nach Tibet zu kommen, sah sie den Changu-Tso (den Grünen See), der manchmal verschwand, manchmal wieder auftauchte. Der See, der eine flache, stahlgrau schimmernde Oberfläche aufwies, die an allen Seiten von felsigen, schneebedeckten Bergen umgeben war, markierte den Scheitelpunkt ihres Aufstiegs. Ein *Dak*-Bungalow, der am einen Ende von kleinen Moränen umgeben war und wie ein belagertes Fort aussah, wartete dort auf sie.

„Was für eine friedliche Atmosphäre", rief Li, „was für ein ruhiger Platz und was für eine gute Luft für die Lungen zum Atmen. Wir gewannen den Eindruck, auf einem anderen Planeten zu stehen." [94]

Innerhalb eines Tages kamen sie vom nahegelegen Natu-La nach Tibet in das bewaldete Dorf Champthang hinunter, das so aussah, als ob es auch in der Schweiz hätte liegen können. Von dort war es nur ein kurzer Ausflug in das Chumbi- und Tomo-Tal und das Kloster von Tse-Choling. Sie trugen ein Empfehlungsschreiben bei sich, das sie dem amtierenden Abt von Tse-Choling zeigten, einem Mann namens Ajorepa Rimpoche, der Inkarnation eines Siddha aus dem achten Jahrhundert namens Dombi-Heruka. Li's Photos (in *Tibet in Pictures*, Dharma, 1979) zeigen den Rimpoche als grimmig dreinblickenden Mann mit gekräuseltem Haar und einer selbstbewußten Haltung, aber sie und Govinda erlebten ihn als äußerst freundlichen und aufmerksamen Menschen, der ihnen sofort den Eindruck vermittelte, zu Hause zu sein. Er segnete ihre gemeinsame Beziehung, traute sie und initiierte sie in den Orden der Kargyupa.

Govinda war der Meinung, niemand hätte so inspirierend sein können wie Tomo Geshe, aber Ajo Rimpoche konnte ihm Ebenbürtiges bieten. In seiner Autobiographie sprach er detailliert über die zentrale Bedeutung des Guru für das Leben seines *chela* (Schülers). Er betonte, kein einzelner Lehrer könne alle Aspekte der Wahrheit darstellen, und die Tatsache, daß man mehr als einen Meister besäße, stelle keinen Widerspruch dar. Die Initiation durch einen wahren Guru, so schrieb er weiter, finde jenseits aller religiösen Schulen und Überzeugungen statt, denn es handele sich dabei um das Erwachen der eigenen inneren Wirklichkeit, die, wenn sie erst einmal wahrgenommen werde, den Ablauf des weiteren inneren Lebens ohne den Zwang durch äußere Regeln bestimme.

> *Initiation ist daher die größte Gabe, die ein Guru zu vergeben hat, eine Gabe, die unendlich höher eingeschätzt wird als eine formelle Ordination beim Eintritt in einen Mönchsorden (oder irgendeine andere religiöse Organisation). Diese kann zu jeder Zeit erfolgen, ohne irgendwelche geistigen Qualifikationen seitens des Ordinierenden oder des Kandidaten zu erfordern – vorausgesetzt, daß der Kandidat willens ist, sich den vorgeschriebenen Regeln zu unterwerfen, falls er nicht infolge geistiger, moralischer oder physischer Defekte von der Kandidatur ausgeschlossen wird.* [95]

Ajo Rimpoche bereitete ihre Initiation sorgfältig vor. Govinda beschrieb den Altar, – der mit neuen *Tomas* (rituellen Buttertürmen) und Gaben von Wasser und Früchten bedeckt war und so wie ein Kunstwerk aussah. Noch wichtiger waren jedoch die Meditations- und Visualisationstechniken, die sie täglich praktizieren sollten. Die Govindas diskutierten nie darüber, denn sie betrachteten sie als direktes Geschenk zwischen Lehrer und Schüler.

Ebenso scheute sich Li Gotami, über Details und die philosophische Bedeutung ihrer Hochzeitszeremonie zu sprechen. Sie beschrieb allerdings kurz in einem Brief an Coomie die Bedeutung der sieben Faktoren der Erleuchtung, die durch die sieben Lichter und sieben Wasserschalen auf dem Altar repräsentiert wurden. Diese Faktoren sind – Weisheit – die aktive Seite unseres Intellekts – der Intellekt, der durch die Sprache repräsentiert wird – Liebe und Mitgefühl – die Erinnerung an die historische und transzendente Weisheit. Alle sieben besitzen ihr eigenes Mantra, über das sie ebenfalls nichts sagte (sondern das sie nur umschrieb) und dabei die Komplexität dieser Mantras betonte, die eine Diskussion unmöglich mache. Die Reihenfolge der Rezitation empfand sie als ästhetisch und erklärte, wie eine Mala um ihre Handgelenke gelegt wurde, als sie das Bodhisattva-Gelübde ablegte, eine Glocke geläutet wurde und Zuckerkugeln (*Prasad*) miteinander geteilt wurden.

Coomie, die im feuchten Bombay lebte und zwei kleine Mädchen aufzog, äußerte Bedenken, daß ihre Schwester Nonne geworden war und barfuß auf den Straßen bettelnd umherlaufen würde. Li widersprach ihr entschieden und betonte, daß sie keine Absicht hatte, ins Extreme abzugleiten. Unverzüglich sandte sie der Familie ein Photo, das die stolze Frau eines Lamas zeigte, um ihnen zu zeigen, daß so jemand völlig bekleidet herumlief. Trotz ihrer Entrüstung schwärmte Li von den schönen Kleidern, die sie nun tragen könnte.

Ich sollte auch erwähnen, daß die Farben, die normalerweise von der Frau eines Lama in Tibet getragen werden, alle Schattierungen von Gelb, Braun, Rot und Purpur beinhalten, aber kein Blau, Grün oder andere Farben ... Wenn alle Damen der Gesellschaft in Bombay diese Kleider sehen würden, so würden sie einen Lama heiraten, nur um so traumhaft schöne Kleider tragen zu können. So sind die Menschen in Bombay; sie sterben beinahe für Kleider. [96]

Ihr Aufenthalt in Tse-Choling war ein wenig kurz, aber sehr idyllisch. Ajo Rimpoche überließ ihnen während ihres Aufenthaltes ein schönes Apartement, und da der Kargyu-Orden nichts gegen die Anwesenheit von Frauen in seinen Klöstern einzuwenden hatte, brauchte Li nachts das Kloster nicht zu verlassen. Eine Seite ihrer Wohnung wurde von vielen Fenstern eingesäumt, die einen Ausblick auf den Hof, auf Gebäude und einen Wald von *chörten*, Bäumen und Gebetsfahnen ermöglichten. An den anderen Wänden befanden sich Bücher mit esoterischem Inhalt und eine lebensgroße Statue von Padmasambhava. Govinda schrieb, „im übrigen fanden wir neben der Ausübung unserer täglichen *sādhana* genügend zu tun, um unsere Zeit nutzbringen auszufüllen. Da gab es Bücher zu studieren, Auszüge und Notizen zu machen, Holzschnitte zu drucken und Fresken zu kopieren." [97] „Außerdem führten wir viele interessante Gespräche über die verschiedenen Aspekte religiöser Tradition und meditativer Praxis mit Ajo Rimpoche, dem Umdse, dem Präzeptor des jungen Tulku und einigen der Trapas." Govinda erzählte in *Der Weg der Weißen Wolken* einige großartige Geschichten über diese Inkarnation des Abtes von Choling. Als er über Reinkarnation und Wiedergeburt schrieb, griff Govinda wiederholt auf die Geschichte des Jungen zurück, um seine Auffassung zu diesem Thema zu verdeutlichen.

Die Govindas, die unermüdliche Wanderer waren, verbrachten viel Zeit in der Umgebung. Beide liebten die zerklüfteten, öden Berge, die das Tomo-Tal einhüllten und kletterten auf ihnen mit ihren Malutensilien herum. „Wir waren von den Menschen dieser Gegend angetan, und sie waren von uns angetan." [98] Ihr Ehemann warnte sie davor, daß sie nach einer angenommenen Einladung zum Tee erst zwei Stunden später die Eingangstür des Hauses wiedersehen würden, und dies war viele Male der Fall.

Eines Tages wurden sie von einigen grimmig dreinblickenden Männern aufgehalten, die sie ins Tal zu einem Mann brachten, der der Dzongpong (Regionalgouverneur) zu sein schien. Das Treffen bereitete ihnen Sorgen; die argwöhnische Fragerei und der Ton der Unterhaltung konnten bedeuten, daß man sie berauben wollte oder, noch schlimmer, es konnte das Ende ihrer Pläne bedeuten. Später erfuhr Govinda, daß dieser Mann nur ein untergeordneter Beamter war, und sie sein Schauspiel nicht ernst zu nehmen brauchten. Trotzdem brachte dieser Zwischenfall die wachsende Unsicherheit und die Unruhen in Tibet, die es 1947 dort gab, in ihr Gedächtnis zurück. Am Beginn des Jahres hatte ein mißlungener Staatsstreich, in den der frühere Regent, Reting Rimpoche, verwickelt war, das Land schwer erschüttert. Schließlich bat man die Chinesen, bei diesem Zwischenfall zu Hilfe zu kommen, ein Faktor, der die politische Unstabilität noch weiter verschärfte. (Der chinesische Bürgerkrieg war noch immer nicht zu Ende; die Tibeter waren darüber aufs äußerste besorgt, daß beide Parteien Tibet offensichtlich als Teil Chinas betrachteten.) Die Unsicherheit nahm zu, und eine Reihe von Exekutionen, die Zerstörung von Reting Gompa und die Verbannung derjenigen, die am Staatsstreich teilgenommen hatten, konnten die angespannten Nerven vieler Tibeter kaum beruhigen.

Während Städte und Klöster von Intrigen und Aufständen betroffen waren, spürte man auf dem Land nur wenig davon. Li berichtete von der Habgier der Händler, der Trunkenheit der Tiertreiber und der ständigen Gefahr, ausgeraubt zu werden. „Man lernt schnell, sich in Tibet auf solche Zustände einzustellen", bemerkte sie, nachdem sie bereits bei der ersten Teepause nach ihrem Aufbruch von Tse-Choling mit jeder der drei Personengruppen Probleme bekommen hatten.

Als Li einige rauhe Gestalten sah, die in dem Teehaus herumlungerten, sagte sie zu ihrem Tiertreiber, ihr seien die Blicke dieser Männer nicht sympathisch, und sie wüßte gerne, wer diese Leute seien.

Dieser tat so, als wüßte er es nicht, gestand aber, daß die Männer ihn gefragt hätten, wie teuer seine Dienste seien, und sie überlegt hätten, wieviel Geld die Govindas bei sich trugen.

„Bitte sagen Sie dem Lama-Sahib, er soll nicht weitergehen, es sind keine netten Menschen", sagte er zu Li.

Li war verunsichert und verärgert über die schnelle Antwort des Mannes, der jenen Männern gesagt hatte, die Fremden seien Pilger, die nur Bücher bei sich hätten. Ihre beiden Reisekoffer sahen verlockend neu aus, sie besaßen glänzende Schlösser, und Li beschloß, sie würde sie mit einer Plane bedecken, sobald sich die nächste Gelegenheit dazu bot.

„Eines ist ungut", sagte der Tiertreiber, „im allgemeinen warten sie, bis man weitergeht und fallen einem dann in den Rücken." [99]

Li, die nun von panischer Angst ergriffen wurde, forderte ihn auf, weiterzugehen.

Govinda meinte, die Tiertreiber seien betrunken und hielt nichts von ihren Phantasien. Nach seinen Erfahrungen in Westtibet war ihm dies alles sehr vertraut. Die Tiertreiber führten ein hartes und wenig abwechslungsreiches Leben. Es geschah häufig, daß sie durch den Genuß von Alkohol ein wenig Vergnügen suchten.

„Und so gingen wir unseren kurvenreichen Weg weiter, manchmal jeder in seinen Gedanken verloren, machmal diskutierten wir über Themen, die uns in den Sinn kam." [100] Die offene Weite der Landschaft überraschte Li, die an die beinahe klaustrophobische Enge des Lebens in Indien gewöhnt war. Trotz einiger vorhandener Probleme erlebte sie jeden Tag mit Freude. Sie begannen den Tag mit einem Frühstück aus Getreideflocken und Chapatis, dann packten sie lautstark in einem wilden Gewühl ihr Gepäck. Ein solches Chaos besitzt in Asien eine eigene Struktur, und obwohl Li und Govinda die Männer wegen ihrer Langsamkeit und Sturheit anschrien, nahm niemand daran Anstoß.

In Phari blieben sie einige Tage und hofften, die Wolken, die den Chomolhari, einen der schönsten Berge der Welt, verhüllten, würden vorüberziehen. Hier fanden sie den Palast von Reting Rimpoche leer und versiegelt vor, und wiederum begann Govinda, über die politischen Wirren um sie herum nachzudenken. Ihr Aufenthalt in Dungkar Gompa, dem Kloster Tomo Geshes, war kurz, Govinda nannte es ein kurzes Zwischenspiel. Sie hatten gehofft, die Inkarnation ihres Gurus anzutreffen, die der Sohn eines Freundes aus Sikkim war, aber der Junge war zur weiteren Ausbildung im Kloster von Sera in der Nähe Lhasas. Govinda fürchtete um die Sicherheit des Knaben, denn das Che College in Sera hatte den fehlgeschlagenen Staatsstreich unterstützt und war deshalb von Regierungstruppen angegriffen worden. Da sie unbedingt Visa für die Reise nach Tsaparang benötigten, erlaubte ihnen die politische Lage nicht, lange an einem Ort zu bleiben. Govinda betonte in seiner Autobiographie, er hätte für keine der politischen Gruppen Partei ergriffen und behielt seine Meinung darüber für sich. Er war der Überzeugung, Macht und Religion könnten nicht lange in Einklang existieren, und am Ende würden Frieden, Einsamkeit, Ehrlichkeit und individuelle Freiheit verlorengehen.

Govinda hätte sich in Phari allen möglichen politischen und philosophischen Spekulationen hingeben können, aber für Li war es die schmutzigste Stadt in ganz Tibet und der einzige Ort, an dem sich offenbar alle Geister der Lüfte zu sportlichem Tun versammelt hatten. Der Wind wehte mit einer schier unglaublichen Intensität, und es herrschte eine klirrende Kälte. Auch wenn draußen ein Unwetter tobte, war dies immer noch weniger langweilig, als auf ihren

Koffern zu sitzen und auf den nächsten Tag zu warten. Um die Zeit totzuschlagen, wanderten sie herum, zeichneten und photographierten. Wenn es das Wetter erlaubte, konnten sie einige Augenblicke lang Zeichnungen anfertigen und mußten dann wieder ihre Hände wärmen. Obwohl der Ort nur wenig Abwechslung bot, gab es auf dem Basar einige Überraschungen; sie konnten amerikanische Sonnenbrillen und Pelzhandschuhe erwerben.

Li's Photos aus Phari in *Tibet in Pictures* stehen in einem gewissen Widerspruch zu ihren schriftlichen Äußerungen. Es gibt einige interessante Bilder von Mönchen und Lamas aus den verschiedenen Klöstern, ebenso einige gute Photos von Buddha-Statuen, aber sie hatte nie viel dazu gesagt. Während Li an Coomie schrieb, es sei unmöglich, alle Gompas zu besichtigen, dachte sie nicht daran, die, die sie gesehen hatte, zu beschreiben. Die einzigen Kommentare, die uns von ihren Reisen entlang des Regenvorhangs, der den Himalaja in der Nähe des Rham-Tso-Sees oder des Iwang-Tempels in der Provinz Tsang einhüllte, bleiben, sind die Kommentare zu ihren Photos im Buch.

Beide kamen in Gyantse am 1. September 1947 müde und schmutzig an. Gyantse besaß etwa fünfzigtausend Einwohner; die Stadt war in säkulare und religiöse Stadtviertel unterteilt. Sie stellte ein wichtiges Handelszentrum dar, und es gab dort eine britische Handelsmission, ein Relikt aus dem anglo-tibetischen Krieg von 1904. Wegen der Bedeutung dieser Stadt für den Handel beherbergte sie mehrere tibetische Behörden, die im Dienst des aktiven Geschäfts- und klösterlichen Zentrums standen, und deshalb war es außerhalb von Lhasa in Gyantse am einfachsten, die offiziellen Pässe zu erhalten, die die Govindas benötigten.

Li freute sich auf ein heißes Bad und die anderen Annehmlichkeiten in den Räumen des Gouverneurspalastes am Rande der Stadt. Die wichtigeren Dinge überließ sie ihrem Mann, der allem Anschein nach dabei erfolgreich war. Govinda erwähnte den *La-*

brangtse (den klösterlichen Stadtverwalter), der ihnen die Erlaubnis ausstellte, die Tempel und Schreine, die seiner Verwaltungshoheit unterstanden, zu zeichnen und zu photographieren. In anderen Ämtern äußerte Govinda den Wunsch, dies in Westtibet tun zu können, und erwartungsgemäß wurde sein Ersuchen nach Lhasa weitergesandt. Li und er richteten sich deshalb auf eine längere Wartezeit ein.

Drei Monate später beklagte sie sich zu Weihnachten in einem Brief an ihre Schwester Coomie darüber, daß „diese Tibeter *so schrecklich langsam* sind – vor allem in offiziellen Angelegenheiten". [101]

Während ihres Aufenthaltes konzentrierte sich ihr Interesse besonders auf den Kumbum, den großen neunstöckigen *chörten* der hunderttausend Bildnisse und das herausragendste Gebäude Gyantses. Der Kumbum, der vom Aufbau her dem buddhistischen Borobodur in Java ähnelte, vereinigte die Gestalt eines *chörten* mit der eines Tempels. In seiner Gesamtheit stellte er ein in Terrassen angelegtes turmähnliches Mandala dar, ein konzentrisches Bild, das zur Meditation benutzt wird. Jede Ebene enthielt eine Reihe kleiner Kapellen oder Zellen, die einige Statuen beherbergten, und in vielen Räumen bedeckten Fresken die Wände. Einige Seiten in *Tibet in Pictures* enthalten Photographien von diesen Bildern, und obwohl diese nur schwarz-weiß gedruckt sind, erkennt man in ihnen die detaillierte graphische Leistung sehr gut. Wie Govinda selbst sagte, war der Kumbum eine große Enzyklopädie der tibetischen Ikonographie.

Die Tage vergingen. Eis bildete sich auf den Teichen der Umgebung, und Schnee bedeckte den Boden, aber die Govindas kehrten immer wieder zurück, um so viel zu dokumentieren wie möglich. Sie besaßen keine besondere Kamera; Li benutzte für ihre Bilder eine einfache Kodak Nr. 3. Es hätte Jahre gedauert, die einzelnen Teile des Gebäudes genau zu untersuchen, denn das Kumbum war

Aquarell von Lama Govinda

nicht nur ein faszinierendes Bauwerk, sondern es war gleichzeitig ein Abbild des Pfades zur Erleuchtung. Deshalb nahm ihre Arbeit den Verlauf einer Pilgerreise an, als sie ihre bescheidene Ausrüstung von Ebene zu Ebene trugen. Govinda beschrieb jede Ebene als Abbild einer immer höheren intuitiven Weisheit, die in einem sprichwörtlichen Sinn schließlich (an der Spitze) in der Integration aller Weisheit und allen Mitgefühls mündet. Während ihrer Reise nach Gyantse hatte der Lama Li einige Mantras gelehrt, die dazu dienen sollten, die verschiedenen Manifestationen des Buddha zu verwirklichen, und sie rezitierten eifrig Gebete, wenn sie an eine neuen Zelle des Gebäudes kamen.

Li's photographische Ausbildung war von unschätzbarem Wert, und ihre Photos von den Schätzen des Kumbum gehören zu den wenigen Aufzeichnungen, die wir von diesem früher heiligen Ort besitzen. Sie sind heute um so wertvoller, da das Innere des Kumbum während der Kulturrevolution zerstört wurde. Obwohl Govinda befürchtet hatte, das Bauwerk sei damals auch zerstört worden, berichteten Touristen vor kurzem, daß es noch stehe, daß Statuen und Fresken aber beschädigt seien. Die großartige mittelalterliche Stadt, die den Kumbum umgab, existiere noch, wenn diese auch in einem desolaten Zustand sei, und eine große Straße sei gebaut worden, auf der in Zukunft Reisebusse fahren könnten.

Gelegenheiten zum Besuch benachbarter Einsiedeleien und Klöster gab es viele, und Govinda sagte, sie hätten diese besucht, wenn immer es möglich gewesen wäre. Religiöse Zeremonien und Feste nahmen ihre Zeit ebenfalls in Anspruch, ebenso die üblichen Einladungen zum Tee. Li machte damals einige hervorragende Photos. Die Tibeter zeigten Photographen gegenüber keinerlei Scheu, und Li's Photos vermitteln den Eindruck, inmitten des Geschehens, bei Mysterienspielen direkt hinter den Tänzern, zu stehen. Während dieses Spektakels versammelten sich die Spieler und Zuschauer gemeinsam in dem engen Hof des Klosters, und wie die

Photographien zeigen, lösten sich die feinen Unterschiede zwischen beiden Gruppen dabei auf. Wunder, Sakrales, Geschichten, Phantasien und Humor trafen in diesem Spektakel aufeinander, ähnlich unterschiedlichen Teilen eines Musikstückes, was Govindas Meinung nach die Erfahrung der Zuhörer vertiefen ließ.

Bei diesen festlichen Ereignissen oder bei ihren zahllosen gesellschaftlichen Einladungen photographierte Li die Frauen aus Gyantse und konnte so eine Reihe von alltäglichen Szenen in den Häusern und Klöstern festhalten. Während diese Bilder nicht ganz gleichrangig mit ihren ikonographischen Arbeiten zu sehen sind, so geben sie doch einen Überblick über eine Gesellschaft, die heute nicht mehr in dieser Art existiert.

Bevor sie die Erlaubnis für ihre Reise nach Tsaparang erhielten, begegneten die Govindas kurz dem *Tulku* Tomo Geshes. Als sie an einem eiskalten Tag nach Hause eilten, in dicke Kleidung eingepackt, Sonnenbrillen auf den Gesichtern, bemerkten sie einen kleinen Jungen, der auf den Schultern eines entgegenkommenden Mönchs saß. Govinda beschrieb es als außergewöhnliche Wahrnehmungsgabe, als der Junge unruhig wurde und versuchte, den beiden nachzublicken. Sie dachten sich zunächst nichts dabei und glaubten, der Junge handele so, weil er Ausländer gesehen habe. Als sie später erkannt hatten, wer der Junge gewesen war und versuchten, ihn zu besuchen, war ein bereits ein Tag vergangen und man hatte den kleinen *Tulku* nach Dungkar Gompa gebracht.

Wochen später, nach einer kalten, weißen Weihnacht, waren ihre Erlaubnisschreiben eingetroffen, und Ende Januar 1948 verließen sie Gyantse. Trotz der langen Briefe, die Li ihrer Schwester über ihre bevorstehende Reise schrieb, berichtete sie nach ihrer Rückkehr nur wenig darüber. Ihre Kommentare beschränkten sich auf das rauhe Wetter, den langsamen Fortschritt und den Tod von Freunden in den Straßenschlachten in Kalkutta als Folge der Unabhängigkeit.

Obwohl das schlechte Wetter und die desolate politische Lage in beiden Ländern ihre Zukunftspläne beeinflußt haben mögen, verlor Govinda darüber nie ein Wort. Typisch für ihn ist, daß er in seiner Autobiographie nur über seinen Wunsch sprach, den kleinen *Tulku* in Dungkar wiederzusehen und dann einige Seiten über Orakel, Tod und Magie folgen ließ.

Govinda schrieb sein ganzes Leben lang immer wieder über okkulte und psychische Phänomene. Die Tibeter hatten ihn in dieser Hinsicht außerordentlich stark beeinflußt, und er war von ihrer objektiven Einstellung zu diesen Dingen überzeugt.

„Es ist gewiß, daß hier Kräfte im Spiel sind, über die wir nichts wissen und deren Wirken ein Geheimnis der wenigen Eingeweihten geblieben ist, durch die einige der ältesten Traditionen der religiösen Magie erhalten geblieben sind." [102] Govinda hatte für Aberglauben nichts übrig, in seiner Zeit in Asien aber genug erlebt, um diese Dinge nicht einfach abzutun. Er gewann den Eindruck, daß Tibet das letzte Land war, in dem das Wissen über diese psychischen Urkräfte noch vorhanden war und, noch bedeutender, auch angewandt wurde. Er schrieb, der Buddhismus und buddhistische Weise und Heilige hätten die Gefahren, die von diesen Kräften ausgehen, kanalisiert und gebändigt.

Während seine Schlußfolgerungen sicherlich hinterfragt werden können, reflektiert Govindas Sicht doch eine Zeit, in der die Menschen noch in enger Verbindung mit ihrer Umwelt standen und über den Kontakt zu ihrem Ursprung verfügten. Dabei war er mehr Asiate als Europäer, wenn er glaubte, die Naturkräfte, die Geister der Dahingegangenen und der Bereich der Götter und Dämonen seien noch aktiv und nahe. Seine Beschreibung des Orakels von Dungkar verdeutlicht dies. Govinda und Li wurde das Privileg zuteil, diesen Mann im Zustand der Besessenheit zu erleben, und sie berichteten, sie seien später dessen Freunde geworden. In *Der Weg der Weißen Wolken* beschrieb Govinda, die beiden seien von den umfangreichen Maßnahmen beeindruckt gewesen, die die Tibeter angewandt hätten, um die Gabe dieses Mannes auf die Probe zu stellen. Was für Govinda die Echtheit dieser Institution bestätigte, war die Tatsache, daß jener Mann als Tiertreiber ein zufriedenes Leben führte und die Position als Orakel keinesfalls angestrebt hatte.

Wenige andere Themen haben für Menschen aus dem Westen einen so emotionalen Beigeschmack, wie eine Diskussion über unbekannte psychische Kräfte, außer es dreht sich dabei um den Tod. Govinda, der seine Leser nicht davor verschonte, erklärte, der Tod sei die größte Herausforderung für den menschlichen Geist; er sei für die Geburt der Religion verantwortlich. Nicht einer Religion der Furcht, wie er sogleich vermerkte, sondern einer Religion, die den Tod als großen Verwandler und Initiator des wahren, innersten Seins des Menschen erkannt hat. Immer, wenn versucht werde, dieses Thema zu verdrängen oder wenn Furcht hinter einer Diskussion über den Tod stehe, glaubte Govinda, dies sei auf eine Verhärtung des menschlichen Bewußtseins zu einer extremen Form des Individualismus zurückzuführen. Diese Haltung störte ihn, und seit seiner Zeit in Tibet sprach er häufig über die Notwendigkeit eines besseren Verständnisses.

Obwohl sich viele von Govindas Gedanken während seines Aufenthalts in Dungkar Gompa kristallisiert haben mögen, finden sich von diesem Augenblick an nur wenige Hinweise darauf, bis er nach Tsaparang aufbrach. Der Geist Tomo Geshes lebte noch in seinem Gompa, und die Govindas blieben, beeindruckt von der Ordnung und Sauberkeit dieses Ortes, einige Wochen da. Lobonla, der Abt, den sie kurz getroffen hatten, lud sie ein, bei ihrer Rückkehr vorbeizukommen, und hielt sich ansonsten im Hintergrund, um ihnen den Eindruck zu ermöglichen, zu Hause zu sein. Obwohl der kleine *Tulku* wieder in Sikkim weilte, führten die Govindas viele Gespräche mit dem Abt und nahmen am religiösen Leben der Umgebung teil.

Im Frühling, im Anschluß an ihre Rückkehr nach Indien, lebten sie einige Zeit in Ghoom und Kalkutta, planten ihre nächste Reise und stellten ihre Ausrüstung zusammen. Sie warteten, wie Li später sagte, auf Ausrüstungsgegenstände und Geld. „Alles muß von uns zuvor überlegt sein und von Anfang an *von uns* mitgenommen werden", schrieb sie an ihre Schwester. [103] Li, die in ihren Kommentaren mehr als nur das alltägliche Allerlei anklingen ließ, äußerte ihre tiefe Betroffenheit über die Begleitumstände der Unabhängigkeit – Aufstände, Mord und Chaos. Sie gewann nicht nur den Eindruck, es sei unmöglich geworden, weiter in diesem Land zu leben, sondern sie und ihr Mann dachten über ihre zukünftige Staatsbürgerschaft nach. Trotz des Verlustes seines britischen Passes im Gefangenenlager hatte Govinda seinen früheren Status behalten.

Li schrieb an Coomie, der Besitz ihres Mannes in Deutschland sei nach Kriegsende konfisziert worden, und er müsse nun seine zukünftige Heimat wählen.

Er muß entweder indischer Staatsbürger werden oder Bolivianer, und wenn es in Indien so weitergeht, wäre es vielleicht besser für uns, Bolivianer zu werden und so bald wie möglich abzureisen. Govinda besitzt dort noch einige Verwandte, und das Land selbst erinnert an Tibet – es wäre also für uns geeignet. [104]

Mit diesen Spekulationen über Südamerika wurde es nichts, und Li und Govinda ersuchten bald um die indische Staatsbürgerschaft und erhielten sie. Ebenfalls zu dieser Zeit begann Li, ihren Gatten, jedenfalls in der Öffentlichkeit, als *Lama* Govinda anzusprechen. Govinda war nie zuvor von seiner Frau so konventionell angeredet worden, obwohl er wegen seiner Lehrtätigkeit einen solchen Status verdient hatte. In Briefen oder Gesprächen mit Freunden bevorzugte Li den Namen Govinda oder Lama. Ihr Stolz, verheiratet zu sein, wuchs täglich, und der Name Anila Li Gotami Govinda nahm an Bekanntheit zu. Ihre Freunde und Bekannte sahen beide immer mehr als Einheit, und bald waren sie unzertrennlich. Die nächsten neununddreißig Jahre lebten sie kaum mehr als einen Augenblick lang voneinander getrennt.

9

Tsaparang

Am späten Morgen des 22. Juli 1948 brach die kleine Karawane von Almora aus zum Dorf Barachina auf, der ersten Etappe auf dem Weg zur tibetischen Grenze. Nach siebzehn Tagen Vorbereitung, in denen ausreichend Vorräte und Zubehör beschafft wurden, hatten Lama Govinda und Li Gotami genügend Leute und Tragtiere aufgetrieben, die für den Transport ihrer Reiseutensilien sorgen sollten.

In *Der Weg der Weißen Wolken* läßt keine einzige Zeile erahnen, welch durchdachte Planung für die Expedition nötig war. Dies tat Li dann später, die für ihren Sponsor, *The Illustrated Week of India*, über die Reise berichtete. Während ihre Geschichte im Grunde rein journalistischen Zwecken diente, war es der einzige Bericht über ihre Expedition, in dem die alltäglichen Dinge und die Landschaft beschrieben wurden. Für Li, eine Frau, die es gewohnt war, in ihrem Haushalt Verantwortung zu übernehmen, war der erste Tag eine Herausforderung, an dem sie mit langen, unvorhersehbaren Verzögerungen und störrischen Packtieren zu kämpfen hatte. Diese Probleme sind bei Reisen im Himalaja nichts Ungewöhnliches, aber sie verunsicherten Li. Sie war nicht gewohnt, jeden Abend in der Dunkelheit anzukommen, müde und ohne Möglichkeit, Essen zu kochen. Aber schließlich verlief alles problemlos, und sie fanden immer eine Unterkunft, je mehr sie dem Lipu-Lekh-Paß näherkamen. Von diesem Moment an empfand Li eine zunehmende Verantwortung für die Organisation der Reise.

In ihrem Bericht beschreibt sie im wesentlichen die Probleme mit den Trägern, den Packtieren und die Situationen, mit denen sie konfrontiert wurden, als sie von einem Ort zum anderen unterwegs waren. Es mag im nachhinein als Abenteuer erscheinen, einen Fluß auf einem primitiven Seilsitz überqueren zu müssen, aber der ständige Streit mit den Trägern und die Geldforderungen war für beide ein Problem. Ein anderes Mal mußten sie zu Fuß nacheinander drei eisige Flüsse durchqueren, weil ihr Führer eine Abkürzung gehen wollte.

Die Landschaft nahm immer fantastischere Formen an, je näher sie dem Paß kamen. Auf der einen Seite des Weges felsige Hänge, auf der anderen eine Wand, die steil anstieg. Die Gefahr wuchs. Felsen fielen von der einen Seite herunter und Regen stürzte auf sie herab. Zu diesem Zeitpunkt hatten sie etwa einhundertfünfzig Kilometer zurückgelegt und befanden sich in einer Höhe von etwa achtzehnhundert Metern, und die Umstände zwangen sie, eine Woche Pause einzulegen. Obwohl sie rasteten, hielten sie nicht, weil sie es unbedingt so wollten; die Govindas mußten neue Leute für die nächste Etappe suchen. Damit sahen sie sich während ihrer Reise ständig konfrontiert, ebenso mit dem vollkommenen Verlust ihrer Privatsphäre und mit betrunkenen Führern.

„Die dünne Luft in dieser Höhe schien unser Temperament zusätzlich einzuengen", erinnerte sich Li später. [105]

Der letzte Aufstieg vor dem Paß erwies sich als äußerst schwierig. Es war sehr kalt, und dicker Nebel lag über der Landschaft. Sie kamen nur langsam voran und rasteten, wann immer es möglich war, um tibetischen Tee – jenes suppenähnliche Getränk aus Salz, Soda, Tee und ranziger Butter – zu trinken. Um das Ganze noch zu verschlimmern, lockerte sich ihr Gepäck und rutschte den ganzen Weg wieder hinunter, als sie den letzen Hang hinaufgingen. Li hatte eine Auseinandersetzung mit ihrem Führer, und das Wetter spielte ihnen schließlich noch einen Streich.

„Sturm kam auf", schrieb Li. „Der Regen sorgte dafür, daß wir beinahe erfroren, und der Wind heulte wie ein hungriger Wolf über unseren Köpfen. Oh, dieser Wind! Es ist *der schlimmste Feind* Tibets, und wenn man mich jemals gebeten hätte, ihn zu zeichnen, so hätte ich einhunderttausend eisige Dolche gemalt, jeder Griff mit dem Kopf eines heulenden Wolfes." [106]

Fünfzehn Kilometer weiter, als sie erschöpft in der Bezirkshauptstadt Taklakote Halt machten, klärte sich das fürchterliche Wetter und die Wolken rissen auf. Jedoch erwartete sie eine weitere Verzögerung, erneutes Herumsitzen, gesellschaftliche Einladungen und einige Treffen mit dem Dzongpong. Sie waren nun in Tibet, und diese Stadt war die wichtigste Gemeinde im Puang-Tal, die einen Markt und ein Gompa besaß, der Li zufolge weder sie noch den Lama beeindruckt hatte. Lama Govinda betonte, die Tatsache, daß sie in einem der Klöster am Ort keinen Tee erhielten, verdeutlichte die Armut, die in der Gegend herrschte.

Sie kamen in ein trockenes Gebiet, das langsam zu Staub zerbröselte, wie Lama Govinda schrieb. Westtibet leidet seit etwa tausend Jahren an Austrocknung, und die hochentwickelte Zivilisation und die große Bevölkerungzahl ist dort verschwunden. Die verstreuten Siedlungen waren von den wenigen Quellen und dem Glück abhängig, dem kärglichen Boden genug für das eigene Leben abzuverlangen. Reisende konnten nicht immer mit Unterstützung vor Ort rechnen und mußten eigene Vorräte mit sich führen. Banditen waren immer noch ein Problem, selbst für arme, beinahe mittellose Pilger. Es war ein rauhes, unerbittliches Land, das aber tief in sei-

Aquarell von Tsaparang von Lama Govinda

nen verwitterten Hügeln und zerfallenen Klöstern die Überreste von Fresken, Ikonen und Statuen von unglaublicher Schönheit und Heiligkeit enthielt. Es läßt sich nur schwer feststellen, was für die Govindas reizvoller war, der verblichene Ruhm einer früheren künstlerischen und religiösen Blütezeit oder die natürliche Schönheit dieses rauhen und unwirtlichen Landes.

Lama Govindas erste Reaktion war Staunen. Wie konnte eine solche Landschaft nur das Werk der Natur und nicht den Händen eines äußerst begabten Künstlers entsprungen sein? Die Dimensionen waren so groß, daß es ihm beinahe den Atem raubte.

Was so gänzlich überraschend ist, ist jedoch nicht die Vielfalt der Formen, sondern die Präzision und die architektonische Gesetzmäßigkeit, mit der gewisse Motive und Formprinzipien sich wiederholen und allmählich zu höheren Einheiten und in einem ständig anschwellenden Rhythmus integriert werden, bis schließlich die ganze ungeheuerliche Szenerie im Schwung einer einzigen, alles mitreißenden Bewegung zu tönen scheint. [107]

„Infolge der dünnen Luft dieser Höhenlage ist jede Einzelheit klar umrissen und aus großer Entfernung sichtbar", [108] schrieb er, beeindruckt von der Leuchtkraft und der Reinheit der Farben. Ganze Gebirgsmassive schienen ihm verwandelt, die Linien wurden zu Gestalten, Tempeln und Kathedralen. Für Govinda war es ein Traumland, eine magische Welt und Ursprung einer großartigen Vergangenheit, eine Ansammlung von Heiligtümern, Einsiedeleien und Höhlen, in denen geheimnisvolle Rituale abgehalten wurden. Es überrascht nicht, daß er Metaphern aus Kunst und Musik benutzte, um diese Landschaft zu beschreiben. Die Erfahrung eröffnete Govinda ein Vokabular, das bisher nur für die Künste reserviert zu sein schien. Bald sollte die Grenze zwischen einer Welt des Physischen und des Spirituellen verschwimmen.

Li erlebte die Transformation ein wenig später, als sie den Gurla-Mandata-Paß zur Hochebene um den Manasarovar-See überschritten, ein Ort, der ihr ganzes Leben lang in ihren Phantasien eine Rolle gespielt hatte (für die Buddhisten ist dies der Wohnort zahlloser Buddhas, und die Hindus sehen in ihm den Ort, an dem Shiva und Parvati ihr Zuhause haben). Als sie eine Pause einlegten, um mit einem Gebet ihren Dank zu bekunden, beschrieb sie das „Spiel der Farben" in ihrer Umgebung. Später, als sie an diesem heiligen See einige Tage lagerten, zeigte sich ihnen der Sonnenuntergang in den vorhandenen Wolken in einer solchen Schönheit, daß Li den Eindruck gewann, im Land der Götter zu weilen. Der Himmel konnte „im Westen violett, orange und goldfarben sein, im Osten rosa, gelb und dunkelrot; der Himmel in den anderen Richtungen war blau, silbergrau und purpur in allen möglichen Schattierungen dieser Farben." [109] Ihre Worte schienen kaum beschreiben zu können, was sie empfand, aber die noch existierenden Photographien ergänzen ihre Gedanken. In *Tibet in Pictures* finden sich einige Bilder, die die atemberaubende Größe und Schönheit des Sees und der umgebenden Berge widerspiegeln, Aspekte, die eher der Vorstellungskraft des Betrachters überlassen werden, als der Beschreibung durch einen anderen Menschen.

Trotz des regen Pilgerverkehrs gab es an diesem einsamen und geheimnisvollen Ort kaum die Annehmlichkeiten, die das Reisen etwas angenehmer gestalten. Überdies lebten einige Bewohner der Gegend vom Überfall auf Reisende. Seine beinahe visionäre Beschreibung der Landschaft ergänzte Lama Govinda mit der Erwähnung seine Sorge darüber, daß Reisende völlig auf sich selbst gestellt waren, wenn sie einmal die Gegend verlassen hatten, die dem *Dzongpong* unterstand. Li widmete einen Teil ihrer Artikel den Geschichten, die man über Räuber erzählte. John Snelling schrieb in seinem Buch *The Sacred Mountain*, diese Banditen hätten „wenig Skrupel, jeden zu berauben, der ihnen in die Hände fiel, egal ob

Händler, Reisenden oder Pilger. Wegen der Armut, die in der Gegend herrschte, waren sie besonders daran interessiert, Lebensmittel zu stehlen." [110] Selbst das Wetter offenbarte sich in Extremen, es war weder vorhersehbar noch wohl gesonnen. Man bekam Frostbeulen, wenn man sich zu lange im Schatten aufhielt, und trotzdem wurde die Haut schwer von der Sonne verbrannt. So war es eine übliche Strafe für verurteilte Gesetzesbrecher, diese in der Sommerhitze nackt auszuziehen. Wenn sich ein Mensch in diesem Teil des Chang Tang aufhielt, so war dies nur auf den See und den in der Nähe gelegenen Berg Kailash zurückzuführen, der für Buddhisten und Hindus eine besondere Rolle spielt.

Der Kailash, der heilige Berg beider Religionen, nimmt im Zentrum des Trans-Himalaja eine isolierte Stellung ein. Er ragt vom Plateau aus von einer Höhe von viertausendsechshundert Metern bis zu einer Höhe von mehr als siebentausend Metern auf. Snelling schrieb über ihn: „Ein beeindruckender und unheimlicher Berg ... Wände aus horizontal angeordnetem Fels, der aus einem monumentalen Sockel einige tausend Fuß emporragt und oben in einem Gipfel aus reinem Eis endet." [111] Dr. Evans-Wentz schilderte ihn als „Spitze des 'Daches der Welt', wie man das Hochland von Tibet auch nennt". [112] In den vier Himmelsrichtungen entspringen ihm, wie die Speichen eines Rades, vier der bedeutendsten Flüsse Asiens — Brahmaputra, Indus, Sutlej und Karnali — ihre Quelle liegt in der Nähe des Berges.

> *Es gibt Berge, die nur Berge sind, und solche, die eine ausgeprägte Persönlichkeit besitzen* (schrieb Lama Govinda in einem Vorwort zu Evans-Wentz letztem Buch, Cuchana and Sacred Mountains). *Die Persönlichkeit eines Berges ist mehr als bloß eine sonderbare Form, die ihn von anderen Bergen unterscheidet ... Persönlichkeit ist eine Macht, die Menschen auf andere ausüben, ohne es zu wollen; und diese Macht findet ihre Ursache in*

der Beständigkeit, Konsequenz und Harmonie des Charakters ... Wenn diese Qualitäten in einem Berg vorhanden sind, erscheint er uns als Gefäß kosmischer Kraft, und wir empfinden ihn als einen heiligen Berg. [113]

Dieses Vorwort findet sich auch in dem Teil seiner Autobiographie, die er dem Kailash widmete, und es ist eindeutig, daß er damit auch den Kailash meinte.

Wenn Evans-Wentz und Lama Govinda nicht die Meinung hatten, daß der Kailash mit dem mythologischen Zentrum der Welt, dem Berg Meru, gleichzusetzen ist, so läßt sich dies darauf zurückführen, daß ersterer physisch, letzterer metaphysisch zu verstehen ist. „Obwohl Hindus und Buddhisten den Kailash als Manifestation der metaphysischen Attribute des Kailash betrachten, so ist es notwendig, einen Unterschied zu machen", fügte der Gelehrte aus Oxford an. [114]

Der Anblick ist so überwältigend, daß der Pilger alle seine früheren Besorgnisse und Befürchtungen vergißt [sagte der Lama, bevor er den letzten Paß zum Fußende des Berges überquerte] ... Wer kann die Unermeßlichkeit des Raumes in Worte fassen? Wer kann eine Landschaft, welche die Unendlichkeit verkörpert und atmet, beschreiben? – Große blaue Seen, von smaragdgrünen Weideland und goldenen Hügeln umgeben, erscheinen gegen eine ferne Kette von Schneebergen, in deren Mitte der blendend weiße Dom des Kailash, des „Schneejuwels", wie die Tibeter den heiligen Berg nennen, aufragt. [115]

In diesen Nächten am Lagerfeuer gestanden sich die Govindas eine Ruhepause zu, nachdem sie die Tragtiere gefüttert und einige Bilder gezeichnet hatten, und gaben, wie der Lama sagte, ihr „Schutzbedürfnis" auf. Sie befanden sich auf heiligem Boden.

Während der Lama über die verschiedenen religiösen Orden und deren Regeln nachdachte, kehrten seine Gedanken zu den Herausforderungen und Gefahren zurück, denen sie ausgesetzt waren. Es sei eine „wirklich grundlegende Initiation" gewesen. Im Augenblick war seine intellektuelle Schulung und seine Objektivität in den Hintergrund gerückt, und an deren Stelle trat die „spirituelle Bruderschaft aller Pilger". Ein unsichtbares Band vereinte sie alle, das keiner Gelübde, Dogmen oder Rituale bedurfte. Er betonte die gemeinsame Erfahrung, deren dauernder Einfluß seiner Meinung nach stärker als alle geschaffenen Unterschiede und Regeln seien. [116]

Ein erneuter Anlauf, sein intellektuelles Gepäck abzulegen, ließ ihn über den subtilen Einfluß aller kreativen Formen der Kunst und der spirituellen Phänomene philosophieren, die für einen wissenschaftlichen Geist bloßer Aberglaube sind. Er jedoch hielt diese für existent, und er spürte, daß diese einen Wert darstellten, den der moderne Mensch zu verlieren im Begriff stand. Obwohl er diese Überlegungen erst viel später in der komfortableren Umgebung seiner Wohnung in Almora niederschrieb und damit einige seiner bereits veröffentlichten Gedanken zu diesem Thema wiedergab, war dies für ihn dennoch äußerst wichtig. Man sollte jedoch nie vergessen, daß Govinda in einer intellektuellen Umgebung lebte und arbeitete, und daß er, wenn er auch glaubte, sein Weg sei der der Siddhas, darin vor allem ein Ideal sah, nicht unbedingt eine vollkommene Transformation seines eigenen Lebens. Durch diese Pilgerfahrt mag sich für ihn vieles verändert haben, aber sie hatte sein Leben weniger substantiell geändert, sondern ihm eher neue Impulse gegeben.

Seine Autobiographie *Der Weg der Weißen Wolken* unterscheidet sich von einem Großteil der Reiseberichte, da seine Beschreibung der Landschaft um den Kailash und Manasarovar-See herum nicht die üblichen Ausschmückungen enthält, die sich gewöhnlich in ähnlichen Schilderungen finden. Mit klaren, wenn nicht sogar poetischen Worten, beschreibt er den See und die Wolken, die „in allen Farben des Feuers aufflammen". In seinen Beobachtungen verleiht er seinen künstlerischen Gefühlen Ausdruck, egal, ob er über die Furchtlosigkeit der wilden Tiere spricht, das *Prasad* oder Geschenk der Götter, das er in der Existenz der Heilkräutern sieht, die Kieselsteine, die er als Talisman benutzt oder in seiner Beschreibung der verschiedenen *Parikramas* (der Arten, einen heiligen Ort zu umkreisen). Den Raum erlebte er verdichtet und deshalb intensiver — ein Phänomen, das von vielen Bergsteigern beschrieben wird. Die gewöhnlichen Dinge des Lebens erhielten plötzlich eine sublime Bedeutung, denn in einer so außergewöhnlichen Umgebung ragten sie über ihr normales Maß hinaus.

Praktische Dinge erhielten wieder ihren normalen Stellenwert, als sie am Lagerplatz von Tarchen ankamen und somit wieder unter Menschen waren. Nomaden, Händler und Pilger hatten in der Nähe des Klosters, das den eigentlichen Ausgangspunkt für das *Parikrama*, die Umschreitung des Kailash, bildete, eine kleine Zeltstadt aufgebaut. Während Lama Govindas Gedanken bei der hinter ihnen liegenden Pilgerreise und dem Teil der Reise hingen, der noch auf sie wartete, versuchte Li, die Vorräte zu ergänzen und organisierte Nahrung und einen Rastplatz für die Tiere. Ihre Karawane bestand nun aus acht Yaks, die die Vorräte für ein ganzes Jahr trugen, aber jede Gelegenheit, diese etwas zu ergänzen, war ihnen willkommen. Sie ließen ihre Vorräte beim Abt des Klosters und begannen mit ihren Begleitern das *Parikrama*. Der Besitzer der Yaks nahm die Tiere ohne Ladung mit, um auch ihnen den Lohn der Pilgerreise zuteil werden zu lassen.

Li berichtete über die Höhepunkte der Kailash-Umrundung, die vier oder fünf Tage dauerte. Lama Govinda beschrieb das Ganze ein wenig flüchtig, wenn man bedenkt, daß seinen Angaben zufolge der Berg auf ihn einen außerordentlich starken Eindruck gemacht hatte. In seiner Autobiographie erwähnte er die Pilgerfahrt nur mit einigen Sätzen. Vielleicht war dies so, weil er den Eindruck gewonnen hatte, der Berg sei so nahe, daß ein Pilger ihn berühren könne, aber gleichzeitig unbegreiflich, ja ätherisch wirke, und das, was der menschlichen Wahrnehmung zugänglich sei, sei wohl eher eine Unterstruktur oder „Emanation" von etwas viel Profunderem. Dies könnte der Grund für seine kurz gefaßte Beschreibung des *Parikrama* und die noch kürzere Diskussion der mystischen Aspekte dieser Umrundung sein.

Ihre Pilgerfahrt besaß gleichermaßen religiösen wie touristischen Charakter. In der Ausgabe der *Illustrated Weekly of India* vom 22. April 1951 beschrieb Li ihre Eindrücke von dem „traumhaften" Charakter des Kailash. Ihr gefielen die Geschichten, die sie dort gehört hatte und schrieb, dies sei für „bildende Künstler wie meinen Mann und mich" ein doppeltes Vergnügen. Am meisten galt dies für ihre Überquerung des Dolma La, des höchsten Passes während des *Parikrama,* mit einer Höhe von etwa sechstausend Meter. Hier befand sich der „Spiegel des Karma", der große, flache rote Fels mit einer weichen Oberfläche, der den Spiegel des Yama, des Königs des Todes, darstellt. Das Leben der Toten wird in ihm reflektiert und wird so für Yama in allen Einzelheiten sichtbar. Li sagte, Yama, der auch Bezwinger des Todes genannt wird, sitze der allgemeinen Überzeugung nach auf der dem Berg zugewandten Seite auf einer Reihe schwarzer und weißer Steine und spreche dort vor Zuschauern sein Urteil. Die verschiedenfarbigen Steine dienten dazu, das Urteil anzuzeigen; eine hohe Konzentration von schwarzen Steinen hat eine sofortige Vernichtung zur Folge, wogegen eine Überzahl an weißen Steinen den Eingang in den Himmel bedeute. (Lama Govinda betonte, dies geschehe alles im Inneren eines jeden Menschen, und ein Pilger erfahre das Urteil in der Haltung eines Sterbenden, auf dem Boden liegend, so in seinem eigenen Bewußtsein.)

Hinter dem Dolma La lag Gauri Hurd, ein gefrorener grünblauer See am Fuß einer dramatisch aussehenden, schneebedeckten Felswand. Während Li nicht sicher war, was mit ihr dort geschah, so empfand sie eine seltsame Nähe zu allem, was sie sah. Sie glaubte, dies sei auf die dünne Luft in jener Höhe zurückzuführen, die sich zwischen ihr und den wahrgenommenen Objekten befand. „Man sieht alles hundertmal klarer", schrieb sie „hundertmal besser und alles scheint hundertmal näher zu sein, als es in Wirklichkeit ist." [117]

Etwas hatte sie verändert, etwas war von ihr abgefallen, und ihr war klar geworden, daß es keine trennenden Unterschiede mehr gibt.

Nie zuvor war ich veranlaßt worden, etwas so intensiv zu spüren. Es war eine schmerzvolle Erfahrung, wieder gehen zu müssen — niemand sonst war dazu bereit — aber Tsaparang blieb unser Ziel. Die traumhafte Qualität blieb, jedoch schien es mir, als würde ich „dort unten" (unten in Indien, wie man sagte) in einer hoffnungslosen Welt voller falscher Werte, die weniger als Staub wert waren, erwachen. [118]

Nachdem sie einige Tage später in Tarchan ihr Gepäck geholt hatten, brachen die Govindas erneut auf. Ihre skizzenhaften Anmerkungen zum Kailash bedeuten nicht, daß diese Momente für sie weniger wertvoll waren. Aber ihr eigentliches Ziel trat in ihren Gesichtskreis zurück. Die Zeit war knapp, und sie sorgten sich um den bevorstehenden Winter. Sie befanden sich immer noch in einem Land, in dem es von Banditen nur so wimmelte, und sogar Li berichtete, daß sie etwas ängstlich in ihren Feldbetten schliefen und die Ruhe genossen, die in der Gegend herrschte.

Li, die die Etappen als Meilenstein betrachtete, maß so die Entfernung von Almora aus. Als sie die 32. Etappe hinter sich hatten, waren sie in Tirthapuri angekommen, wo Padmasambhavas Höhle, in der er die Erleuchtung erfahren hatte, liegt. Obwohl Lama Govinda die Gefühlseindrücke schilderte, die ihn tief bewegt hatten, als er einen so heiligen Ort besuchte, schrieb seine Frau über den Genuß, in den heißen Quellen in der Nähe baden zu können. Ein solcher Luxus war in Westtibet beinahe unbekannt, und sie nutzte einen ganzen Tag dazu, die Kleider zu waschen und sich auszuruhen. Die Landschaft hatte sich sehr verändert, und sie stiegen nun durch zerklüftete Bergketten, auf denen spitze Gipfel thronten. Li erschienen diese „wie von Insekten angefressen", und sie erwähnte die Freude, die sie empfand, als sie diese malte.

Innerhalb von Tagen mußten sie ihre Tiere auswechseln. Einer der unangenehmeren Aspekte der Reise waren die kurzen Etappen, für die sie jeweils neue Tiere mieten mußten. Die Bauern dieser Gegend gingen nicht sehr weit von ihrem Zuhause weg und ließen häufig ihre Fracht inmitten eines Nirgendwo zurück. Nach einem Monat fanden sich die Govindas und ihr Gepäck so plötzlich vor einem neu erbauten Bon-po Kloster wieder.

Die Bon-pos waren als religiöse Macht verdrängt worden, als sich der Buddhismus in Tibet im achten Jahrhundert verbreitete. Sie konnten in isolierten Nischen überleben, indem sie die neue Religion bis hin zu ihren Statuen, ihrer Ikonographie und ihren Ritualen adoptierten und kopierten. Auf den ersten Eindruck hin schien alles sehr ähnlich zu sein, und selbst Lama Govinda empfand dies so, obwohl ihm manches etwas eigenartig vorkam. Nicht alles war, wie es sein sollte, und Li fand, der Ort sei von einer merkwürdigen Atmosphäre umgeben. Erst als sie der Aufseher des Klosters durch die Tempel führte und diese dabei mit der linken Schulter zum Inneren des Raumes gerichtet betrat — die Buddhisten wenden ihre rechte Schulter zum Inneren hin, wurde es ihnen klar. Govinda war jedoch voll des Lobes für die soliden, sauberen Gebäude und die Details und Präzision der Kunstwerke, obwohl es sich bei einigen der „Fresken" nur um Kunstdrucke handelte, deren einzelne Blätter aneinandergeklebt waren. Es erstaunte sie, in dieser Wildnis solche kulturellen Leistungen vorzufinden, da die Klöster, die sie gesehen hatten, einen armseligen und trostlosen Eindruck auf sie gemacht hatten. Dieses Kloster war 1939 durch räuberische Banden zerstört worden, und der Abt war gerade noch mit dem Leben davongekommen. Es handelte sich bei ihm um einen kultivierten, sensiblen Menschen (Li hielt ihn für sehr schüchtern), der das Kloster unverzüglich wieder aufgebaut hatte und in Indien neue Texte und Bilder hatte drucken lassen. Seine Einstellung zu ihrem Lhasa-Lamyig war etwas anderes – er machte sich darüber lustig und sagte, Packtiere könne er keine entbehren. Es sei Erntezeit, und der Abt verhielt sich somit im Grunde wie die Beamten in der Gegend.

Lama Govinda war dadurch aufs äußerste beunruhigt. Es war nicht angenehm, irgendwo in der Wildnis festzusitzen. Ohne die Hilfe dieses Mannes hätten sie dort möglicherweise längere Zeit warten müssen, während ihre Vorräte bis auf ein Maß zusammengeschrumpft wären, das es ihnen nicht erlaubt hätte, weiterzugehen. Er versuchte deshalb, Zeit zu gewinnen und verlieh seiner Anerkennung für das Gebäude und die Kunstwerke Ausdruck und bat, das Kloster besichtigen zu dürfen. Am nächsten Morgen hatte sich die Haltung des Abtes geändert; er hatte einige Yaks und Führer (die jedoch einen sehr hohen Preis verlangten) aufgetrieben und riet ihnen zu einem anderen Weg. Die nächsten Tage waren sie wieder unterwegs. Es begann als anstrengender, staubiger und äußerst trockener Aufstieg, mit eisigen Winden und dauerte bis zum Abend, als sie rasteten, ohne ein Feuer machen zu können; sie fühlten sich krank, verloren und es war kalt.

Trotzdem waren sie froh weiterzukommen. Einer ihrer Reisebegleiter, ein *Trampa* (Mönch), zelebrierte bei Sonnenaufgang seine Morgenandacht. „Als seine Gebetsglocke durch die kalte Morgenluft klang und die Sonne siegreich über die fernen Berge emporstieg, hatten auch wir die Plagen der Nacht vergessen."[119]

Sie stellten fest, daß in Westtibet Wege, wenn man ohne Führer unterwegs war, häufig übersehen werden konnten und ein sechster Sinn, Intuition, erforderlich war.

Aber selbst dieser kaum erkennbare Pfad verschwand plötzlich unter den Trümmern und dem Geröll zerbröckelnder Felsen oder in steilen (genau 45° geneigten) Sandfällen, auf denen die gesamte Karawane, einschließlich der schwerbeladenen Lasttiere, hinunterrutschte, in der frommen Hoffnung, rechtzeitig zum Stehen zu kommen, bevor die nächste Felsstufe erreicht war. [120]

Lama Govinda erläuterte die Gefahren, die ihnen auf der Reise begegneten, obwohl einige seiner kryptischen Bemerkungen ein wenig der Vorstellungskraft des Lesers überlassen – „Wehe dem Reisenden, der versuchen wollte, diese Regionen ohne einen wegkundigen Führer zu durchqueren...", ist eine davon. Als sie eine wacklige Brücke überqueren mußten, die mit unzähligen Gebetsfahnen geschmückt war, weigerten sich die Yaks hinüberzugehen und mußten hinüberschwimmen. „Der Tibeter setzt mehr Kraft in die Macht des Gebetes als in die Stärke der Brücken",[121] beobachtete er. Als sie den Demar-La, einen Paß auf einer Höhe von über siebentausendfünfhundert Metern, überquerten, sagte Li, sie seien so müde und erfroren gewesen, daß ihr Abendessen beinahe nur aus Suppe, Chapatis und Aspirin bestanden hätte.

Durch immer schwierigere Situationen hindurch erreichten sie das Tal des Mondkastells (Dawa Dzong), ein passender Name, wie Li Gotami fand. Dieses ewige auf und ab, zu dem sie sich gezwungen sahen, schien ihr gegen die Gesetze der Schwerkraft gerichtet zu sein. Sie schrieb, es sei für sie eine alptraumgleiche Reise gewesen, eine Stimmung, die sie während ihres Aufenthalts in einem kleinen Marktort und den Schluchten der Dawa Dzong – die sie auf einem anderen Planeten wähnte – nicht verließ. Sie befand sich Dimensionen gegenüber, die so gewaltig waren, daß jede Beschreibung unmöglich war.

„Hier scheinen die bizarren Felsen und Berge dem Traum eines post-impressionistischen Künstlers entsprungen zu sein, und wir standen alledem verzaubert gegenüber", schrieb Li. [122]

„ ... einer Symphonie in Stein", fügte Lama Govinda hinzu. [123]

Nachdem sie bisher in ständiger Eile gewesen waren, waren sie nun froh darüber, bei diesem Zwischenstop ihr Lager errichten, zeichnen, die Ruinen erforschen zu können und darauf zu warten, daß sie neue Lasttiere auftreiben würden. Wie man an den Photographien in *Der Weg der Weißen Wolken* und in Li's *Tibet in Pictures* erkennt, ist dieses Land der Schluchten großartig und erinnert sehr an den Westen der Vereinigten Staaten. Lama Govinda meinte bald darauf, der Schriftsteller James Hilton sei nicht so weit von der „Wirklichkeit" entfernt gewesen, als er in seinem Roman *The Lost Horizon* das versteckte Königreich Shangri-La beschrieb. Der Lama berichtete, es habe eine Zeit gegeben, als in diesen vielen tausenden von Quadratkilometern kleine Gemeinschaften in einem „ewigen Sommer" gelebt hätten, und er glaubte, es existierten vielleicht immer noch einige davon. Er besaß noch immer eine sehr romantische Grundeinstellung, und die verborgenen Täler und eigenartigen Felsformationen, in denen man alles mögliche hätte finden können, brachten diese Einstellung an die Oberfläche.

Andere Reisende hätten sich vielleicht von der Einsamkeit und Seltsamkeit des Ortes bedrückt gefühlt [schrieb Lama Govinda über ihren Aufenthalt in Dawa-Dzong]; für uns war es geradezu ein Paradies, eine verzauberte Welt von außerordentlichen Felsgebilden, die sich zu Bündeln riesiger Türme kristallisiert hatten und

Hunderte von Metern in den tiefblauen Himmel ragten, wie ein magischer Schutzwall um eine grüne Oase, die von Quellen und schnellfließenden Gebirgswässern gespeist wurde. [124]

Sechseinhalb Tage nachdem sie Packtiere aufgetrieben hatten, verließen sie die Gegend in nachdenklichem Schweigen. Beide bedauerten, wieder aufbrechen zu müssen, denn die Gelegenheit zu Studium, Zeichnen und Forschen war sehr gut. In dieser geistigen Einstellung gingen die Govindas weiter über Tholing nach Tsaparang, wobei sie nun befürchteten, daß nach ihren bisherigen Erlebnissen vor ihnen eine Art negativer Höhepunkt liegen würde. Als sie jedoch einen kleineren Berg erklommen hatten, waren sie überrascht, Bergkette hinter Bergkette zu sehen, die ihnen wie tausende von Tempeln und Stupas erschienen, die aus der Landschaft herausgeschnitten worden waren. Ob diese scheinbaren Tempel wohl menschlichen oder natürlichen Ursprungs waren, fragte sich Li rhetorisch. Sie stellten einen vagen Vergleich zu den Canyons in den USA her, aber im Grunde spürten sie beide, daß nichts mit dem vergleichbar war, was nun vor ihnen lag. Einige Seiten in *Tibet in Pictures* stellen diese Landschaft dar, obwohl Li der Meinung war, daß auf diese Weise nur wenig davon festgehalten wurde. Der Lama und sie gelobten, wieder zurückzukehren und alles noch vollständiger zu dokumentieren.

Tholing und Tsaparang werden häufig in einem Atemzug erwähnt, denn Richen Zangpo, der große Tempelbaumeister und Gelehrte Westtibets, hatte mit diesen beiden Orten die Verbreitung des Dharma im Sinn. (Beide befinden sich am Ende eines langen Tales.) Im 11. Jahrhundert war Tholing der Ort des sechsten buddhistischen Konzils, zu dem Gelehrte und spirituelle Würdenträger aus dem ganzen Land hierher gereist waren, um die buddhistische Renaissance in Tibet zu konsolidieren. In Tholing existierten noch einige Fresken aus dieses Zeit, und Li meinte, sie seien unverändert schön gewesen. Weil sie jedoch aus der gleichen Zeit wie die in Tsaparang stammten, war ihr Interesse an ihnen nicht so groß, daß sie Zeichnungen oder Bilder angefertigt hätten. Trotz der Tatsache, daß sie einige hervorragende Photos schossen und einen Ausflug machten, bei dem sie eine Statue des Yamantaka, des Bezwingers des Todes, entdeckten, verstrich die Zeit dort ohne besondere Vorkommnisse.

Ihre letzten Etappen waren, trotz ihrer Begierde voranzukommen, nicht einfach. Es gab unvorhergesehene Verzögerungen, und dem Führer der Yaks standen als Hilfe nur einige kleine Jungen zur Seite. Die Vorräte, die sie in Tholing gekauft hatten, waren teuer. Als sie schweigend weiterzogen, beschäftigte Li, daß sie „all die Schwierigkeiten, mit denen wir uns konfrontiert sehen, satt haben und es noch mehr satt haben, an jeder Ecke betrogen zu werden". [125] Kilometer um Kilometer ging es weiter; dunkle Wolken zogen im Westen auf, und es war kälter geworden. Dann, am 2. Oktober 1948, als sie um einen Felsvorsprung herumkamen, lag plötzlich die alte Stadt Tsaparang vor ihnen.

Von der Reise gezeichnet und übermüdet, blickten die Govindas mißtrauisch auf das Bild vor ihren Augen. Sie fragten sich, ob es eine Luftspiegelung sei. Würde es wieder verschwinden? Ein Regenbogen erschien über ihren Köpfen, und als sie näher kamen, rissen die Wolken auf, und das Durcheinander von Ruinen, Tempeln und Felsen wurde von einem goldenen Licht überflutet. Nach Jahren einer unendlich mühsamen Vorbereitung und Monaten einer schwierigen Reise, glaubte Lama Govinda, dieser Anblick verheiße, daß noch große Dinge vor ihnen lägen, „Entdeckungen" von weitreichender Bedeutung, etwas, das sie bis ans Ende ihrer Tage fesseln würde. Als er sich Li zuwandte, lächelte er und sagte zu ihr, der Regenbogen sei in der Tat ein „gutes Vorzeichen". [126]

Die Govindas richteten sich auf einen langen Aufenthalt ein und zogen in eine einfache Steinhütte, deren rauhes Innere und deren rußigen Wände beide an eine Höhle erinnerten. Die frühere Hauptstadt des Königreichs von Guge hatte sicherlich bessere Tage gesehen, und das Fehlen von Einkaufsmöglichkeiten wurde immer sichtbarer, je länger sie sich dort aufhielten. Haferbrei und Chapatis waren ihre beiden täglichen Mahlzeiten, die langsam über Yakmist- und Reisigfeuer zubereitet wurden. Der Tee mußte schnell getrunken werden, bevor er in den Tassen einfror. 1948 gab es noch nicht die Hilfsmittel des modernen Treckings – warme Schlafsäcke, besonders warme Unterwäsche, Parkas – und Wollkleidung und dicke Decken waren alles, womit sie sich warmhalten konnten. Obwohl Lama Govinda nur selten auf diese Umstände hinwies, findet sich in seinem Buch eine Stelle, an der er unterstrich, was es für ihn bedeutete, ohne diese Mittel auszukommen. „Nur Menschen, denen das geistige Leben wichtiger ist als ein materieller Komfort und denen die Lehren des Buddha ein größerer Besitz bedeuteten als weltliche Macht, können solche Werke vollbringen." [127] Obwohl er mit diesen Worten die früheren Bewohner Tsaparangs meinte, so können sich diese ebenso sehr auf Li und ihn beziehen.

Komfort wurde zweitrangig, als sie die Fresken sahen, die zu dokumentieren sie so weit hergekommen waren. Am Tag nach ihrer Ankunft besichtigten Li, der Lama und die Tiertreiber den Weißen, Roten und den Dorji-Jigje-Tempel, alles, was die Belagerungen, Epidemien und die schleichende Austrocknung des Landes überlebt hatte. Obwohl Wasserschäden und die Zeit ihre Spuren hinterlassen hatten, besaßen die Wandbilder die höchste Qualität, die Lama Govinda jemals gesehen hatte.

(Die Fresken ...) bedeckten die Wände, von der dunkelroten Grundborte (die etwa dreiviertel Meter hoch war) bis zur Decke. Sie waren verschwenderisch mit Gold inkrustiert und bis in die kleinsten Details minutiös ausgeführt, selbst in den dunkelsten Winkeln und hoch oberhalb der Grenze des Erkennbaren, ja so-

gar auf der Rückseite der großen Statuen. Einige der Figuren in den Fresken waren von riesiger Größe. Der Raum zwischen ihnen war mit kleinen und mittelgroßen Figuren ausgefüllt, und an manchen Stellen war die Wand mit Miniaturfiguren bedeckt, von denen jede nicht größer war als ein Daumennagel. Jede dieser winzigen Figuren aber war in allen Einzelheiten, wie Augenbrauen, Haaren, Fingernägeln, Schmuckstücken etc. vollständig, obwohl nur durch ein Vergrößerungsglas erkennbar. [128]

Bis 1986 existierten von diesen und anderen Fresken nur Schwarz-Weiß-Photographien, und keine von ihnen konnte die präzisen Details, die Lama Govinda beschrieben hatte, wiedergeben. Im Juli dieses Jahres publizierte das amerikanische Magazin *Natural History* einige Farbbilder von Adelaide de Menil, die sie von Statuen und Wandbildern gemacht hatte. Trotz der Zerstörungen aus der Zeit der Kulturrevolution beeindruckten die künstlerischen Darstellungen sehr, und die übriggebliebenen Teile zeigen eine Präzision der Darstellung und einen Entwicklungsstand, der in dieser abgelegenen Gegend eigentlich nicht vermutet wird. Die Kunstwerke, lebensnah und formvollendet, wurden nicht im tibetischen Stil erzeugt, sondern sind nach der Meinung von Tibetologen aus Kashmir indischen Ursprungs. Man verglich die künstlerische Ähnlichkeit mit buddhistischen Werken aus den Höhlen von Ajanta in Westindien. Zwei der Photos zeigen Bilder, deren Künstler wohl eher aus einer zentralasiatischen Quelle inspiriert worden waren. Darstellung und Schönheit in der Bewegung dieser Figuren erinnern an Kunstwerke aus den buddhistischen Königreichen südlich der Himalaja-Kette. Jeder, der Sir Aurel Steins Sammlung im National Museum in Delhi gesehen hat, wird diese Ähnlichkeit bestätigen können.

Diese Fresken aus Tsaparang wurden nicht als künstlerische Übung geschaffen, sondern als ein Akt religiöser Hingabe hergestellt oder, wie Lama Govinda meinte, als „Gebete und Meditationen in Farbe und Form". Dies wurde immer deutlicher, als er und Li ihre Arbeit begannen. „Das bloße Nachziehen dieser feinen Pinselstriche erforderte die intensivste Konzentration", schrieb er und gewann dabei den Eindruck, die Empfindungen und Emotionen der Künstler nachzuerleben. „Dies zeigte uns, daß Gemütsbewegungen nicht nur durch äußere Bewegungen ausgedrückt werden können – sei es in Form von Pinselstrichen, Tanzbewegungen, Gesten, *mudras* und *asanas* –, sondern daß in gleicher Weise die getreue Wiederholung solcher äußeren Bewegungen Erlebnisse und Emotionen hervorrufen können, die den ursprünglichen gleichen." [129]

Das erste, was Li tat, war, die meisten Bildnisse in allen drei Lhakhangs zu photographieren. Sie berichtete, die Intuition ließ sie diesen bedeutendsten Aspekt ihrer Arbeit dort verrichten. „Nehmen wir an", spekulierte sie, „später wäre etwas geschehen, wir hätten wenigstens einige wirklich gute Photographien gehabt, die wir hätten mitnehmen können." [130] Eine solche Einstellung war wohl angemessen, denn sie wollten kein Risiko eingehen. Wie recht sie dabei hatten! Diese Photos waren das Einzige, das von Tsaparang publiziert wurde. In *Tibet in Pictures* verdeutlicht die ausgezeichnete Wiedergabe der buddhistischer Statuen einen hohen Entwicklungsstand in der stilistischen und detaillierten Darstellung, es war das ergreifende Echo einer äußerst kultivierten Zeit, die längst vergangen war.

Der Lama stellte jeden Tag eine roh zusammengezimmerte Holzleiter auf Steinblöcke, um auch die oberen Fresken erreichen zu können. Jeder, der längere Zeit auf einer Leiter gestanden hat, weiß, daß die Füße dabei einschlafen, und im Falle Lama Govindas begannen sie in der eisigen Luft zu erstarren. Von Zeit zu Zeit mußte er deshalb heruntersteigen und in seiner staubigen Robe im Sonnenschein herumlaufen, um die Blutzirkulation wieder anzuregen. Li mußte die Flasche mit Tusche an ihrem Körper wärmen und die Pinsel mit ihrem Atem auftauen. Um ihre Finger wieder aufzutauen, legten sie die Hände auf die sonnenbeschienenen eisernen Beschläge der Tempeltüren oder auf die Felsen.

Ein Problem war das ungenügende Licht. „Tibetische Tempel sind so gebaut, daß das Licht direkt auf die Hauptstatue fällt, entweder durch ein Fenster hoch oben an der gegenüberliegenden Wand oder durch eine Öffnung zwischen dem erhöhten Dach über dem Kultbild und dem niederen Hauptdach des Tempels", [131] erklärte der Lama später. Während dies ein „weiches Licht" ergibt, das den Raum füllt und gestattet, daß die Fresken bewundert werden können, war es für ihre Zwecke ungenügend. Da sie über keinen Belichtungsmesser oder ein anderes entsprechendes Hilfsmittel verfügten, mußten sie improvisieren und benutzten weiße Laken als Reflektoren. Der Lama mußte nicht nur auf seiner wackligen Leiter herumbalancieren; wenn sich das Licht veränderte, mußte er herunterklettern und Li helfen, die Laken der veränderten Situation anzupassen. Manchmal verbrachten sie einen ganzen Tag damit, das geeignete Licht für einige der etwas schwierigeren Photos abzuwarten und dann ihrem Gefühl zu folgen. Lama Govinda führte ihren Erfolg auf Lis Intuition und auf das ausgezeichnete Objektiv ihrer Kamera zurück.

Mit all diesen um uns ausgebreiteten Schätzen edelster religiöser Kunst arbeiteten wir von morgens bis abends, getrieben von der Furcht und der Vorahnung, daß wir wahrscheinlich die letzten Menschen sein würden, die das Privileg hatten, diese Kunstschätze nicht nur zu sehen, sondern aufzunehmen und zu kopieren, so daß das von uns gesammelte Material der einzige und letzte Zeuge dieser Schätze sein würde. [132]

So isoliert sie auch in Tsaparang waren, die Govindas wußten, daß ihre Aktivitäten irgendwann Argwohn erregen würden. Sie konnten nicht erwarten, daß die lokalen Behörden den Grund ihrer Arbeit verstehen würden. Im Gegenteil, sie würden jedem, der sich längere Zeit in der Nähe solcher verlassener Ruinen aufhielt, über kurz oder lang Probleme bereiten. Schwarze Magie oder Diebstahl von Schätzen wären die geringfügigsten unter den möglichen Anschuldigungen gewesen. Man hätte die Besucher ebenso leicht für Spione halten können, keine verlockende Aussicht, wenn man den Ärger berücksichtigte, den die Kommunisten in Amdo oder Cham im östlichen Teil des Landes bereiteten. Die Behörden in Lhasa wußten, was die Govindas taten, aber Lhasa war weit weg.

Der erste Zwischenfall geschah in der ersten Woche nach ihrer Ankunft, als eine Nonne auftauchte und sie ausfragte. Sie wirkte argwöhnisch, und sie stellten später fest, daß sie zum Haushalt des Provinzgouverneurs, des Dzongpongs, gehörte. Als sie damit drohte, dafür zu sorgen, daß die Govindas weder Nahrungsmittel noch Wasser erhielten, wußten diese, daß sie sie von ihren guten Absichten überzeugen mußten – aber wie? Konnten sie ihr glaubhaft versichern, daß ihr Lamyig echt war? Des Lesens und Schreibens unkundig, weigerte sich die Nonne zu glauben, daß ihre Pässe nicht gefälscht waren. Der Lama, der den Namen Tomo Geshes ins Spiel brachte und sich als dessen persönlicher Schüler vorstellte, erklärte, er hätte die Behörden in Lhasa gebeten, ihm eine Erlaubnis auszustellen und hätte von ihnen dafür die Genehmigung erhalten. Li holte ihre Photographien aus Zentraltibet hervor und fragte die Nonne: „Nun, kennen Sie einige der hier dargestellten Menschen? Wir zeigen Ihnen keine falschen Pässe, wir haben eine Genehmigung dafür, hier zu arbeiten!" [133] Die Wirkung trat sofort ein. Die Frau stammte selbst aus Dungkar und betrachtete Tomo Geshe als ihren „Tsawal Lama". Der Argwohn verflog, und sie ließen sich zu einem freundlichen Gespräch über die Menschen nieder, die sie kannten, und die Photos wurden herumgereicht.

„Dieser Vorfall war uns eine rechtzeitige Warnung", erinnerte sich der Lama, „denn er zeigte uns, wie prekär unsere Lage war." [134] Nachdem die Nonne wieder gegangen war, verdoppelten sie ihre Anstrengungen und arbeiteten mit größerem Nachdruck. Einmal mußte Li direkt von ihrem Lager zu einem Fresko laufen, das von einem Lichtstrahl genau in jenem morgendlichen Augenblick beschienen wurde. „Ich hatte kaum Zeit, daran zu arbeiten, denn das Licht wanderte rasch zu einem anderen Teil des Raumes weiter", schrieb sie, „so daß ich von einem Ende zum anderen laufen und jeweils Teile des Bildes mit eiskalten Fingern vollenden mußte; mein leerer Magen schmerzte dabei." [135]

So gut sie konnten, trafen die Govindas größere Vorsichtsmaßregeln gegen eine Entdeckung; glücklicherweise befanden sie sich abseits der großen Straßen. Dennoch kamen gelegentlich Reisende vorbei, nicht zu erwähnen neugierige Bewohner aus der Gegend, aber es gelang ihnen gewöhnlich, diese zuerst zu sehen oder zu hören, und so konnten sie ihre Arbeitsutensilien rasch wegpacken und sich anderen Dingen zuwenden, bis sie wieder allein waren. Obwohl dies nicht sehr häufig geschah, verzögerte sich dadurch ihre Arbeit um einige Tage. Sie wußten, daß ihre Zeit langsam ablief.

Die Tibeter sind ganz besonders vorsichtig, wenn es sich um Heiligtümer mächtiger Schutzgottheiten handelt. Sie betrachten diese in einer Weise wie moderne Nationen ihre Atomkraftwerke, von denen die Stärke und Sicherheit des Landes abhängt und von denen Unbefugte ferngehalten werden, sowohl um ihrer eigenen Sicherheit willen, wie um der des Landes. Die technischen Einzelheiten solcher Installationen werden daher nach Möglichkeit geheimgehalten. Von diesem Gesichtspunkt aus wird es verständlich, daß den Tibetern die Heiligtümer ihrer mächtigen Beschützer von höchster Bedeutung sind. [136]

Schließlich tauchte der Dzongpong auf. Dessen Ankunft wurde von den Govindas wie die keines anderen Menschen mit großen Bedenken begleitet, als sie die Trompeten hörten, die ihn ankündigten. Lama Govinda wußte, wie mißlaunige Behördenvertreter in Asien alles mit Argwohn betrachten, das nicht seinen gewohnten Lauf nahm, und häufig mehr auf eine Situation reagieren, statt über sie nachzudenken. Zu ihrer Verteidigung, vor allem der der tibetischen Beamten, soll gesagt werden, daß vielen schmerzlich bewußt war, daß ihre Vorgänger oft ihren Kopf dafür verloren hatten, daß sie Ausländer den Aufenthalt gestattet und damit die Anordnungen Lhasas ignoriert oder sonstwie an verschwörerischen Handlungen teilgenommen hatten, deren Bestrafung rasch erfolgte und unangenehm war. Ihr Treffen war kurz. Man fragte ständig nach dem Zweck ihres Aufenthaltes.

„Er zog die Stirn in Falten und schrie uns an", erinnerte sich Li, „und sagte dabei, wir hätten kein Recht, uns dort aufzuhalten oder dort zu arbeiten. Er war anmaßend und arrogant, und wir mußten unsere Arbeiten einstellen und wußten nicht, was genau wir tun sollten." [137]

Obwohl Lama Govinda sagte, er konnte den Dzongpong mit seinen Argumenten davon überzeugen, ihnen zu erlauben, ihre Arbeiten fortzuführen, war die Angelegenheit damit nicht bereinigt. Der Gouverneur beauftragte sogar einen Mann damit, der auf die Govindas aufpassen und bei allem, was sie taten, über ihre Schulter schauen sollte, und für den Rest des Tages blickte er wirklich über ihre Schulter. In jener Nacht meditierten die Govindas schweigend und überließen die Angelegenheit dem Geschick höherer Mächte.

Am nächsten Morgen hatte der Gouverneur seine Haltung geändert. Die Nonne, mit der die Govindas bereits zuvor zusammengetroffen waren, hatte mit ihm gesprochen und diesen äußerst mißtrauischen Beamten davon überzeugen können, daß die beiden Fremden Anhänger des Buddha und Schüler Tomo Geshes waren.

Ihre Arbeit sei deshalb unterstützungswürdig. Alle lächelten nun, der Dzongpong versorgte sie mit Nahrungsmitteln und gestattete ihnen zu bleiben, mit der Auflage, die Arbeit innerhalb einer Woche zu einem Abschluß zu bringen. Er sorgte sich darüber, daß die Pässe nach Indien bereits vom Schnee blockiert waren und wollte nicht dafür die Verantwortung übernehmen, daß die Govindas den Winter über in Tibet bleiben mußten. Lama Govinda und Li stimmten dem zu und hofften, daß das ungenaue tibetische Zeitverständnis eine gewisse Verlängerung des Aufenthaltes erlauben würde. Bei seiner Abreise gab ihnen der Gouverneur einen Lamyig für die Rückkehr nach Indien und sprach die Hoffnung aus, sie am Fuße des Passes in Indien in Kürze wiederzusehen.

Kurz nach dieser Unterbrechung tauchte ein einzelner Lama auf, der einen wesentlichen Einfluß auf ihr Leben nehmen sollte. Der Abt des Sakya Gompa von Phiyang, ein älterer Mann mit einem schütteren Bart, besaß eine ruhige, würdevolle Ausstrahlung, die die beiden Künstler sofort beeindruckte. Sie unterbrachen ihre Arbeit, saßen vor dem Roten Tempel in der warmen Sonne und sprachen mit ihm. Das Gespräch drehte sich (Lama Govinda zufolge) nur um geistige Fragen, und sie erkannten, daß es sich bei ihm um einen Menschen handelte, der „die wesentliche Botschaft des Buddha in seinem eigenen Leben verwirklicht hatte".

„Was macht es schon, welcher Schule man folgt", sagte der Abt zu den beiden, „es gibt nur eines, das von wirklicher Bedeutung ist: Die Praxis der Meditation." [138]

Die Atmosphäre lockerte sich, ihre Angst schien wie weggeblasen. Seit Wochen hatten die Govindas in einem ständigen Wettlauf gegen die Zeit gearbeitet, in einer ständigen Unruhe, die nun zum Stillstand gekommen war. Hier unter den Felsen und dem Staub einer Wüstenstadt waren sie einem Menschen begegnet, der eine wirkliche spirituelle Persönlichkeit darstellte. Es gab nun keine Eile mehr. Bedauerlicherweise hatte der Phiyang Lama nur kurz seine Pilgerfahrt nach Indien unterbrochen, und da sich ihre Beziehung in Kürze vertieft hatte, bedauerten die Govindas sehr, daß sie nicht mit ihm reisen konnten.

Solche Begegnungen sind nicht so außergewöhnlich, wie es den Anschein haben mag. Die Buddhisten vertraten schon immer die Überzeugung, daß sich ein wahrer Lehrer findet, wenn ein Schüler dazu bereit ist, und in diesem Fall wären die Govindas die ersten gewesen, die ohne Zögern betont hätten, daß sie noch Schüler waren. Obwohl sie zu ihrer Arbeit zurückkehrten und den Wettlauf gegen die Zeit von neuem aufnahmen, zeigte ihre Begegnung mit dem Phiyang Lama ihre Wirkung, denn sie machte ihnen die Bedeutung ihrer Arbeit verstärkt deutlich. Ihre Tätigkeit spielte sich nun in äußerster Regelmäßigkeit ab; der Tag begann beim ersten Sonnenstrahl mit einem kurzen Gebet, einem noch kürzeren Frühstück und einer kurzen Wäsche – nachdem sie das Eis im Eimer zerhackt hatten. Es wurde so kalt, daß ihre Uhren zu laufen aufhörten, und sie litten an Übelkeit und Kopfschmerzen. Als ob sie noch nicht genug Probleme gehabt hätten, begannen zu allem Überdruß der Tierführer und seine Frau damit, die Außenseite der Tempel zu tünchen, was eine noch längere Verzögerung ihrer Arbeit zur Folge hatte.

An einem eisigen Tag Mitte Dezember, tauchte eine Gruppe wild aussehender Reiter auf (obwohl Li in ihrem Artikel schrieb, es wäre nur einer gewesen) und sagte den beiden, sie hätten Tsaparang zu verlassen. Dies war ein Dilemma. Sie benötigten mehr Zeit, denn einige Freskenteile waren nur halbfertig, und die Farben mußten noch aufgetragen werden.

Der Lama griff auf eine besondere asiatische Methode zurück, um das Problem zu lösen und sandte einen Brief an den Dzongpong, in dem er um einige Tage Aufschub bat. Da er wußte, daß es eine Woche dauern würde, bis Antwort eingetroffen war (die wohl mit Sicherheit nicht günstig ausfallen würde), konnte er damit die einzige Verlängerung erreichen, die ihnen möglich war. Es funktionierte. Li vollendete die Kopien der Fresken vom Leben des Buddha sowie eine äußerst interessante Serie von Darstellungen der Tempeleinweihung (in der sich Szenen aus dem täglichen Leben fanden). Der Lama hatte alle Fresken im Weißen Tempel kopiert, ebenso die meisten der Fresken im Roten Tempel. Als die Gebäude schließlich versiegelt wurden, hatten sie vollendet, was möglich war.

Die Leere, die dem plötzlichen Ende ihrer Arbeit folgte, ließ die Govindas keine Begeisterung empfinden. Statt dessen wurden sie Touristen. Zuvor hatten sie keine Zeit für zwanglose Besichtigungen oder persönliche Skizzen gefunden, und deshalb nahmen sie sich nun die Zeit zu photographieren, in den Ruinen herumzuklettern und zu zeichnen, was ihnen interessant schien. Lama Govinda jedoch gingen Gedanken durch den Kopf, sein Gefühl für Romantik ließ ihm keine Ruhe. „Wieder und wieder bewegte mich der Gedanke, daß ein letztes ungelöstes Geheimnis in den Ruinen dieser Königspaläste verborgen sein mußte, und dies der eigentliche Grund war, warum der *Dzongpong* uns an einem längeren Aufenthalt in Tsaparang zu hindern suchte." [139] Neben den anderen Dementis des Gouverneurs beschäftigte ihn vor allem die Aussage, daß es keinen Eingang zu den Kapellen am Gipfel der senkrecht aufsteigenden Felswand vor ihnen geben solle. Sie befand sich vor seinen Augen und schien ihn mit ihrer angeblichen Unzugänglichkeit zu verspotten.

Die Ruinen waren wie ein Irrgarten, Wege erwiesen sich als Sackgasse, Häuser führten zu anderen Häusern – aber der Lama blieb hartnäckig. Er entdeckte einen Haufen aus Felsblöcken, der eine bestimmte Bedeutung zu haben schien und kletterte auf ihn hinauf, kletterte weiter durch eine mit losem Geröll gefüllte Schlucht und fand sich auf einem Plateau am Fuße der Felswand wieder. Zuerst glaubte er, es sei wieder eine Sackgasse, ohne eine Ausgang. Er untersuchte einige der dort gelegenen zahlreichen Höhlen in der Hoffnung, Reste von Artefakten zu finden, vielleicht in dem Gefühl, daß der Gouverneur doch recht gehabt haben könnte. Dann entdeckte er zu seiner Überraschung einen Tunnel, der nach oben führte, und nach kurzer Zeit stand er auf dem Gipfel.

Ich konnte nun sehen, daß der Felsgipfel, auf dem Tsaparang lag, durch zwei tiefe Schluchten aus einem größeren Bergmassiv herausgeschnitten war, und diese Schluchten in den Langchen-Khambab mündeten, über dem sich eine wildzerrissene Kette von Felsbergen in den klaren blauen Himmel erhob. Sie wirkten wie eine Prozession von gotischen Kathedralen, mit unzähligen Türmen und nadelscharfen Spitzen. Hinter ihnen tauchten hier und dort schneebedeckte Gipfel auf, und in der strahlenden Sonne erschien die Landschaft in den transparentesten Farben. [140]

Lama Govinda nahm eine Stille in den vor langer Zeit verlassenen Gebäuden wahr, eine Stille, wie er es nannte, die zwischen Himmel und Erde zu hängen schien, „... und vielleicht deshalb an beiden teilhatte". [141] Die Ekstasen göttlicher Inspiration und die grausamen Leiden, die durch menschliche Gier und Machtlust verursacht werden und die Teil der späteren Geschichte Tsaparangs waren, kamen ihm in den Sinn. Diese Reaktion überrascht nicht, da die großen Heiligtümer Tibets so gebaut wurden, daß das spirituelle Element immer dominierte, obwohl man gleichzeitig die harmonische Balance mit der Natur suchte. Politische wie religiöse Hochburgen waren von den großen Veränderungen jener Zeit betroffen – Kriege, religiöse Strömungen (vor allem in Tsaparang gab es im 18. Jahrhundert christliche Einflüsse), Wechsel der politischen Verhältnisse – die große Mengen an Energie und Denken gebunden hielten. Die Buddhisten sind der Überzeugung, daß dies Jahrhunderte dauern könne.

Lama Govinda betrat in einem der noch fast völlig erhaltenen Gebäude einen halbdunklen Raum und fand sich im Allerheiligsten eines Mysterientempels wieder, in dem das große Mandala enthüllt wird (der „Heilige Kreis Höchster Glückseligkeit"). Dies ist eine der höchsten tantrischen Zeremonien, in der der vollständige Vorgang der Weltschöpfung aus dem tiefsten Zentrum des Bewußtseins enthalten ist.

Die Entfaltung der Formen aus dem formlosen Zustand der undifferenzierten Leere und ihrer unbegrenzten Potentialität, vermittels der Keimsilben feinstofflicher Formkräfte und der Kristallisierung ihrer essentiellen Symbole, Farben und Erscheinungsformen zu einem konzentrischen Bild des Universums, das in immer weiterschwingenden Kreisen oder Ringen sich materielisierender Welten in Erscheinung tritt. [142]

Es stand für Lama Govinda fest, daß dieser stille Raum ein solches Zentrum war, das in dem Schutt und Staub eines Jahrtausends ruhte und die Fresken, die eine außerordentliche Schönheit und Farbtiefe besaßen, betrachtet. (Die Abbildungen dieser Fresken in *Natural History* belegen seinen Bericht und zeigen eine konsequente und routinierte Präzision und einen ausgeprägten Stil.) In diesem Augenblick wurde ihm bewußt, daß dieses Heiligtum Jahrhunderte lang vernachlässigt worden war, aber er meinte später, solch ein Heiligtum sollte durch inneres Handeln, durch Hingabe und geistige Konzentration wiederbelebt werden. Aber dies sollte nie der Fall sein: Tsaparang war seit langer Zeit verlassen und würde es auch in Zukunft bleiben. Die Austrocknung des Landes hatte begonnen, als der indische Kontinent an seine gegenwärtige Position gerückt und mit dem asiatischen Plateau kollidiert war und so begonnen hatte, die Bergkette des Himalaja nach oben zu schieben. Dieser Vorgang hatte Westtibet (und den größten Teil Zentrala-

Bild Li Gotamis von ihrer Heimreise aus Tsaparang – tief in der Schlucht des Langchen-Khambab-Flußbettes

siens) vom Monsunklima des Südens abgeschnitten, was dazu führte, daß ein größeres Gebiet als nur das Königreich von Guge tausende Jahre später verlassen worden war. Der Lama, den diese Erkenntnis ein wenig betrübt gemacht hatte, rezitierte ein Mantra, das Demchog und seine Begleiterin beschwören sollte, deren Einheit die absolute Wirklichkeit, die Bewußtsein erhalten hatte, symbolisiert (ihre Darstellung, die Sammlern asiatischer Kunst als Yab-Yum-Statue bekannt ist, wurde bei der genannten Zeremonie benutzt), und schloß dann hinter sich die Tür. Obwohl er am nächsten Tag Li nach oben brachte, gab es für die beiden kaum noch etwas zu tun.

Wir sollten Tsaparang am 20. Dezember verlassen, aber es gab wie gewöhnlich Verzögerungen und Probleme (schrieb Li in Illustrated Weekly of India*). Nachdem wir unsere Sachen in unserer Hütte zusammengepackt hatten, kamen die Bewohner des Ortes, drängelten und drückten und gaben vor, uns helfen zu wollen, aber in Wirklichkeit wollten sie sehen, was genau sie stehlen hätten können. (Dies war auf dem ganzen Weg ein Problem, wie Lama Govinda in* Der Weg der Weißen Wolken *betont hatte.) Sie wollten alle unsere alten Dosen und Behälter haben, sie sagten, diese wären für sie sehr nützlich und wären anderswo in Tibet nicht zu bekommen.* [143]

10

Der Phiyang Lama

„Unsere ganze Energie wurde von der Anstrengung, uns am Leben zu halten, absorbiert", [144] schrieb Lama Govinda.

In Tsaparang war es kalt gewesen, aber die extrem niedrigen Temperaturen, die auf den Wegen zum Shipki-La und nach Hause herrschten, ließen die verlassene Stadt dagegen als warmen und komfortablen Ort erscheinen. Der heftige, bitterkalte Wind ließ sie bis auf die Knochen auskühlen. Die alltäglichen Aufgaben wurden immer schwieriger. Jeden Morgen wiederholten sie das schmerzhafte Ritual, ihre gefrorenen Zelttücher mit starren Fingern zusammenzufalten. Das Photographieren wurde unmöglich. Lama Govinda schrieb, er hätte einen Hammer benötigt, um Eisstücke aus seinem Bart zu hauen, und Li verglich ihr gefrorenes Taschentuch mit einem Brett.

Weitere Probleme gab es mit ihrem Führer, Lobzang, einem Diener des Gouverneurs. Er war nicht nur ein Trunkenbold und Spieler, sondern er versuchte auch zu allem Übel, sie von der normalen Karawanenstraße abzubringen. In einer Gegend, die so dünn besiedelt war wie jene, konnte dies leicht in einer Katastrophe enden.

Glücklicherweise hatte der Lama in Indien genug Karten studiert, um die Gefahren wahrzunehmen und bestand darauf, auf den normalen Wegen weiterzureisen. Als der anrüchige Führer schließlich endgültig verschwand, engagierten die Govindas einen neuen Helfer, der auf den Namen Sherab hörte, und der mit seinem Anstand und seiner Gewissenhaftigkeit das genaue Gegenteil des Dieners des Dzongpong war. Sherab, ein einfacher, umgänglicher Tibeter, stellte ein Beispiel für all die positiven Eigenschaften dar, die Lama Govinda bei diesem Volk gefunden hatte, und er kümmerte sich um die beiden und schützte sie vor dem offensichtlichen Wucher, mit dem normalerweise die Reisenden konfrontiert wurden.

Das schwierige Winterwetter engte die Auswahl ihres Heimweges ein. Die beiden Pässe, Shering-La und Sarang-La, waren mit tiefem Schnee bedeckt. Deshalb beschlossen die Govindas, den Langchen-Khambab-Fluß (Oberer Sutley) entlangzugehen. Wenn der Fluß fest genug gefroren war, konnten sie auf ihm laufen. Den Tibetern, denen sie begegneten, schien dieser Weg sehr gefährlich zu sein, aber der Lama und Li konnten sich nichts Schlimmeres vorstellen als das, was hinter ihnen lag. Einmal stürzte der Yak, der ihre persönlichen Utensilien trug, über eine Klippe, und es kostete sie einige Anstrengung, wiederzufinden, was möglich war. Um die tibetisch-indische Grenze zu erreichen, mußten die Govindas den Chise-La, den „Paß des Todes", überqueren. Mit typischer Gewissenhaftigkeit berichtete Li, daß sie während der Überquerung sechsundzwanzig Kleidungsstücke getragen hatten, ohne daß es ihnen warm geworden wäre oder sie sich wohl gefühlt hätten.

Am Chise-La war es praktisch das einzige Mal der Fall, daß Li befürchtete, der Lama würde es nicht schaffen. Sie begannen den letzten Aufstieg in knietiefem Schnee, ein Schneesturm blies ihnen ins Gesicht. Am Gipfel drehte sich Li um und stellte fest, daß ihr Ehemann vom Yak heruntergestiegen war und taumelte.

Ich hielt sofort an, rief alle zu Hilfe. Aber niemand kam, und er stolperte nur herum und schwankte und drehte sich um seine eigene Achse, als er versuchte, das Gleichgewicht wiederzuerlangen. Sei Gesicht war aschfahl und sein langer Bart war vollkommen von Eis bedeckt. Als er so herumtorkelte, dachte ich, er würde hinstürzen und sterben. [145]

Li wendete geistesgegenwärtig ihren Yak und eilte ihm zu Hilfe. Der Lama befand sich in einer schlechten Verfassung; seine Kleidung war für dieses Wetter nicht geeignet, und seine Frau dachte, er würde sich zu Tode erfrieren. Sie waren allein. Li half ihm, sich zu bewegen und rief ihm aufmunternde Worte zu. Der Blizzard tobte mit äußerster Stärke und schüttelte sie.

„Ich war vollkommen erschöpft und mir war schlecht vor Angst, als wir schließlich, nach einer Ewigkeit, wie es mir schien, über den Gipfel kletterten und auf der anderen Seite eine niedrigere Höhe erreichten", [146] berichtete Li später. Obwohl sie dieses Erlebnis außerordentlich mitgenommen hatte, konnten sie keine Rast einlegen. Sie mußten in Bewegung bleiben. Endlich kamen sie in ein kleines Dorf namens Rii, in dem sie die Tiere wechselten und sich selbst bei unzähligen dampfenden Tassen voll tibetischem Tee regenerieren konnten. Die Leute erzählten ihnen, daß vor nur zwei Tagen drei Tibeter auf der gleichen Route umgekommen waren.

In Phekar, einige Etappen weiter, begannen sie ihren Abstieg durch das Tal des Langchen-Khambab, ein neues Abenteuer, das in den Aufzeichnungen des Lama erwähnt wurde (er berichtete selten detailliert über seine persönlichen Erlebnisse). Es war ein dramatisches und gefährliches Unterfangen, doch gleichzeitig spürten sie eine intensive Euphorie. Ähnlich wie damals in Dawa Dzong, rettete sie die „absolute Einzigartigkeit" der Situation, in der sie sich befanden. Der Lama schrieb darüber: „(Wir erfuhren) eine Befreiung von allem Gewesenen oder Zukünftigen und somit von aller

Entscheidungsnotwendigkeit und Verantwortlichkeit,... und (genossen) vorbehaltlos die Gegenwart: die Welt, die uns umgab und in der wir völlig auf uns selbst gestellt waren, wie die einzigen Bewohner des Universums."

„Die Wunder einer Reise", so fuhr er fort, „bestehen weit mehr aus solchen undeutbaren Erlebnissen und unerwarteten Situationen als aus Tatsächlichkeiten und Ereignissen materieller Wirklichkeit." [147]

Materielle Wirklichkeiten besaßen jedoch ihren Anteil an der Reise. Die Govindas hatten zwanzig Dorfbewohner als Träger engagiert und machten sich auf den Weg durch die Schlucht, die viel tiefer lag (einige tausend Meter) und im Winter kaum zu begehen war. Lobzang erschien in genau diesem Augenblick erneut in ihrem Leben, nahm unter Tränen von ihnen Abschied und teilte ihnen mit, der Gouverneur hätte ihn beauftragt, sie bis hierher und nicht weiter zu begleiten. Ob er etwa zu viel *chang* getrunken oder wirklich den Eindruck gewonnen hatte, sie seien dem sicheren Untergang geweiht, wußte Lama Govinda nicht. Er wußte nur, daß sie angesichts der Tatsache, daß sie Lobzang zuvor in Untreue verlassen hatte, die Gesellschaft, in der sie sich nun befanden, bei weitem vorzogen. Ihr früherer Führer wurde allein zurückgelassen.

Ihr Abstieg in die Schlucht des Langchen-Khambab durch einige Sand-Fälle begann jäh und unwiderruflich. „Wir setzten uns hin und rutschten den Hügel zum Flußbett hinunter", berichtete Li. „Für uns war dies ein furchtbares Erlebnis." [148] Nachdem sie unten angekommen waren, überprüfte der Lama ihren steilen Abstieg und kam zu dem Schluß, daß sie weitergehen mußten. Sie würden niemals mit all dem Gepäck wieder hinaufkommen. Obwohl die Landschaft dort unten noch unwirtlicher aussah als oben, verspürten sie keine Angst. Weder die Govindas noch ihre Träger wußten mit Sicherheit, ob sie das Eis tragen würde, bis sie den zugefrorenen Fluß wirklich betreten hatten. Das Eis war zerbrochen und zerklüftet, aber es hielt der Belastung stand. Es erwies sich als sehr glatt und Li sorgte sich, daß sie genügend weit kommen würden, bevor ihr Lebensmittelvorrat zur Neige ging.

Lama Govinda, der sich darüber weniger Gedanken machte, berichtete, sie seien von einem seltsamen und unerklärlichen Glücksgefühl erfüllt gewesen. Als es später schneite, waren ihre Träger darüber erfreut; sie begannen ebenfalls, die Situation mit einer größeren Leichtigkeit hinzunehmen – sie konnten ohnehin nichts anderes tun. Der Schnee bedeutete, daß das Wetter besser werden würde, und er erlaubte ihnen, sich auf dem Eis mit größerer Sicherheit zu bewegen – als er sich gesetzt hatte, fügte Li hinzu. Nach der großen Kälte des Hochlandes, wo alles zu Eis gefroren war, aber wo es kaum Schnee gab, wenn man von einigen Gipfeln in der Ferne absah, schrieb der Lama, sie hätten erstaunt festgestellt, wieviel weniger sie die Kälte in dieser wirklichen Winterlandschaft wahrnahmen.

Sie rutschten und schlitterten das Eis entlang und bewegten sich so das Tal hinunter. Wenn das Eis zu dünn wurde, gingen sie am unteren Teil der Talwand, ein gefährliches Unterfangen, da diese oft sehr steil war. Aber Lis Beschreibung des zeitweise sehr dünnen Eises verdeutlicht, warum sie diesen Weg wählten. „Hier und dort tauchten plötzlich tiefe Spalten im Eis auf, auf deren Grund wir das dunkle, strudelnde, rasch dahinfließende Wasser wahrnehmen konnten .. es bewegte sich wie eine mächtige und geheimnisvolle magische Schlange." [149] Von Zeit zu Zeit stürzten Felsblöcke ohne Vorwarnung von oben auf sie herab.

Wegen dieser Erlebnisse fühlten sich die Govindas im dem Moment, als sie die Hauptkaravanenstraße erreicht hatten, ihren tibetischen Gefährten sehr nahe. „Wir alle waren eine einzige glückliche Familie geworden", erinnerte sich der Lama später. Während Li und er selbst etwas ernster waren, so schätzten und bewunderten sie die spontane Unbekümmertheit dieser Menschen. Diese waren stets fröhlich; sie schliefen im Schnee ohne besonderen Schutz nackt zwischen zwei Schaffellen. Als die Tibeter an einer Gruppe von Bäumen vorbeikamen, zündeten sie ein großes Feuer an und saßen essend und singend davor.

Tage später, als die Träger wieder nach Hause zurückkehrten (nachdem sie an einer wilden Hochzeitsfeier teilgenommen hatten), wurde Sherab weiter angeheuert, und er blieb bei den Govindas für die Dauer ihres restlichen Aufenthaltes in Tibet. Nun, da sie auf der Hauptstraße dahinzogen, war es für Sherab leicht, Yaks zu mieten und Lebensmittel zu kaufen. Er führte sie ohne Zwischenfall über den Shipki-La-Paß, worüber Li eine außerordentliche Erleichterung empfand. Dieser Paß, der im Vergleich zu anderen Pässen im Himalaja niedrig war (etwa fünftausendeinhundert Meter), war im Winter gewöhnlich vom Schnee versperrt. Für die beiden Künstler war es verglichen mit ihren andern Paßüberquerungen ein Spaziergang. Von dort stiegen sie in ein wundervolles Tal namens Poo ab. Sie ahnten noch nicht, daß dieses Tal für die nächsten Monate ihre Heimat sein sollte. Sie fanden in einem *Dak*-Bungalow Unterkunft und gaben sich, wie es Li nannte, „allen kleinen Annehmlichkeiten der Zivilisation hin" [150] – Shampoo, Bäder, Liegestühle und einem abwechslungsreicheren Essen.

„Poo sah aus wie jedes andere tibetische Dorf, und die Leute glichen jenen auf der anderen Seite des Shipki-La-Passes, obwohl die politische Grenze, die Tibet von Indien trennt, über den Paß verläuft,[151] erklärte Lama Govinda. Das Tal lag isoliert, es war entweder einen Monat oder zwei Wochen von Simla in Kashmir entfernt, je nachdem, wem man glaubte. Die Pässe nach Süden waren unpassierbar, und Postläufer wurden erst erwartet, wenn die Pässe wieder offen waren – irgendwann im Frühling. Ohne Post konnten die Govindas allerdings keine Unterstützung von außen erhalten, und ihr Geld war nun aufgebraucht. Es begann darüber hinaus heftig zu schneien, und so schlossen sie sich in ihrem Bungalow ein und schrieben Briefe, die nicht abgeschickt werden konnten, und ergänzten in ihre Tagebücher.

Damals wandte sich der Hausverwalter an die beiden, ein alter Mann mit runzligem Gesicht und dünnem Bart. Als Verwalter des Regierungs*daks* erlaubte er ihnen auf eigene Verantwortung, im Bungalow zu wohnen, so lange es nötig war. Geld war ebenfalls kein Problem, da er anbot, ihnen in dieser Hinsicht ebenfalls auszuhelfen.

„Sie können es mir, wenn der Postläufer kommt, oder wann immer es Ihnen genehm ist, zurückerstatten." [152]

Sein Name war Namgyal Ram, und er empfand es als seine Pflicht, den beiden zu helfen. Obwohl er sich nicht von den übrigen Bewohnern Poos unterschied — er trug eine rote handgewebte Robe — so war er doch ein gebildeter und hochgeachteter Nyingma-Lama. Er brachte ihnen sogar seine Bücher, und sie führten am Feuer lange religiöse Gespräche. Sherab nahm trotz der Tatsache, daß er Diener war, an diesen Gesprächen teil, und den Govindas wurde bewußt, was für hingebungsvolle Buddhisten diese Poopas waren. Viele von ihnen waren weit herumgekommen, einige mit dem italienischen Professor Guiseppe Tucci während dessen Tibet-Expedition. Auch die Expedition Moravias war durch Poo gekommen, und Li bemerkte, wieviele Haushalte von den Missionaren Stricken gelernt hatten.

Padmasambhava (der den Buddhismus nach Tibet gebracht haben soll) wurde von Namgyal und seiner Frau ganz besonders verehrt. Für sie und ihre Nachbarn war er nicht bloß eine ferne geschichtliche Gestalt, sondern jemand, der gerade von ihnen gegangen war und jeden Augenblick zurückkommen könnte. Lama Govinda verstand den enormen Einfluß, den er auf die Tibeter ausübte, und betonte, er wäre eine der einflußreichsten Persönlichkeiten der buddhistischen Geschichte gewesen. Ähnlich wie in anderen Fällen glaubte der Lama, diese halb-mythologische, halb-historische Gestalt verteidigen zu müssen. Er erwähnte, daß einige moderne Gelehrte Padmasambhava als Schwarzmagier oder noch Schlimmeres bezeichneten und sagte, dies sei ein Beweis ihrer vollkommenen Unkenntnis der menschlichen Psychologie und der religiösen Symbolik. Würde irgend jemand „es wagen, Christus einen 'Zauberer und Scharlatan' zu nennen, weil er Wasser in Wein verwandelte, böse Geister austrieb, den Teufel besiegte und endlich selbst aus dem Grabe auferstand, nachdem er den Tod am Kreuze erlitten hatte, und angesichts seiner Jünger gen Himmel fuhr?" [153]

Indem er seine Einstellung zu diesem oder einem ähnlichen Thema wiedergegeben hatte, sprach Govinda über andere seltsame Ereignisse jener Gegend. Darunter war die Geschichte, wie sein eigener Guru, Tomo Geshe Rimpoche, ein krankes Mädchen aus dem Dorf ins Leben zurückgeholt hatte und die Geschichte vom Exorzismus eines Mannes, der von einem Dämon besessen war. „Der moderne Mensch mag dies als reinen Aberglauben betrachten", schrieb er, doch er fügte hinzu, daß der Mann von seinem Leiden geheilt worden sei, was auch die Ursache dafür gewesen sein mag. Während dies plausibel klingt, entspricht es seiner Auffassung, die Tibeter seien für psychische Einflüsse mehr sensibilisiert, als die meisten Menschen aus dem Westen. „Sie haben die Fähigkeit noch nicht verloren, mit den Mächten ihres Tiefenbewußtseins zu kommunizieren oder ihre Sprache zu verstehen, die sich durch Träume oder andere Phänomene kundtut." [154] Lama Govindas Autobiographie versucht, die Leser über solche psychischen Einflüsse zu informieren und sie zu ermutigen, eine offenere Haltung ihnen gegenüber zu entwickeln.

Damals geschah etwas, das Govinda erneut bestätigte, wie wichtig es sei, diese psychischen Phänomene zu verstehen. Namgyal berichtete, er hätte im Traum einen Regenbogen über ihrem Bungalow gesehen, ein sicheres Zeichen für ein bevorstehendes glückliches Ereignis. Vierundzwanzig Stunden später stieg ein von den

Strapazen der Reise gezeichneter Lama vor dem Haus vom Pferd; sein lahmes und halb-blindes Pferd konnte kaum noch stehen. Die Nachbarn berichteten, dieser Lama sei von einer langen Pilgerreise zurückgekehrt und müßte ebenfalls warten, bis die Pässe wieder offen seien, obwohl er nach Norden, nach Tibet weiterreisen wolle. Am nächsten Tag besuchte sie der Lama, und die Govindas waren überrascht, wieder den Abt von Phiyang vor sich zu haben. Lama Govinda wollte den Abt nicht fragen, ob er dieses erneute Treffen vorhergesehen hätte, aber er war sich sicher, daß er ihre Gedanken gelesen hatte, denn er bot von sich aus an, die beiden in den fortgeschrittenen Methoden tantrischer Sadhana und der damit verbundenen Yoga-Praxis zu unterrichten.

Der Phiyang Lama war ihr letzter tibetischer Guru. Er folgte den Traditionen und Gebräuchen, die auch ihre früheren Lehrer benutzt hatten und unterrichtete und bereitete die Govindas auf eine esoterische Initiation vor, von der Lama Govinda sagte, sie hätte den Kreis ihrer anderen Praktiken geschlossen. Während draußen Wind und Schnee um das Haus bliesen, ermöglichte dieser würdige und freundliche Lehrer in dem warmen Zimmer, die Vollkommenheit und Harmonie der tibetischen buddhistischen Tradition zu erfahren. Wie oft in seinen Büchern sprach der Lama nie über Details dieser Lehren. Heute können viele dieser tibetischen Praktiken auch im Westen gelernt werden, aber eine richtige Vorbereitung ist dennoch nötig. Der Phiyang Lama hätte sie nicht eingeweiht, wenn er nicht sicher gewesen wäre, daß sie die Einzelheiten und Grundzüge dieser großen Tradition genügend kannten. Der tibetische Buddhismus weist eine intellektuelle Vergangenheit auf, und während er vor allem die Bedeutung der Meditation betont, setzt er voraus, daß das Studium dem praktischen Teil vorausgeht. Einer Einweihung kommt darüberhinaus ein privater Charakter zu. Die Lehrer wissen, daß es nicht leicht ist, das Wesen des rituellen Symbolismus und der rituellen Sprache zu verstehen. Man tendiert deshalb dazu, den Prozeß nicht durch öffentliche Weitergabe der Lehre zu entweihen.

Der Phiyang Lama wollte jedoch nie Menschen ausschließen. Mitte April waren die Bewohner Poos besorgt über die Rückkehr schlechten Wetters, das die Ernte hätte hätte vernichten können, und deshalb baten sie ihn um ein Tsewang (ein spirituelles Reinigungs- und Erneuerungsritual, in dem das Wasser des Lebens beschworen wird). Sie wollten ebenfalls die Ortsgeister beschwören, die Ernte zu beschützen. Am Tag des Rituals war der Hof vor dem *dak* voller Menschen, und Flaggen und Wimpel hingen vom Dach herunter. Ein großer Thron stand vor einer hohen Stützmauer, die mit einem dekorativen Stoffvorhang verhüllt war. Lama Govinda glaubte, niemand hätte den Phiyang Lama als den armen und zerlumpten Pilger wiedererkannt, als der er bei seiner Ankunft erschienen war. Er trug das Gewand eines Abtes, sein Kopf war von einer großen roten Mütze bedeckt, wie sie von Angehörigen des Nyingma-Ordens getragen wurde; der ältere Mann zeigte die Haltung eines Königs.

> *Jeder, der hier gegenwärtig war (erinnerte sich Lama Govinda), konnte fühlen, daß er nicht nur eine unsichtbare Macht anrief, sondern* selbst *zur Verkörperung der Macht geworden war – einer Macht, die er in sich erzeugt und zur höchsten Intensität gesteigert hatte, in einem Zustand tiefer, anhaltender Versenkung und Identifizierung mit einem Sonderaspekt transzendenter Wirklichkeit.* [155]

Diese faszinierende Zeremonie verdeutlichte dem Lama die Bedeutung des religiösen Rituals für eine Gemeinschaft. Er glaubte, es sei falsch, das Ritual durch Predigten und Moralisieren zu ersetzen, eine Auffassung, die er sein ganzes Leben lang vertrat und vertiefte.

Ein Ritual – wenn es von Menschen ausgeübt wird, die durch geistige Schulung und Aufrichtigkeit in der Verfolgung eines hohen Zieles dafür qualifiziert sind – appelliert ebenso an das Herz wie an den verstehenden Geist und bringt die Menschen in unmittelbare Berührung mit einem tieferen und reicheren Leben als dem des Intellekts, in dem persönliche Meinungen und kollektive Dogmen die Oberhand gewinnen. [156]

Schließlich waren die Pässe wieder offen, und ihre Diskussionen mit dem Phiyang Lama und seine Instruktionen kamen zu einem Ende. Poo wurde von Aktivität erfüllt, als das Frühjahr gemeinsam mit der Post im Tal eintraf; ein steter Strom von Reisenden bewegte sich entlang der Straßen. Nur Sherab blieb zurück, da er das Klima des Tieflandes fürchtete, das schon oft das Leben vieler Tibeter gefordert hatte. Es war die Zeit des Abschieds, nicht nur von vielen Freunden, sondern auch von Tibet und seiner Vergangenheit. Als Lama Govinda nach Süden fuhr und dabei an die Einladung seines Lehrers dachte, ihn in seinem Gompa in der Nähe Tsaparangs zu besuchen, war ihm noch nicht bewußt, daß Tibets politische Eigenständigkeit nur noch kurz währen sollte. Näherliegendere Dinge forderten nun seine Aufmerksamkeit, darunter die Sorge um die Gesundheit seiner Pflegemutter. Li Gotami erwähnte Jahre später, daß Anna Habermann im Krankenhaus in Darjeeling lag, und sie von ihr seit einigen Monaten nichts mehr gehört hatten. Trotz ihrer mühsamen Aufgabe in Tsaparang hatten sie nie aufgehört, an sie zu denken.

In geringerer Höhe wurden sie mit Regen und diensteifrigen Beamten konfrontiert. Nach Monaten im Hochland von Tibet hatten sie für die Zedern- und Pinienwälder und die ehemals grünen Berge des nördlichen Kashmir kaum einen Blick übrig. Anfang Juli waren sie in Simla, inmitten der „lauten und geschäftigen Leute", wie sie Li Gotami beschrieb, [157] sahen wieder Autos, benutzten

Tischtücher und aßen Eiscreme. Sie paßten sich diesem Leben an, indem sie ihre schweren tibetischen Kleider ablegten, und Lama Govinda rasierte sich sogar seinen Bart ab, der im Lauf des Jahres gewachsen war.

Später, in New Delhi, erfuhren sie von den aktuellen politischen Ereignissen während eines privaten Frühstücks bei Indiens Premierminister Jawaharlal Nehru. Indira schenkte ihrem früheren Lehrer Tee ein, sprach mit Li über ihre Freunde und lauschte den Geschichten, die die beiden von Tibet erzählten. Lama Govinda hatte in der kurzen Zeit seit ihrer Rückkehr von den aktuellen Ereignissen gelesen. Als sie das Haus des Premierministers verließen, stießen sie beinahe mit Krishna Mennon zusammen, einem Vertrauten Nehrus, der schließlich dessen Verteidigungsminister wurde.

Lama Govinda wünschte ihm einen guten Morgen.

Mennon war überrascht und fragte etwas hochnäsig, ob sie sich jemals zuvor begegnet wären.

Der Lama antwortete: „Ja, ich sehe Sie jeden Tag in den Zeitungen." [158]

11
Gespräche mit Sangharashita

Chinesische Truppen hatten im Oktober 1950 Chamdo und Nordwesttibet überfallen, lange bevor Lama Govinda und Li nach Indien zurückgekehrt waren. Seit Monaten gab es Anzeichen dafür, daß etwas geschehen würde. Die neue Regierung in Peking wollte nicht nachgeben – die alte Ordnung sollte abtreten. China hatte in den letzten Jahrhunderten häufig in Tibet geherrscht, aber der Einfluß (und häufig die Kontrolle), der manchmal stark gewesen war, hatte mit den verschiedenen politischen Dynastien gewechselt. Dieses Mal jedoch ließ eine starre und organisierte Ideologie keine anderen Meinungen zu; die Kontrolle sollte total sein. Gerüchte und Spekulationen griffen um sich, als die tibetische Regierung versuchte, ihren Einfluß zu sichern und begann, die Grenzen zu schützen. Obwohl Kailash und Tsaparang von Lhasa weit entfernt waren, isolierten die Kämpfe das ganze Land.

Lama Govinda und Li fuhren damals durch Westindien, bis sie sich schließlich in Deolali (wo er als Kriegsgefangener inhaftiert war), einem Wohngebiet außerhalb von Nasik, einer kleinen und ruhigen Stadt im Bundesstaat Maharashtra, niederließen. Lis Familie lebte etwa einhundertfünfzig Kilometer entfernt in Bombay, aber der Lama wollte nicht in einer so übervölkerten Stadt, in der zudem ein feuchtes Klima herrschte, wohnen. In Deolali, am Rande des Plateaus von Deccan und am Fuß der Ghat-Berge, ist das Wetter mild und mediterran. Vor vierzig Jahren war Nasik noch ländlicher als heute, und wie in vielen Städten im Landesinneren gab es dort nur wenig Ablenkungsmöglichkeiten.

Diese Bedingungen waren für die Govindas genau richtig, die ja arbeiten wollten und lieber unter sich blieben. Sie wohnten in einem „Torwächterhäuschen", saßen über ihren Zeichenblättern und sortierten und ordneten die Arbeit der letzten Monate; Filme wurden entwickelt und Notizen wurden ins reine geschrieben. Lama Govinda dozierte an der Barnes High School, die in der Nähe lag, während Li damit begann, die Fresken zu reproduzieren, die sie in Tsaparang gezeichnet hatte. Sie benutzte dazu die Farbtafel, die sie mitgebracht hatte und versuchte, die gesamte Serie zu vollenden. Es war ein ehrgeiziges Unterfangen. Es bedeutete, etwa dreißig Bilder in komplizierter Detailarbeit zu erzeugen. Trotz ihres Entschlusses konnte sie nur drei Bilder fertigstellen; sie wurden im Prince-of-Wales-Museum in Bombay ausgestellt. Sie besitzen eine brillante Farbigkeit, sind im Detail sehr lebendig, und allen Bildern ist etwas gemein, das nichts mit dem Buddhismus zu tun hat: die dargestellten Figuren ähneln Li und Lama Govinda.

Im April 1951 begann die *Illustrated Weekly of India* mit dem Abdruck der Artikelreihe Lis über die Tsaparang-Reise. Diese neue Zeitschrift war Sponsor für die Reise und hatte deshalb den Bericht gern veröffentlicht, obwohl Li stets der Meinung war, ihre Artikel seien eine nur unbedeutende journalistische Arbeit im Vergleich zur Arbeit ihres Gatten, doch sie betonte im gleichen Atemzug, ihre Photos und Zeichnungen dienten zur Veranschaulichung dieser Arbeit. Li, oder Madame Govinda, wie sie genannt wurde, suchte stets Anerkennung und war stolz auf ihre Fertigkeiten und ihren wachsenden guten Ruf. Li war ein Mensch, der sehr aufs Private bedacht war, und dies schien ein Widerspruch zu sein — wie kann man öffentliches Interesse erwecken, wenn man nicht in die Öffentlichkeit treten möchte? Für sie war dies ein ständiges Problem, eines, das sie niemals gänzlich löste. Lis Haltung schien jedoch eher als Katalysator zu wirken, statt sie in ihrer Arbeit zu behindern.

Wir wissen nicht, ob der Lama damals viel unterwegs war, aber er war bei weitem nicht inaktiv. Er schrieb für Zeitungen und Zeitschriften, darunter eine Anzahl von Beiträgen für *Stepping Stone*, eine englischsprachige Zeitschrift, die von einem gebildeten und tatkräftigen Engländer namens Sangharashita, der zum Buddhismus konvertiert war, herausgegeben wurde. Lama Govinda ließ keine Gelegenheit verstreichen, um sich mit allen möglichen Erscheinungen des Buddhismus und des buddhistischen Lebens offen und ohne Vorurteile auseinanderzusetzen und das zu akzeptieren, was die Verwirklichung der Erleuchtung förderte. Seine ökumenische Einstellung war im Sinne Sangharashitas. Er erklärte, der Lama ließe sich „nicht mit einer bestimmten begrifflichen Aussage gleichsetzen. Der Buddhismus ist eine Sache der spirituellen Erfahrung und spirituelle Erfahrung kann mit Worten nur sehr begrenzt beschrieben werden." Es war ein Lob in höchsten Tönen, aber nach seiner Laudatio auf die zehnteilige Artikelfolge, die Govinda für seine Zeitschrift geschrieben hatte, war es beinahe überflüssig. In diesen Beiträgen kamen die Tiefe und Reife seiner Gedanken und das Ausmaß, „in dem er den Geist und die schriftliche Überlieferung der Lehre Buddhas trennen kann", zum Vorschein.

Der Artikel über die Lehre Buddhas entsprach den damaligen Interessen des Herausgebers von *Stepping Stone* ganz besonders. Polemische Beiträge in einer unbedeutenden buddhistischen Zeitschrift namens *Buddhist World* forderten das „reine Dharma" und attackierten dabei unverhüllt den Pfad des Mahayana. Dieser theravadische Fundamentalismus betrachtete alle anderen Erscheinungsformen des Buddhismus als Verfälschung und Entartung des einen wahren Pfades, der, wie diese Artikel behaupteten, „ein und für alle Mal den Arhats überliefert ... und seitdem in Ceylon in absolut unveränderter Form bewahrt worden ist." [159]

Sangharashita war über eine solche unversöhnliche Haltung bestürzt, aber er berichtete, sie hätte dazu geführt, daß er eine zunehmend ökumenische Einstellung entwickelt hatte, eine Haltung, die er mit Lama Govinda teilte. Ihr Briefwechsel im vergangenen Jahr hatte eine gegenseitige Achtung bewirkt, aber erst Govindas Artikel über „Buddhismus als spirituelle Erfahrung", im Juli-Heft von *Stepping Stone*, führte beide zusammen. In ihm hatte er geschrieben, es sei notwendig, „öffentlich zu vertreten, daß die einzige buddhistische Einstellung anderen Schulen gegenüber eine ökumenische ist, und Enge und Dogmatismus mit irgendeiner Form des Buddhismus unvereinbar sind". [160]

Im gleichen Heft erinnerte Sangharashita seine Leser daran, daß das Dharma kein Selbstzweck sei, sondern ein Mittel zum Zweck, der Erleuchtung oder Buddhaschaft bedeute. Auch wenn sich ein Mensch für die buddhistischen Schriften nur flüchtig interessiere, so wäre es seiner Meinung nach wohl nötig, dieses Mittel zum Zweck an die veränderten Bedingungen einer modernen Welt anzupassen. Offenbar teilte nicht jedermann diese Auffassung, aber die Kontroverse endete. Es zeigte auf jeden Fall, daß Lama Govinda und Sangharashita darin übereinstimmten, daß eine so einseitige Sichtweise eine wesentliche Hemmschwelle auf dem Weg zu einem richtigen Verständnis der buddhistischen Lehre darstelle. Einige Monate später hatten sie die Gelegenheit, ihre Einstellung zu diesem Thema zu vertiefen, als sie sich zum ersten Mal in Kalimpong, einer kleinen Stadt in den Bergen außerhalb Darjeelings, trafen, wo der englische Buddhist seine Klause bewohnte.

Sangharashita beschrieb die Govindas auf eine sehr lebendige

Art und Weise; dabei hob er ausführlich hervor, wie beide in der Öffentlichkeit auftraten und was sie trugen. Von einigen Korrekturen am Alter und einem Kinnbart des Lamas abgesehen, glich es dem Bild, das die beiden in den folgenden vierzig Jahren abgaben.

Lama Govinda, der zu dieser Zeit über fünfzig Jahre alt war, trug seine vertraute *chuba*, aus einem leichteren Stoff, der sich für das indische Klima besser eignete. Der vertraute Rosenkranz und dessen Anhänger und seine Stola rundeten das Bild ab.

Da er ein verheirateter Lama war, war sein Kopf nicht kahlgeschoren, und sein dünnes braunes Haar war von einer Stirn aus nach hinten gekämmt, die eine ungewöhnliche Erhabenheit und intellektuelle Kapazität signalisierte. Seine Stirn war in der Tat der dominierende Teil seines Gesichts, der in starkem Gegensatz zu seinen eher vollen Lippen und seinem fliehenden Kinn stand. Anderen gegenüber war er zurückhaltend und äußerst entgegenkommend und offenbarte, wie ich bald entdeckte, eine Liebenswürdigkeit, die beinahe ritualhaft wirkte; dabei strahlte er gleichzeitig eine Würde aus, die den Anschein erweckte, er bewege sich stets nur in guter Gesellschaft. Nur das feine Lächeln, das um die Lippen herum in seinem Gesicht geschrieben stand und die Schärfe, die sein Blick gelegentlich ausstrahlte, ließen überhaupt die Lebendigkeit und Feurigkeit vermuten, die in ihm lauerten.

Eine so offenherzige Beschreibung gibt es kaum von religiösen Persönlichkeiten. Normalerweise wird ein eindimensionaler Mensch beschrieben, und der Leser fragt sich, ob dieser Mensch jemals eine normale (oder übliche) Verhaltensweise an den Tag gelegt hatte. Sangharashita ist darin einzigartig, daß er seine Beobachtung an diesen beiden Menschen, zu denen er in einem sehr guten Verhältnis stand, in großer Offenheit schilderte. Wie man vermuten könnte, empfand er Lama Govinda gegenüber eine größere

Nähe als zu Li, die, wie er glaubte, „nur einen Teil der Weisheit und Einsicht (ausstrahlte), die in beinahe jedem Wort, das Lama Govinda sagte, zu finden war." Dennoch schätzte er sie wegen ihrer Lebendigkeit und Intelligenz und wegen ihrer „erfrischenden Unverblümtheit", die häufig fast beleidigend sein konnte. „Sie war äußerst lebhaft", erinnerte er sich, „sie war aber außerdem gesellig und redete gerne, und sie besaß ein klares, klingendes Lachen, das äußerst ansteckend sein konnte." [161] Obwohl sich ihr religiöses Zugehörigkeitsgefühl bei weitem nicht ausschließlich auf den Buddhismus beschränkte (sie war ja als Parsin erzogen worden), war es dem englischen Buddhisten klar, daß sie genug über diese Religion wußte, um an jedem Gespräch mit dem Lama ernsthaft teilzunehmen. Sie war keinesfalls ausgeschlossen.

„Was diese Diskussionen zum Thema hatte, wäre schwer mitzuteilen gewesen" [162], fuhr Sangharashita fort und gab damit einen Eindruck wieder, den ihm später auch andere bestätigt hatten. Trotz der Vertrautheit und Freundschaft, die sich zwischen ihnen aufgebaut hatte, erwies sich der Inhalt ihrer Gesprächsthemen als etwas flüchtig. John Blofeld sagte dies auch, als Li und der Lama ihn in seinem Haus in Bangkok in den siebziger Jahren besucht hatten. Was allerdings immer sofort auffiel, war die Gegenwart Li Gotamis. Ob nun erfrischend („mit ihrem herzensguten Humor und ihrer Bereitwilligkeit, Dinge zu äußern – vor allem mit Hinblick auf einige prominente Persönlichkeiten des Buddhistismus – die sich der Lama nur zu denken erlaubte") [163] oder nicht, so war Li Gotami ganz sicher in dieser Beziehung ein echter Partner und war nie ausgeschlossen.

Lis Präsenz „verstärkte die Beziehung, die zwischen uns entstanden war und ermöglichte uns, freier als vorher zu sprechen, statt hemmend zu wirken", erinnerte sich Sangharashita. Als die wolkenlosen Herbsttage vorübergingen, verstärkte sich sein Eindruck, daß die beiden Gleichgesinnte waren, und er fühlte, daß er mit Lama Govinda mehr gemeinsam hatte, als mit jedem anderen Buddhisten, dem er bisher begegnet war. Von einer besonderen Bedeutung war für beide die Beziehung zwischen Buddhismus und spirituellem Leben einerseits und Literatur und den schönen Künsten andererseits. Sangharashita betonte, die Tatsache, daß sie sich mit Literatur und Kunst beschäftigt hatten, bedeutete nicht, daß sie dies „außerhalb" buddhistischer Aktivitäten (Meditation, Dharma-Studium usw.) sahen. Malerei und Poesie waren ein „integraler Bestandteil des spirituellen Lebens an sich" [164] und standen seiner Meinung nach nicht im Gegensatz zur Praxis des Buddhismus.

„Kunst und Meditation sind kreative Zustände des menschlichen Geistes, sie werden aus der gleichen Quelle genährt, aber es mag den Anschein haben, daß sie sich in verschiedene Richtungen bewegen", [165] sagte der Lama zu ihm und schenkte ihm ein kleines Buch, das er über dieses Thema geschrieben hatte. Während des Gespräches mit einem bekannten Kunstkritiker, das er bei seiner ersten Ausstellung in Allahabad 1936 geführt hatte, hatte Lama Govinda betont, daß es „die Pflicht der jungen Generation ist, eine neue Art von religiösem Menschen hervorzubringen, der von dem Bodhisattva-Ideal beseelt ist, was bedeutet, sich nicht von der Welt abzuwenden, sondern diese mit dem Licht der Wahrheit und Harmonie zu erfüllen." Er wollte nicht, daß Verzicht negativ oder einengend verstanden werden könnte, sondern für ihn ging es darum, „das Geringere zu Gunsten des Höheren zu aufzugeben, Grenzen zu überwinden, um die absolute Befreiung zu erlangen, die das Ziel aller Religionen und, so möchte ich sagen, auch das Ziel der wirklichen Kunst ist." [166]

Es wäre falsch, wenn man glaubte, ihre Gespräche hätten sich immer auf erhabene Themen beschränkt. Lama Govinda war ein begnadeter Universalist, und obwohl er am liebsten über spirituelle Themen sprach, konnte er endlos Geschichten erzählen und humorvolle Beiträge liefern. Er sah sich selbst als Künstler, und seine Kleidung reflektierte seine Vorliebe für Stil und Farbe. Sangharashita erinnerte sich, daß sie die Hauptstraße der Stadt entlanggingen und offenbar „ein farbenprächtiges Bild darstellten, denn das allgemeine Augenmerk richtete sich auf uns. Die Leute sahen uns so intensiv an, daß ich ein wenig verlegen wurde, obwohl meine beiden Begleiter dies als Selbstverständlichkeit betrachteten oder sogar auf sich zurückführten." [167] (Die Govindas trugen erstklassige seidene Brokat-*chubas* und Sangharashita eine Mönchsrobe.) Bei Vortragsreisen in Europa und den Vereinigten Staaten verursachten die Govindas immer Aufsehen, wenn sie einen Raum voller konventionell gekleideter Menschen betraten.

Bevor das Paar nach Ghoom aufbrach, organisierte Sangharashita für beide Begegnungen mit seinen Freunden von der YMBA (Young Men's Buddhist Association) und der Gemeinde seiner früheren (englischen) Landsleute. Gleich nach der Unabhängigkeit lebten viele Besitzer eines britischen oder Commonwealth-Passes bis 1984, als Visa eingeführt wurden, auf dem indischen Subkontinent. In den Bergregionen, vor allem in Simla und Darjeeling, ließen sich hunderte von Beamten im Ruhestand und andere Menschen, die durch den Krieg hierher verschlagen wurden, nieder. Viele wurden von der Schönheit und Ruhe der Gegend angezogen und zogen diese den feuchten Regionen im Süden und den kalten Ebenen Europas vor. Andere blieben dort, nachdem sie an der spirituellen Lebensweise im Himalaja Gefallen gefunden hatten und dort einen ruhigen, billigen Ort zum Leben antrafen, der für ihre Suche geeignet schien.

Ihre verschiedenen Treffen zu Tee und Vorträgen erwiesen sich als anregend, aber Lama Govinda war nicht da, um das gesellschaftliche Leben zu genießen. Anna Habermann war einige Monate vorher in einem Krankenhaus des Ortes gestorben, und ihm kam die Aufgabe zu, „The Pines" aufzulösen und seinen Besitz mitzunehmen. Nebel lag über Ghoom, als sie dort ankamen, die Wolken schienen sich dort zu konzentrieren, auch wenn der Himmel im benachbarten Umland klar war. Das Haus war klein und dunkel, und das Grundstück, „auf dem Pinienbäume standen, deren Nadeln eher tuschschwarz als dunkelgrün waren", wirkte wenig einladend. Von dicken Wolken umgeben war es im Haus natürlich kalt und feucht. Die drei verbrachten Stunden vor einem kleinen Holzkohlenfeuer und versuchten, sich zu wärmen.

Unter solchen Umständen waren Gespräche natürlich ihre Hauptbeschäftigung, und die Nähe, die zwischen ihnen entstanden war, vertiefte sich. Eines Tages, als das Wetter sich etwas gebessert hatte, machten sie einen Spaziergang zum Kloster von Ghoom, und der Lama erklärte, wie man erst einer Form der spirituellen Praxis folgen könne, dann einer anderen, je nachdem, auf welchem Entwicklungsstand des spirituellen Lebens man sich befinde. Lama Govinda betonte, daß man die alte Praxis nicht gegen die neue eintausche, sondern daß „die neue Praxis die alte ergänzt und beide in einer höheren Einheit integriert. So wird die Meditation oder spirituelle Praxis im Laufe der Jahre schließlich immer reichhaltiger und komplexer." Der Lama sprach mit Sangharashita über Meditation in bezug zu Raum und Zeit. „Bisher", sagte der englische Buddhist, „hatte ich geglaubt, es gebe einen Fortschritt von einer Stufe oder Ebene zur nächsten. Nun sah ich es als eine Entfaltung aus einem Punkt immer zentralerer Bedeutung zu einer stets zunehmenden Zahl unterschiedlicher Aspekte und Dimensionen."[168]

12
Dr. Evans-Wentz

In Deolali nahm das Leben wieder seinen gewohnten Lauf. Ihre Bedürfnisse waren gering, seine Lehrverpflichtungen an der Barnes High School nahm täglich nur einige Stunden in Anspruch, und es gab Wochen, in denen die Govindas nur malten und schrieben. In Indien ist es einfach, einen kleinen Haushalt zu führen; einige Diener, die nur einen Teil des Tages arbeiten brauchen, kümmern sich um alle nebensächlichen und eintönigen Dinge. Lama Govinda arbeitete an seinen Aufzeichnungen und Skizzen, eine Arbeit, die nun um das Material aus Ghoom ergänzt worden war. Zum ersten Mal seit Jahren verfügte er über alle seine Unterlagen an einem Ort und verfeinerte das, was er gelernt hatte und suchte dazu alles, was er brauchen konnte. Das Ergebnis war eine weltweite Flut von Artikeln in Zeitungen und Zeitschriften sowie Vorträge, die er auf diversen Konferenzen und an Universitäten hielt.

Während einer Fahrt nach Sanchi, im November 1952, kündigte Lama Govinda die Gründung des westlichen Teils des Arya Maitreya Mandala-Ordens an, der Gesellschaft, die er gemeinsam mit Tomo Geshe Rimpoche beinahe zwanzig Jahre zuvor gegründet hatte. Beide Männer erfüllte danach der Wunsch, daß sich der Orden vergrößere, in der Hoffnung, zu einer weltweiten Bruderschaft zu finden, die auf einer gemeinsamen Gesinnung und gemeinsamen Symbolen und Ritualen basiere. Gleichzeitig kündigte auf der anderen Seite des Erdballs sein Schüler, Ehrw. Dupa Kassapa (Hans Ulrich Rieker), in Berlin die Gründung des Westlichen Ordens an und stellte die drei Aufgaben der Gesellschaft vor:

1. Verwirklichung des Dharmas durch eine buddhistische Praxis und konstante Arbeit an sich selbst
2. Unterstützung der Menschen, die die Lehre des Erleuchteten ernsthaft verstehen möchten und Unterweisung in der Praxis
3. Entwicklung von Methoden der religiösen Praxis unter besonderer Berücksichtigung der psychologischen Vorbedingungen im Westen

Es war ein ehrgeiziges Unterfangen, und Lama Govinda hoffte, es würde in Europa und den Vereinigten Staaten, wo er ein großes Interesse am Buddhismus wahrnahm, auf fruchtbaren Boden stoßen.

Kurz danach erhielt er die deutsche Ausgabe von Evans-Wentz-Version des *Tibetanischen Totenbuches*. Lama Govinda las es mit Freude, denn es waren Jahre vergangen, seit er Evans-Wentz zuletzt gesehen hatte: Der Krieg hatte sie auseinandergebracht, und beide hatten sich aus den Augen verloren. Obwohl die englische Version bereits 1927 veröffentlicht worden war, hatte sie der Lama seltsamerweise nie gelesen, und er berichtete, er hätte von ihrer Existenz nur durch eine wenig schmeichelhafte Kritik erfahren, die zehn Jahre zuvor erschienen war. Ihre Bedeutung wuchs für ihn, als er unter seinen Besitztümern aus Ghoom einen tibetischen Blockdruck des *Bardo Thödol*, wie das Buch normalerweise genannt wird, entdeckte. Es war auf seltsamen und mysteriösen Wegen in seine Hände gelangt, wie es so oft in Indien geschehen kann. Als er sich nicht in „The Pines" aufhielt, hatte seine Pflegemutter einen tibetischen Mönch zu Besuch, der ihr das Buch für ihren Sohn gab, statt um irgend etwas zu bitten. Seit Jahren war es in seinem Stoffumschlag gelegen, ohne daß sein Inhalt bekannt gewesen wäre.

Als Lama Govinda die beiden Ausgaben verglich, fielen ihm einige Unterschiede auf. Während die deutsche Übersetzung der englischen Übersetzung „im allgemeinen sinngemäß dem ursprünglichen Blockdruck folgte, unterschied sie sich von ihm an vielen Stellen." [169] Die Zahl der Fehler, nie offen zugegeben, war beträchtlich. Verwundert schrieb der Lama an den europäischen Verlag und bot ihm an, die nächste Ausgabe anhand seines tibetischen Originals zu revidieren — vorausgesetzt, der deutsche Übersetzer und Dr. Evans-Wentz wären damit einverstanden. Bevor der Verlag jedoch eine neue Ausgabe des *Tibetanischen Totenbuches* herausgeben konnte, bot Lama Govinda an, ein Buch über tibetische Mystik zu schreiben. Ein Vertrag wurde geschlossen, und er begann, eine Reihe von Büchern zu schreiben, was seinen späteren Ruf als buddhistischer Schriftsteller begründete.

Während dieser Verhandlungen fand Lama Govinda heraus, daß Dr. Evans-Wentz in einem kleinen Hotel in San Diego lebte. Wegen des Krieges hatte er Indien verlassen und seitdem in demselben einfachen, engen Raum gelebt. Evans-Wentz, der nicht ein Mensch war, der das Nichtstun liebte, verbrachte seine Zeit damit, einen Berg in der Nähe der mexikanischen Grenze zu kaufen, zu forschen und für theosophische Zeitschriften zu schreiben.

Evans-Wentz hatte die Probedrucke von *The Tibetan Book of the Great Liberation*, dem letzten Buch seiner tibetischen Reihe bei Oxford University Press, auf seinem Schreibtisch. Er korrespondierte ebenfalls mit C.G. Jung, der an diesem neuen Buch Interesse gezeigt hatte und der anbot, für die erwartete dritte Auflage des *Tibetanischen Totenbuches* einen Kommentar aus psychologischer Sicht zu schreiben.

Statt über die Entdeckung Lama Govindas entrüstet zu sein, war Evans-Wentz dafür dankbar, und er schickte sofort Oxford University Press die Korrekturen und bat den Verlag, diese in der neuen Ausgabe unterzubringen. Der Verlag lehnte jedoch ab. Evans-Wentz verlangte ein wenig zu viel, denn der Satz des Buches war bereits beendet, und die Korrekturkosten wären sehr hoch gewesen. Er schlug jedoch vor, Lama Govinda solle ein einführendes Kapitel schreiben und in ihm die wesentlichen Änderungen beschreiben. Dies genügte beiden nicht, denn beide wollten das Buch dem Standard der modernen Tibetologie angleichen. Evans-Wentz war sich dessen bewußt, daß das *Bardo Thödol*, das er und der verstorbene Lama Kazi Dawa-Samdup benutzt hatten, eine handschriftliche Kopie gewesen war. Er war mit Lama Govinda einer Meinung, daß die Blockdruck-Ausgabe eine bessere Quelle sei. Leider hatte sich der europäische Verlag nach dem Tod des Besitzers aufgelöst und die revidierte deutsche Version war erst viel später veröffentlicht worden. Die beiden Männer mußten auf den Vorschlag von Oxford University Press eingehen.

Lama Govindas Einleitung konnte nichts wesentliches Neues beitragen. Nach einer langen Diskussion über die Vorgehensweise beim Studium dieser Arbeit machte Lama Govinda deutlich, daß die Blockdruck-Fassung die korrektere sei, die unter der Aufsicht glaubwürdiger Übersetzer und Gelehrter erstellt worden war. Drucke wurden in Tibet nur von religiösen Autoritäten erstellt, und dies geschah nur mit höchster Zustimmung; Fehler reduzierten sich so auf ein Minimum. Deshalb beschrieb Lama Govinda die erforderlichen Voraussetzungen und den nötigen Hintergrund, die jene besitzen sollten, die das Buch studieren wollten und schloß darin jede mögliche Kritik gegenüber Oxford University Press ein. Spirituelle Ignoranz sei ein wesentlicher Stolperstein, und er betonte darüber hinaus, was seiner Meinung nach das Versagen der „modernen Haltung" sei.

Ein Gelehrter wird für um so kompetenter („wissenschaftlicher") gehalten, je weniger er an die Lehren glaubt – oder sich mit ihnen identifiziert – die zu interpretieren er sich vorgenommen hat. Die traurigen Resultate sind nur allzu augenfällig, besonders im Gebiet der Tibetologie, an das solche Gelehrte in der Überzeugung ihrer eigenen Überlegungen herangetreten sind, wodurch sie gerade dem Ziel ihrer Bemühungen im Wege standen. [170]

Er trat für Dr. Evans-Wentz und Lama Kazi Sawa-Samdup ein, die die „von altersher geübte Methode der *Lotsawas* (wie die Übersetzer heiliger Texte in Tibet genannt wurden)" [171] wieder anwandten. Er hätte selbst leicht eine neue Übersetzung des Originals in seinem Besitz anfertigen können, aber er wollte „Evans-Wentz nicht seiner Autorschaft berauben, in dem ich einen wirklichen Freund gefunden hatte. Vor allem, da er der erste gewesen war, der diese bedeutende Schrift entdeckt hatte." [172]

Die Dankbarkeit dafür, daß er Evans-Wentz geholfen hatte, ließ nicht lange auf sich warten. Er machte das Angebot, sein Haus in den Nähe des Kasar-Devi-Gebirgskammes Lama Govinda und Li Gotami zu überlassen, nachdem er sich seit längerer Zeit mit inkompetenten und wenig hilfreichen Verwaltern herumgeärgert hatte, nicht zu vergessen mit dem allgemeinen Problem, ein Haus zu besitzen, das weit abseits liegt. Evans-Wentz hatte sich seit Jahren darüber beklagt, daß er niemanden in Indien kannte, der sich um den Besitz gekümmert und dem er hätte trauen können, und der Rechtsanwalt, der für das Ganze verantwortlich war, konnte kaum Zeit für die Verwaltung seines Grundstückes erübrigen.

Für Lama Govinda war es ein Wendepunkt in seinem Leben. Er hätte nie wieder mit der beengten Lebensweise des indischen Subkontinents kämpfen und sich nie mehr über eine unangenehme Umgebung oder launische Hausbesitzer ärgern müssen. Li Gotami fühlte, daß ihnen eine Zuflucht angeboten wurde, in ihren Augen eine äußerst noble Tat. Als Parsin, Mitglied einer Gemeinschaft, die in Indien seit hunderten von Jahren im Exil lebt, bedeutete eine solche Geste sehr viel. Es war der Beginn ihres produktivsten Lebensabschnittes. Lama Govinda beschrieb dieses Gefühl in *Der Weg der Weißen Wolken* folgendermaßen:

Ein Blick, ein paar leicht hingeworfene Worte, die Bruchstücke einer Melodie, deren Klänge durch die Stille eines Sommerabends an unser Ohr getragen werden; ein Buch, das zufällig unseren Weg kreuzt, ein Gedicht, ein erinnerungsbeladener Duft – solche unscheinbar zufälligen Eindrücke können Impulse hervorbringen, die unser ganzes weiteres Leben ändern und bestimmen ... [173]

Seit dem Krieg hatte sich in Almora nur wenig geändert und noch weniger in „Crank's Ridge". Die Isolation dieses Ortes war seit dem Abzug der englischen Truppen und Beamten noch größer geworden; es gab immer weniger Gründe, dorthin zu fahren, außer diesen Flecken zu besichtigen. Jenseits der Ortsgrenze gab es keine Straßen. Auch wenn Almora eine lokale Verwaltung und einen kleinen Militärposten beherbergte, so diente dieser Ort sonst im wesentlichen nur den umliegenden Bauern und Händlern als Einkaufsmöglichkeit. Lama Govinda, der dort kein Fremder war, war mehrere Male da gewesen, und der Ort hatte als Ausgangspunkt für seine Reise nach Tsaparang gedient.

Der Umstand, daß die Gegend abgelegen und isoliert war, bedeutet nicht, daß zugleich soziale Kontakte fehlten. Es hielten sich noch immer einige Europäer und Amerikaner dort auf, die in der Stadt und den umliegenden Bergen und Hügeln lebten. Krishna Prem, der Engländer, der Hindu-Mönch geworden war, wohnte fünfundzwanzig Kilometer entfernt in der Nähe eines Bergpfades; Earl Brewster besaß ein großes Haus in den Bergen, voller Bücher und Gemälde, und in einer kleinen Hütte in der Nähe eines Kali-Tempels lebte Alfred Sørenson (Sunya), sein einsiedlerischer, etwas stiller Freund aus Shantiniketan. In der Stadt unterhielten die Boshi Sens immer noch ihre Versuchsfarm, die als Treffpunkt für alle ihre entlegen wohnenden Freunde diente. Einige britische Beamte und Missionare im Ruhestand bildeten eine gleichbleibende, wenn auch exzentrische Gruppe von Menschen, die durch ihre große Liebe zu den Bergen und zum Leben in der Einsamkeit hierhergeführt worden waren.

Die Govindas lebten mehrere Jahre relativ isoliert, ihr kleiner Bungalow mit dicken Mauern thronte wie ein Fort am Rande des Bergkammes. Der Besitz Evans-Wentz' war nicht nur sehr einsam gelegen, die Umgebung des Grundstücks war zudem sehr schön. An seinem südlichen Ende fiel das Grundstück viele hundert Meter tief über eine Reihe von terrassenartig angelegten Feldern ab, und im Norden dominierte am Horizont der Nanda Devi. Dörfer und dunkle Waldstriche zeichneten sich auf den fernen Hügeln ab, und die wenigen Wanderer, die hierher kamen, mußten einen steilen, von Büschen bewachsenen Abhang passieren. Obwohl nachts in der Nähe noch immer Leoparden herumstrichen und Affen auf den Pimentbäumen saßen und Lärm machten, war es doch ein sehr ruhiger und friedlicher Ort.

Li Gotami war zunächst weniger beeindruckt. Kasar Devi war klein und schmutzig und besaß keine der Annehmlichkeiten, die das Leben erleichtern können. Wasser gab es aus einer Quelle, die eine Terrasse tiefer lag, und Strom war nicht vorhanden. Sunya, der in der Nähe in seiner Hütte lebte, berichtete, Li mochte das Leben dort überhaupt nicht. Dies war verständlich; allein lebende Freunde suchten ein Leben, das sich mit ihren — oder den Vorstellungen jeder Frau — nicht vereinbaren ließ. Leute wie Earl Brewster besaßen genug Geld, um sich ein wenig mehr Komfort leisten zu können. Boshi Sen hatte während vieler Jahre seine Farm aufgebaut und erlebte nun den Erfolg seiner Mühen.

Evans-Wentz seinerseits betrachtete ihren Umzug als neue Aufgabe. Er mochte vielleicht zehntausend Kilometer entfernt davon leben, aber sein Rat und seine Gedanken galten Kasar Devi.

(Er schrieb an Lama Govinda:) Alles sollte eines nach dem andern geschehen. Um zu verhindern, daß Unbefugte den Besitz betreten, rate ich euch, alle Mauern zu erneuern und alle Eingänge zum Grundstück mit Ausnahme dessen gegenüber der Läden zu schließen, der über einen ansteigenden Pfad zum Kasar Devi- und Shiva-Tempel an der Spitze des Hügels hinaufführt ... baut ein Holztor und schließt und öffnet es nur, wenn Besuch kommt. Dies wird den Diebstahl von Wasser verhindern. Es gibt unterhalb des Grundstücks sehr viel Wasser, wie ihr sehen werdet, und es gibt keinen Grund, das Grundstück zu betreten, um Wasser zu holen. Somit ergibt sich keine Benachteiligung anderer. Du wirst die Notwendigkeit der Einsamkeit für Meditation und Ashram-Leben selbst erkennen.

Evans-Wentz wollte, daß die Govindas Gras, Kastanien und Früchte, die auf dem Grundstück wuchsen, verkaufen sollten, um damit den Besitz zu unterhalten. Nachdem alles besprochen worden war und er den beiden seine Wünsche mitgeteilt hatte, hieß er sie dort willkommen. „Es wäre töricht zu erwarten, daß ihr körperlich in der Hitze des indischen Tieflandes euer Bestes leisten könntet." [174]

In den nächsten Monaten fand ein reger Briefwechsel statt, als die beiden mit der Restauration des Grundstückes begannen. Beide schrieben an ihren Mäzen und teilten ihm unabhängig voneinander den Stand der Dinge mit, und was sie taten, um das

Die Govindas   Die Govindas vor der Evans-Wentz' Stupa in Kasar Devi

Grundstück zu verschönern. Ein *chowkidar* (Wächter) war das Anliegen aller, und der Gelehrte aus Oxford riet den beiden, „das Konkurrenzverhalten der Dorfbewohner (zu) berücksichtigen; einige der Leute in Kasar Devi sind nicht so vertrauenswürdig, wie es den Anschein haben mag." [175]

Der Umzug kostete viel Zeit. Nichts in Indien geschieht mit Eile, und ein neues Heim einzurichten, bildet keine Ausnahme. Eins führt zum anderen, und ein Problem wird erst gelöst, wenn ein anderes auftaucht. Der Pfad, der zur Stadt führte, war die einzige Verbindung mit ihr, und alles, was die Govindas besaßen oder gekauft hatten, mußte von Trägern oder Eseln nach oben getragen werden. Li und der Lama lernten diesen Pfad unter allen klimatischen Bedingungen kennen. Es war allgemein bekannt, wie schlecht dessen Zustand war, und Gerüchte waren in Umlauf, daß das Straßenbauamt plante, ihn zu reparieren, aber manche Leute witzelten darüber, daß dies ohne Zweifel erst der Fall sein werde, wenn sie alle längst ins Nirvana eingegangen wären. Es gab in Crank's Ridge keine Läden oder Märkte; wenn etwas fehlte, mußten sie fünf Kilometer nach unten steigen, um es zu kaufen. Reis, *dal* und *atta* wurden in großen Mengen gekauft, Petroleum in Kanistern. Wenn alles bestellt war, mußten sie sich um den Transport nach oben kümmern. Ein Einkauf konnte so gut einen ganzen Tag in Anspruch nehmen, und die Govindas blieben dann bei den Sens („Mittagessen um eins, Tee um fünf" lautete die Einladung). [176]

„Gertrude Sen war unsere beste Freundin", erzählte mir Li. „Und Boshi! Boshi war ein richtiger Spaßvogel. Über alles konnte er seine Witze machen. Wir brachten ganze Abende damit zu, über Nichtigkeiten zu lachen."

Gertrude Sen half Li dabei, ihre Kindergeschichten und Reiseaufzeichnungen zu veröffentlichen. Sie war für Li eine Art literarischer Mentor, und Mitte der fünfziger Jahre schickte sie ihr einen Brief nach dem anderen, um sie zu harter Arbeit anzutreiben und zu ermutigen, nicht damit aufzuhören. Gertrude Sens bedrängte ihre amerikanischen Verlegerfreunde förmlich, Lis „Letters from Tibet" zu lesen. Sie sagte zu Li: „Ich glaube, Dein Buch sollte mehr als nur ein Reisetagebuch eines Künstlers sein, denn Du und Govinda, Ihr seid anders." Sie teilte ihr mit, daß die Bittbriefe an ihre amerikanischen Freunde zu keinem Erfolg geführt hatten, da in Amerika die Verleger damals gerade eine Flaute erlebten, die sie auf ein „zunehmendes Desinteresse am Lesen (zurückführte), das von Radio und Fernsehen noch verschlimmert wird". Populäres, kulturell Minderwertiges sei wichtiger geworden als ernsthafte Bücher. [177]

Gertrude Sen, ein lebendiger und humorvoller Mensch, war immer offen und verschwendete keine Zeit mit Leuten, die sie nicht leiden konnte. Sie mochte einen entweder oder sie mochte einen nicht, aber ein Besucher erhielt immer eine Tasse Tee. Sie hatte einen Großteil ihres Lebens mit Reisen und Schreiben zugebracht, und sie kannte alle spirituellen Bewegungen und möglichen Abenteuer, denen man in Asien begegnen konnte. Frau Sens hatte Li immer als Freundin betrachtet und sie von Anfang an gebeten, sie zu besuchen, wenn immer es ihr möglich war. Beides waren Frauen, die wußten, was sie wollten, und die Tatsache, daß sie Freunde wurden, läßt sich ebenso auf ihren starken Willen zurückführen, wie auf die Tatsache, daß sie einander nicht als Rivalinnen empfanden.

Ein Konkurrenzverhalten hätte man in dieser Stadt am wenigsten vermutet. Li begann damit, die Leute zu bitten, sie Madame Govinda zu nennen, und im Laufe der Jahre half und unterstützte sie ihren Mann, wo immer sie konnte. Sie verwaltete das Anwesen und sprach mit den Bauern, wenn diese zur Ernte kamen oder ihr Vieh weiden ließen. Li kümmerte sich um die Wasserprobleme und die Renovierung von Grundstück und Haus. Li, die in Indien geboren und aufgewachsen war, besaß Verhandlungsgeschick und einen Blick für überteuerte Preise und sorgte so dafür, daß ihre begrenzten Mittel nicht die Taschen der lokalen Händler füllen konnten.

„Ein solcher *banya*!" rief Li und benutzte damit einen einheimischen Ausdruck für einen klugen (und manchmal gerissenen) Geschäftsmann und drückte damit gleichzeitig Ärger wie Bewunderung aus. [178]

Dies alles läßt sich auf Lis Vergangenheit zurückführen. Man sollte jedoch nicht vergessen, daß ihr Sinn für diese praktischen Dinge ihre gemeinsame Ruhe ermöglichte und ihnen Raum für ihre Arbeit gab. Sie wurde dabei von Dr. Evans-Wentz ermutigt, der selbst abgeschieden lebte, und durch ihre Anstrengungen wurde Kasar Devi langsam ein Ort des Studiums, wenn auch nur für zwei Menschen. Dies war an sich bereits eine kuriose Situation; Evans-Wentz hatte seinen Nachbarn mitgeteilt, er wünsche keine Frauen in seinem Ashram. Sunya dachte, der Gelehrte aus Oxford hätte nichts von Lama Govindas Heirat gewußt, als er das Angebot machte, er könne in Kasar Devi leben. Die Ironie der Lage wuchs um so mehr, je länger Li dort lebte und seinen Namen und Besitz verteidigte. „Es ist geschehen", schrieb Evans-Wentz an den Dänen. „Laß Dir keine grauen Haare darüber wachsen." [179]

Lama Govinda war nach seiner Ankunft nicht weniger aktiv. Im Gegenteil, es hatte den Anschein, seine Aktivitäten vergrößerten und intensivierten sich. Durch viele Jahre des Studiums hatte er über die Grundlagen des Buddhismus immer mehr gelernt. Durch seine Kenntnisse des Pali und der tibetischen Sprache verstand er besser, wie diese Ideen und ihre verschiedenen philosophischen Schulen entstanden waren. Er war der Meinung, Verständnis käme durch Erfahrung, ein bloßes Studium reiche nicht aus. „Abstrakte Wahrheit ist wie Dosennahrung ohne Vitamine, die unseren Geschmack zwar befriedigt und auch den Körper für eine Zeit aufrechterhält, von der wir aber nicht auf die Dauer leben können." [180]

Diese Auffassung betonte er stets sich selbst und seinen Lesern gegenüber. Lama Govinda bemerkte, daß der „Achtfache Pfad des Buddha nicht mit rechter Rede, rechtem Tun und rechter Lebensweise (beginnt), sondern mit rechter Erkenntnis". Dies bedeutete für ihn nicht, ein überliefertes Dogma oder eine Glaubensüberzeugung einfach zu akzeptieren, sondern für ihn war es die „unvoreingenommene Einsicht in die Natur des Daseins und der Dinge und der sich daraus ergebenden Zielsetzung". „Wir sollten uns die Tatsache des Leidens vergegenwärtigen", schrieb er. „Wenn wir dies tun, so werden wir entdecken, daß die Ursache für das Leiden in uns selbst begründet liegt, und wir selbst aus diesem Grund das Leiden überwinden können. So erlangen wir das Wissen um das edle Ziel der Befreiung und um den Weg, der zu ihrer Verwirklichung führt." [181]

An einem ruhigen Morgen, an dem die Sonne durch das Fenster schien, konnte man den Lama in seinem winzigen Arbeitszimmer an einem kleinen Schreibtisch sitzen sehen. Tag um Tag arbeitete er an Artikeln und Geschichten, die ihren Weg in indische und europäische Zeitschriften fanden. Es hatte den Anschein, daß seine früheren schriftstellerischen Versuche, theoretische Übungen, die durch die Zeit in Tibet und im Internierungslager nicht beeinträchtigt worden waren, ihn darauf vorbereitet hatten. Lama Govinda begann, seine Meinung mitzuteilen.

Er schrieb über die Ausgabe des *Tibetanischen Totenbuches* von Evans-Wentz: „Eine philologisch korrekte Übersetzung." Dies war ein diplomatisches Lob in Anbetracht der Fehler, die er entdeckt hatte, aber er sprach damit dem Herausgeber ein Kompliment dafür aus, daß er dem Leser „ausführliche Anmerkungen, die den Haupttext kommentierend begleiten", mitgegeben hatte. Privat bemerkte er, Evans-Wentz habe eine „Schwäche für Fußnoten", aber er wollte nicht so weit gehen und den Vorschlag machen, diese zu kürzen. Stattdessen lobte er die „leichtverständliche" Einleitung (die Evans-Wentz „gern geschrieben" habe), denn sie beschreibe den „spirituellen und historischen Hintergrund, bevor sie den Leser auf die Tiefsee der Originaltexte losläßt". [182]

Dieses Vorgehen war Lama Govindas Meinung zufolge notwendig, denn der Haupttext wäre wegen seines unvertrauten Stils und seiner Terminologie wohl ohne Beachtung geblieben. Es war die erste bedeutende Übersetzung tibetischer Schriften, und es war notwendig, die symbolträchtige Sprache klar zu interpretieren. Spätere Kritik an der archaischen Sprache Evans-Wentz' tauchte auf, und seine Bezüge zum Christentum konnten den Lama nicht beeindrucken. Er war immer der Auffassung gewesen, der Doktor habe einen intuitiven Sinn für das besessen, was wichtig war, ganz im Gegensatz zu einigen seiner Zeitgenossen, die, Govindas Meinung nach, mehr die Qualität in der Quantität suchten.

Lama Govinda hielt sich mit seiner Kritik auch an C.G. Jung nicht zurück. Er fand, Jung betone die Trennung von Ost und West in seinem psychologischen Kommentar zum *Tibetanischen Totenbuch*, während Evans-Wentz alles daransetzte, das Gegenteil zu zeigen. Wenn Jung Yoga-Experimente mittels einer westlich-psychologischen Terminologie beschrieb, so hieß dies, „diese Erfahrungen auf eine Ebene herunterzuholen, wo sie ihre Bedeutung verlieren und so ihres Wertes beraubt werden." [183]

Der Lama schloß keinen Kompromiß, wenn es um ein „richtiges Verständnis" ging. Die Öffentlichkeit sah sich mit einer ganzen Reihe von Büchern und Berichten über Tibet und den tibetischen Buddhismus konfrontiert, von denen viele mehr Abenteuerromane waren. Die chinesische Invasion und nachfolgende Besetzung Tibets standen nun in den Schlagzeilen, aber ein wirkliches Verständnis des Landes und seiner Traditionen gab es kaum.

(1956 schrieb er in Grundlagen tibetischer Mystik*): Die Bedeutung der tibetischen Tradition für unsere Zeit und für die geistige Entwicklung der Menschheit liegt darin, daß Tibet das letzte lebendige Glied ist, das uns mit den Kulturen einer fernen Vergangenheit verbindet. Die Mysterienkulte Ägyptens, Mesopotamiens, Griechenlands, der Inkas und Mayas sind mit dem Untergang der Kulturen bis auf einige fragmentarische Überlieferungen auf immer unserer Kenntnis entzogen.* [184]

Lama Govinda machte sich keine Illusionen, auch wenn die entsetzlichen kriegerischen Auseinandersetzungen und die Flucht des Dalai Lama noch in der Zukunft lagen. „Im Sturme weltumwälzender Ereignisse, dem kein Volk der Erde entgehen kann und der auch Tibet aus seiner Isolierung reißen wird, werden diese geistigen Errungenschaften entweder für immer verschwinden oder zum Geistesgut einer zukünftigen höheren Menschheit werden müssen." Tibet verewige diese Traditionen, „das Wissen um die verborgenen Kräfte der menschlichen Seele und der höchsten Erkenntnisse und esoterischen Lehren indischer Weiser." [185] Sein eigener Guru, Tomo Geshe Rimpoche, hatte dies vorausgesehen und beschlossen, es sei Zeit, diese spirituellen Schätze der Welt zugänglich zu machen, und deshalb Arya Maitreya Mandala gegründet. Lama

Govinda, der ebenfalls davon überzeugt war, daß sich die Menschheit an einem Scheideweg befand, der entweder zur Versklavung oder zur Erleuchtung führen müsse, gelobte, die Arbeit seines Lehrers weiterzuführen.

Grundlagen tibetischer Mystik, das zuerst in Europa veröffentlicht worden war, wurde ohne großes Aufsehen publiziert. Es ist kein Buch, das von Anfängern leicht verstanden werden kann; obwohl Lama Govinda westliche Begriffe benutzte und europäische mystische Schriftsteller und Philosophen zitierte, setzt das Buch ein gewisses Verständnis der buddhistischen Terminologie voraus. Er erläutert den Gebrauch von Mantras, die verschiedenen Bewußtseinsebenen und diskutiert mit Hilfe von Diagrammen und einigen Photos die Struktur der Symbole, Glaubensüberzeugungen und philosophisch-buddhistischen Interpretationen. Es ist ein unschätzbarer Führer für die Vertiefung des eigenen Verständnisses der tibetischen buddhistischen Tradition.

Zum wiederholten Male zitiert Lama Govinda in diesem Werk die Bedeutung des Buddhismus als lebendige Erfahrung:

> *Jede neue Erfahrung, jedes Erlebnis, jede neue Lebenslage erweitert unseren geistigen Ausblick und bringt eine gewisse Veränderung in uns hervor. Unsere eigene Natur wandelt sich nicht nur mit den Bedingungen des Daseins, sondern, selbst wenn diese konstant blieben, durch die kontinuierliche Anhäufung neuer Eindrücke, durch welche die Struktur unserer Psyche immer vielfältiger und komplizierter wird.* [186]

Ein direktes Beispiel dafür war das Verlegen von Büchern. Die Welt der Verlage erschien ihm komplex und nur schwer zu durchschauen, aber er lernte durch die Verhandlungen mit den Verlegern, wenn diese auch für ihn nicht immer befriedigend verliefen. „Diese Versprechungen, diese Versprechungen!" lamentierte er.

Lama Govinda beklagte sich über das verspätete Erscheinen von Publikationen und über die Begriffsstutzigkeit der Verleger und besaß nur wenig Vertrauen zu den Verlagen: „Man kann ihnen nicht trauen." Er fand über die ernsthafteren europäischen Verlage ein wißbegieriges Publikum, aber seine Probleme mit den Verlegern, später vor allem mit den amerikanischen, stellten für den Rest seines Lebens eine Herausforderung dar.

Solche unangenehmen Einflüsse wurden häufig durch das Leben in Crank's Ridge ausgeglichen. Regelmäßig traf man sich bei Earl Brewster zu geselligen Abenden. Ein halbstündiger Spaziergang entlang der Pinien am Snowview Estate führte die Govindas zu Earl Brewsters Haus, das sich auf einem Hügel befand, der Almora vorgelagert war. Lama Govinda war an diesen Abenden immer sehr interessiert, an denen häufig Künstler (europäische und indische), die gerade auf der Durchreise waren und Menschen, die religiöse Erfahrungen suchten, teilnahmen. Die Gespräche waren lebhaft und drehten sich um Kunst, Bücher, Politik und häufig um die unterschiedlichen Praktiken der zeitgenössischen Gurus.

Lama Govinda, der ein ernsthaft Suchender auf dem Pfad des Buddhismus war, konnte wenig mit denjenigen anfangen, die blind irgendwelchen verantwortungslosen religiösen Führern folgten und alles, was sie sagten, als Evangelium betrachteten. Er war der Meinung, man sollte stets alles hinterfragen und das Gehörte abwägen, eine Einstellung, die der Dalai Lama dreißig Jahre später in seinen Vorträgen ebenfalls betonte. Für den Lama waren die zeitgenössischen Gurus weder so wunderbar noch so „heilig", wie es viele glaubten. Er kannte viele von ihnen, und für ihn ging deren Ruf weit über ihre eigentliche Bedeutung hinaus.

Ein Mann, dessen Name regelmäßig Erwähnung fand, war Theos Bernard. Er hatte einige Jahre zuvor während der Unabhängigkeitskämpfe in Kashmir sein Leben verloren, als seine Karawane in ein Gefecht verwickelt worden war. Bernard (*Penthouse of the Gods*, *Hatha Yoga*), ein sehr wohlhabender Vertreter der oberen Zehntausend, war vor dem Krieg während einer Reise nach Tibet plötzlich zu der Überzeugung gelangt, er sei eine Inkarnation Padmasambhavas (Lama Govinda berichtete, Bernard habe geschworen, während seiner Reise den Tanjur übersetzt zu haben. Tibeter verglichen Bernard, der mit seiner Übersetzung ja das Dharma verbreitet hatte, mit ihrem großen Lehrer Padmasambhava und Bernard glaubte, sie meinten damit, er sei deshalb eine Reinkarnation dieses Mannes). Sein Erfolg verlieh ihm persönlichen Auftrieb (sein Buch über seine Erfahrungen in Tibet schmälerte eher seine Popularität unter den Tibetern), und er beschloß, eine weitere Reise zu unternehmen. Die tibetische Regierung erteilte ihm keine Einreiseerlaubnis, und deshalb besuchte Bernard Lama Govinda, um sich einen Rat zu holen, wie er dennoch einreisen könne. Der Lama riet ihm davon ab und betonte dabei, er benötige die Unterstützung der Regierung. Bernard hörte nicht auf diesen Rat und verlor sein Leben.

Bernard war nicht der einzige, dessen Beziehung zu Tibet von Egozentrik bestimmt war. Alexandra David-Neel (*Heilige und Hexer, Meister und Schüler*) hatte Tibeter und Engländer mit ihrem dreisten Verhalten verärgert. Wegen ihrer wiederholten Mißachtung der Auflagen von Seiten der Regierung verbot man der einfallsreichen Französin, Tibet zu betreten, vor allem von indischem Territorium aus. Unbeeindruckt davon gebrauchte sie List und Tücke und schrieb später eine Reihe von kontroversen Artikeln über ihre Reisen (vor allem in *Asia*, der Publikation Gertrude Sens). Später sagte sie zu Lama Govinda, ihr wesentlicher Impuls, nach Tibet zu gehen, sei gewesen, weil man es ihr verboten hatte.

Der Lama hatte sie zuletzt in Kalkutta nach dem Krieg gesehen, als sie von ihrem langen „Exil" in Westchina zurückgekehrt war. Madame David-Neel lebte während des Krieges in einer kleinen chinesischen Stadt und konnte wegen der unruhigen Lage auf dem

Land nicht nach Tibet reisen. Lama Govinda befragte sie nach ihrer Geheimlehre und ihrem wirklichen Interesse an der Tibetologie, vor allem nachdem er ihren Adoptivsohn, einen Lama namens Yongden, kennengelernt hatte. Dieser wurde ihr ursprünglich von Evans-Wentz' Lehrer, dem Lama Kazi Dawa-Samdup, als Diener und Gefährte zugewiesen. Im Lauf der Jahre bezeichnete sie ihn als ihren Sohn, und in allen ihren Büchern beschrieb ihn Madame David-Neel ausführlich als solchen und erwähnte, wie wichtig er für sie gewesen und wie sehr sie von ihm abhängig sei. Die Art ihrer Beziehung war jedoch unklar. Während sie sich in Kalkutta aufhielten, bat Yongden Lama Govinda eindringlich, ihm zur Flucht zu verhelfen, damit er in sein Kloster zurückkehren könne. Trotz der Charakterstärke, die man ihm nachsagte, konnte er es offenbar nicht mit der aggressiven und herrschsüchtigen Französin aufnehmen. Für den Lama war es ein wirkliches Dilemma; wie könnte er Madame David-Neel, einen anderen Lama, bitten (oder ihr sogar raten) ihren Einfluß auf einen Menschen nicht mehr auszuüben? Sie würde dies nicht nur nicht ernstnehmen, sondern würde ihn in aller Schärfe beschuldigen, Streit zu suchen. Leider geschah in dieser Angelegenheit nichts, und Lama Govinda erzählte mir später, Madame David-Neel und ihr „Sohn" seien nach Frankreich gegangen, wo Yongden an einer Alkoholvergiftung starb.

Nicht bei allen Treffen in Brewsters Haus wurde über solche Themen wie Persönlichkeiten des religiösen Lebens gesprochen, und Lama Govinda vermied es sorgsam, von diesen Begegnungen abhängig zu werden. Bewohner der Gegend erinnerten sich aber noch gut, wie er allein oder gemeinsam mit Li an manchem Abend zu einem entspannten Gespräch zu Earl Brewster spazierten. Der amerikanische Künstler stand D.H. Lawrence nahe, und nach dem ersten Weltkrieg hatte er mit diesem bei einem gemeinsamen Italien-Aufenthalt etruskische Grabhügel untersucht, ein Projekt, das Lama Govinda faszinierte. Der weltgewandte und vielgereiste

Brewster blieb bis zu seinem Tod Lama Govindas Verbindung zur aufregenden Welt der europäischen Kunst und Kultur, an der sie gemeinsam in den Zwanzigern in Capri Anteil gehabt hatten. Trotz seiner intensiven buddhistischen Ausbildung und seines mönchischen Lebenswandels, war der Lama in Geschmack und Interessen stets ein Europäer geblieben.

Lama Govinda zitierte gerne westliche Quellen, wenn er seinen Lesern den Buddhismus nahebringen wollte. Selbst ein flüchtiger Blick auf seine Fußnoten und Bibliographien demonstriert die Verbundenheit mit europäischen Schriftstellern und Denkern. Dies geschah nicht auf Kosten seiner Beziehung zu Asien; diese wird ebenso deutlich sichtbar, und damit wollte Lama Govinda die Universalität aller spirituellen Wege und Ansichten verdeutlichen, die für ihn alle religiösen Begriffe transzendierte.

„Es gibt keinen absolut gültigen moralischen Kodex, der die Welt in 'gut' und 'böse' trennt oder der festlegt, was zu tun ist und zu lassen sei", schrieb er als Antwort auf die Frage, warum er Buddhist geworden sei. „Buddhistische Sittlichkeit gründet sich auf Freiheit, d.h. auf individuelle Entwicklung." [187] Lama Govinda verdammte orthodoxe westliche Ansichten nie völlig, aber er ließ keinen Zweifel bestehen, daß er fundamentale christliche Auffassungen ablehnte, die den Menschen eindimensional sehen. (Sein Freund Evans-Wentz hatte dies in Ceylon in den Dreißigern öffentlich getan, als er in einer Reihe von Artikeln und Vorträgen starre Auffassungen kritisiert hatte).

„Da dem Buddhisten der Begriff „Sünde" fremd ist, glaubt er nicht an eine ewige Verdammnis. Hölle und Himmel liegen in uns, und die Möglichkeit der Befreiung steht allen lebenden Wesen offen." Ein solches Verständnis wurde im allgemeinen nicht von den Engländern in Indien vor der indischen Unabhängigkeit unterstützt, die stark von der christlichen Theologie beeinflußt waren. Lama Govinda wehrte immer wieder Kritik und Einwände ab und lenkte sie von der Dogmatik auf das Selbst. „Wir brauchen heutzutage keine vorgefertigten Lösungen – die Welt ist schon voll davon, wie es denn auch nicht an „Offenbarungen der Wahrheit" mangelt. Was wir aber brauchen, ist mehr denn je der Geist freier und unvoreingenommener Forschung, der uns dazu befähigt, selber die Wahrheit wieder zu entdecken."[188]

Später fügte er hinzu: „Der Buddha war nicht daran interessiert, was die Menschen glaubten oder was sie der Wahrscheinlichkeit nach dachten, sondern daran, was sie taten, um das Leid anderer Menschen wie ihr eigenes zu lindern und einen Weg zu Frieden und Glück zu finden."[189]

Wiederum, die Freiheit zur Wahl. Er zitierte den deutschen Dichter Novalis: „Wähle ich nicht alle meine Schicksale seit Ewigkeiten selbst?"[190] Es könnte auch so lauten: „Könnte ich nicht selbst alle meine Schicksale wählen, wenn ich einmal das erste Gebot des Achtfachen Pfades, Rechte Anschauung, verstanden habe?" Von einem solchen mystischen Schriftsteller erwartet man eine solche Frage, aber sie ist nicht leicht zu beantworten, vor allem da die Leser Lama Govindas auf einer äußerst praxisnahen, alltäglichen Ebene lebten.

Selbst Dr. Evans-Wentz, der ein einfaches Leben führte und einen spirituellen Pfad beschritt, berichtete, es sei nicht einfach gewesen, auf „dem Weg" zu gehen. In einem Brief an Lama Govinda aus dem Jahr 1957 schrieb er:

Es war für mich nie leicht, meinen Lebensunterhalt zu finanzieren, und leider kann ich ja ohne Geld nicht leben ... Die wahre Freiheit liegt natürlich in der Entsagung, aber im Abendland wird ein Mensch ohne Geld, Arbeit oder Wohnung leicht nach einer Anklage wegen Landstreichertums im Gefängnis landen. Mit anderen Worten, der Buddhismus und das wirkliche Christentum können außerhalb eines klösterlichen Schutzes im Westen nicht sicher gelebt werden.[191]

Ende 1958 hatte sich die politische Lage in Tibet verschlimmert. Große Teile des Landes befanden sich im Aufstand, und chinesische Garnisonen und Konvoys waren attackiert worden. Die Regierung in Peking hatte schließlich die Kontrolle über das Land übernommen, das sie als Vasallenstaat betrachtete, und die endgültige Kapitulation Tibets stand kurz bevor. Dies geschah einige Monate später, im März 1959, als die Bewohner Lhasas, die befürchteten, der Dalai Lama könne gefangengenommen werden, seinen Palast, den Norbu Linka, umringten, um jedes weitere chinesische Vorgehen zu verhindern. Innerhalb einiger Tage brach der unsichere Friede zusammen, den die tibetische Regierung zu halten suchte. Es gab heftige Straßenkämpfe, und der Dalai Lama flüchtete nach Indien. Tibeter wurden getötet oder inhaftiert, und der theokratische Staat mit all seinen großen Klöstern und anderen Besitztümern löste sich auf. Die schreckliche Situation in Tibet hatte viele Menschen bewegt, aber niemand kam ihnen zu Hilfe. Seit dem Krieg und Indiens Unabhängigkeit hatte sich die politische Orientierung stark verändert, und niemand besaß die Möglichkeit (oder den Willen), die Machtübernahme zu verhindern.

Viel Menschen in der Himalaja-Region empfanden Angst. Evans-Wentz äußerte Lama Govinda gegenüber in einem Brief seine Sorge über den möglichen Einmarsch in Almora.

Wenn immer ich an eine Rückkehr nach Almora denke, so gibt es irgendeine Situation, die mich zur Vorsicht mahnt. Diesmal ist es die chinesische Invasion ... Almora liegt nicht besonders weit von den chinesischen Außenposten entfernt ... selbst wenn man China das gibt, was es im Augenblick beansprucht, wird es nicht bald wieder neuen Hunger nach Land verspüren? Der Distrikt Almora war einst ein Teil Nepals, und es ist nicht schwer, sich vorzustellen, daß man versuchen könnte, dieses Land zu „emanzipieren". [192]

Es geschah jedoch nie. Statt dessen wurde vielen tibetischen Flüchtlingen erlaubt, sich am Fuß des unteren Himalaja niederzulassen. Viele zogen schließlich in die Berge von Kumaon, und obwohl sie dort als Fremde angesehen wurden, hatte es nach einiger Zeit den Anschein, daß sie schon immer dort gelebt hatten. (Almora war für Kaufleute, die den Lipu Lekh-Paß überqueren wollten, eine wichtige Station, und „Fremde" waren in den Straßen nicht unbekannt.) Unter denjenigen, die in Almora lebten, ordneten sich die großen politischen Fragen dem täglichen Kampf ums Überleben unter. Die Berge waren ein Ort, an dem sich ein Lebenserwerb nur schwer bestreiten ließ.

Wir sind Zeugen der Tragödie eines friedlichen Volkes ohne politische Ambitionen oder Machtansprüche, das keinen anderen Wunsch hatte, als ungestört sein einfaches Leben weiterführen zu dürfen, und das von einem mächtigen Nachbarn seiner Freiheit beraubt und unter die Füße getreten wurde – und das alles im Namen des „Fortschritts", der ja der Menschheit von jeher als Deckmantel für alle ihre Brutalitäten diente. Die lebendige Gegenwart wird dem Moloch der Zukunft geopfert, der organische Zusammenhang mit einer fruchtbaren Vergangenheit wird um der Chimäre einer maschinengezeugten Prosperität willen zerstört. [193]

Kasar Devi selbst war von dieser erzwungenen Völkerwanderung nicht unberührt geblieben. Die Govindas hatten einen kleinen, dünnen Mann mit schütterem Barthaar namens Guru Lama kennengelernt und ihm und seiner großen Familie erlaubt, sich auf dem unteren Teil des Grundstücks niederzulassen und dort einen Gompa zu errichten. Damit erfüllte sich der Wusch Evans-Wentz' (und ihr eigener), dort einen Ashram zu gründen. Der Guru Lama diente gleichzeitig als Aufpasser, der unliebsame Besucher fernhielt und sich um den Besitz kümmerte. Die dafür angestellten

Die Govindas und Guru Lama in Kasar Devi

chowkidars erwiesen sich als unfähig (oder unwillens), die Zerstörung der Bäume, den Diebstahl von Wasser und das unerlaubte Schneiden des Grases zu verhindern.

Es war eine Zeit der Veränderungen, die für Lama Govinda nicht immer von angenehmen Ereignissen begleitet wurde. 1957 starb Earl Brewster, und die Govindas verstreuten seine Asche auf dem Fluß Koshi. Almora wuchs, und am Nordende des Ortes entstand in der Nähe Kasar Devis ein neuer Basar. Krishna Prem, der ein Grundstück weit oberhalb des Ortes bewohnte, fürchtete, die Gegend würde immer mehr bevölkert werden, wogegen Sunya die Expansion begrüßte und in Briefen an Evans-Wentz von dem wachsenden Überfluß an Dingen sprach. Die Aktivitäten vergrößerten den Markt für die Produkte aus Kasar Devi, und Lama Govinda sprach seinem kalifornischen Mäzen gegenüber von einem kleinen

Lama Govinda auf der Veranda in Kasar Devi

Gewinn, den sie erwirtschaften konnten. Trotz dieser allgemeinen und persönlichen Belange war Tibet in den Gedanken des Lamas nie sehr weit entfernt.

Er war von der Sorge erfüllt, die Tibeter könnten ihre Wurzeln verlieren und würden Sicherheit nur „in der Herde" finden, wenn sie erst einmal von ihrer Vergangenheit abgeschnitten wären. Er verabscheute diesen kollektiven „Fortschritt" und hielt ihn für nicht besser als einen Rückschritt ins dunkle Zeitalter.

Aber ist nicht das, was den Menschen vom Tier unterscheidet, gerade das Bewußtsein seiner Vergangenheit, ein Bewußtsein, das ihn über seine kurze Lebensspanne hinaushebt, über sein kleines „Ich", kurz über die Beschränktheit seiner momentanen, zeitbedingten Individualität? Es ist dieses größere und reichere Bewußtsein, diese Wesenseinheit mit den schöpferischen Keimen, die im Schoße einer ewig jungen Vergangenheit verborgen liegen, auf dem nicht nur der Unterschied zwischen menschlichem und tierischem Bewußtsein, sondern der zwischen einem kultivierten und unkultivierten Geist beruht. [194]

Das gleiche gilt für Völker und Nationen. Nur Völker, die auf eine reiche Tradition zurückblicken können und sich ihrer Vergangenheit bewußt sind, weisen eine wirkliche Kultur auf (und nicht bloß Zivilisation). In diesem Sinne können wir, trotz der primitiven Lebensverhältnisse und der wilden Natur des Landes, die Tibeter als Volk mit hoher Kultur bezeichnen. [195]

Diese Härte, dieser unerbittliche Kampf gegen die „Kräfte der Natur", verliehen den Tibetern Geist und Stärke. Eine Stärke, wie Lama Govinda erklärte, die sich im Verlauf ihrer Geschichte demonstriert hatte, als sie von zahllosen Katastrophen und Plagen heimgesucht worden waren. Er war der Überzeugung, daß, auch wenn das Land „nie wieder dasselbe sein wird", dies nicht entscheidend sei. „Wichtig ist nur, daß die Kontinuität der geistigen Kultur Tibets, die sich auf eine *lebende* Tradition und einen bewußten Zusammenhang mit ihren Ursprüngen gründet, nicht verlorengeht." Deshalb, so folgerte er, sei es „unsere Aufgabe, die Erinnerung an die Größe und Schönheit des Geistes wachzuhalten, welche die Geschichte und das religiöse Leben Tibets erfüllten..." Dabei dachte der Lama an zukünftige Generationen, die, wie er hoffte, ermutigt und inspiriert wären, „ein neues Leben auf den Fundamenten einer erhabenen Vergangenheit zu bauen." [196]

Somit war das Drama um Tibet dafür verantwortlich, daß Lama Govinda immer mehr als dessen Zeuge auftrat. Er wäre ohne diesen Kampf vielleicht ein unbedeutender buddhistischer Gelehrter geblieben, zufrieden damit, gelegentlich etwas zur Erbauung einer bereits überzeugten Leserschaft zu schreiben. Am Ende nahm jedoch die Verfolgung des tibetischen Volkes einen zunehmenden Stellenwert in seinem Leben ein. Dokumentierte Berichte, in denen Augenzeugen von dem brutalen Versuch sprachen, den Geist der Tibeter zu brechen, kamen ihm zu Ohren, und wieder einmal wurde der Lauf seines Lebens in andere Bahnen gelenkt.

„Freude entsteht durch die Überwindung von Widerstand", schrieb Lama Govinda in *The Middle Way*, einer britischen buddhistischen Zeitschrift. „Deshalb erklimmt der Mensch Berge, setzt sich selbst große Ziele und nimmt an allen möglichen Herausforderungen, Spielen und Wettbewerben teil. Das Leben verliert Wert und Bedeutung und wird schal, wenn der Mensch keinen Herausforderungen begegnet oder keine Schwierigkeiten zu meistern hat." [197]

In demselben Artikel betonte er: „Wir können nicht ständig in großer Glückseligkeit oder Samadhi leben oder ständig das Schöne erfahren. Das größte Glücksgefühl schwindet bald, wenn wir damit aufhören, uns anzustrengen und uns an einen bestimmten Zustand gewöhnen." Für einen weniger engagierten Menschen wäre es leicht gewesen, in Kasar Devi zu bleiben und die Ruhe zu genießen, aber er fühlte, daß der „Weg zu wirklichem Samadhi ein kontinuierlicher Prozeß von spirituellem Verzicht und Selbstverleugnung ist, eine beständige Hingabe. Eine Sache aufzugeben bedeutet, von ihr frei, Meister seiner selbst und aller seiner Entscheidungen zu sein, denn Freiheit existiert nur im Verzicht." Er sagte in einer Erklärung, die im nachhinein prophetisch klingt, und in der er darüber nachdachte, was zukünftige Generationen im Westen tun würden: „Es ist nicht entscheidend, was wir aufgeben, sondern der

Akt des Verzichtes selbst; und somit müssen wir selbst bisweilen auf Samadhi verzichten, wenn wir dieses spirituelle Geschenk nicht verlieren wollen. Jede Fähigkeit verkümmert ohne Übung; um zu besitzen, müssen wir uns immer wieder bezwingen." [198]

Während Lama Govinda selbst nie behauptet hätte, er hätte Samadhi erlangt, so diente ihm das, was er schrieb, als Bestätigung. Obwohl er von Tomo Geshe Rimpoche die heilige Aufgabe erhalten hatte, den Dharma zu verbreiten, so war sein Weg durch die tibetische Tragödie anders definiert worden. „Dies ist der unvergleichliche Weg des Buddha; er beginnt mit dem Verzicht, findet in der Verwirklichung der Erleuchtung seinen Höhepunkt und führt durch tiefstes Mitgefühl wieder zurück in die Welt." [199]

Einige Monate später kehrte er nach Europa zurück.

13

„Der Kampf zwischen zwei Welten"

Dreißig Jahre waren vergangen, seit Lama Govinda Europa verlassen hatte. Die Welt, die er gekannt hatte, als er nach Ceylon ging, existierte nicht mehr. Sein Europa war verschwunden. Die verheerenden Kriegsfolgen und die kommunistische Machtübernahme hatten das Land, aus dem er stammte, Deutschland, geteilt, und dies hatte zu einer enormen Zahl an Flüchtlingen geführt. Der „Kalte Krieg" folgte diesen Ereignissen und verstärkte das Gefühl der Unsicherheit und Angst; ein potentieller Holocaust tauchte am Horizont auf – die nukleare Vernichtung. Viele Menschen mißtrauten den Versprechungen der Nachkriegszeit und protestierten gegen das, was in ihren Augen sinnlos war und die neue Gesellschaftsordnung bedrohte. In Westeuropa suchte vor allem die Jugend Alternativen. Eine sich verändernde politische Realität führte weltweit zu einem wachsenden Interesse an anderen Kulturen (vor allem an Kulturen, die am Verschwinden begriffen waren). Unter diesen Umständen war Lama Govindas Reise ein glücklicher Zufall.

Die italienische Regierung lud Lama Govinda zu einer internationalen Konferenz nach Venedig ein, die von der Giorgiccini-Gesellschaft veranstaltet wurde. Govinda schrieb in einem Brief an Evans-Wentz, Zweck dieses Treffens sei die Diskussion über die grundlegenden Probleme des spirituellen Lebens gewesen. Die Veranstaltung, die acht Tage dauerte und von der Regierung finanziert wurde, bot ihm eine Gelegenheit, die er nicht auslassen wollte. Die tibetischen und buddhistischen Gesellschaften in London luden ihn anschließend ein, vor ihren Mitgliedern einen Vortrag zu halten. Tibet hatte vielleicht seine politische Einheit verloren, sein Geist existierte aber weiter. Lama Govinda verglich die Zerstörung des Landes und die Vertreibung seiner Bewohner mit der Situation der frühen Christen.

Er sprach in England über die tibetische Tragödie in einer Reihe von Vorträgen, und in Europa referierte er über die Probleme, mit denen die Tibeter konfrontiert wurden und über die chinesische Ordnung, die dem Land oktroyiert worden war. Er sprach über den ehrenhaften aber erfolglosen Kampf, die Entweihung der Klöster und die mutmaßliche Ermordung von Tomo Geshes Reinkarnation.

> *(In einem Artikel für die Zeitschrift der Buddhist Society,* The Middle Way, *schrieb er:) Die Zukunft sieht düster und tragisch aus, aber dies alles geschah bereits im 9. Jahrhundert auf ähnliche Weise, als der tibetische Buddhismus heftig verfolgt wurde und im Untergrund weiterexistierte, aber der Buddhismus erschien später stärker als zuvor, durch das erlittene Unrecht vergeistigter als zuvor.* [200]

Der Verfasser dieser Zeilen ließ eher Hoffnung als ein realistisches Bild der Situation anklingen; die letzten Jahrzehnte haben jedoch bewiesen, daß die Chinesen mit ihrem Bemühen, die Religion auszulöschen, keinen Erfolg gehabt haben.

Lama Govinda verglich als Künstler das Geschehen mit einem Naturphänomen.

Das Licht bewegt sich kontinuierlich durch unser Universum, aber es wird erst sichtbar, wenn es auf Widerstand trifft. Genauso wird das Bewußtsein erst seiner selbst bewußt, wenn es mit Widerstand konfrontiert wird. Wenn dieser Widerstand nicht durchdrungen oder überwunden werden kann, so wird er als leidvoll empfunden; aber wenn er gemeistert wird, so wird er als Freude erlebt. [201]

Der Lama wußte natürlich, daß Tibet niemals wieder so wie zuvor sein würde. Ihm ging es um die Bewahrung einer spirituellen Kultur, die auf lebendiger Tradition beruht. Er rief zur Unterstützung der tibetischen Flüchtlinge auf, die im indischen Exil lebten.

Einige Autoren hatten über die Fähigkeit der Govindas geschrieben, die Zuhörer in Bann halten zu können; es ist nicht klar, ob dies auf das Thema zurückzuführen war, über das sie sprachen, oder auf ihre Ausstrahlung. Das Paar, das sich klar und verständlich ausdrückte, sehr umgänglich war und in seinen künstlerischen Roben auffiel, stand im Mittelpunkt, wo immer es sich befand. Persönlich waren beide zufrieden, wenn sie eine Atmosphäre der Sympathie erlebten, und sie erwiesen sich als meisterliche Interview- und Diskussionspartner. Sie spürten, daß das tibetische Problem zunehmend besser verstanden wurde, und beide stellten ein wachsendes Interesse an ihrer eigenen Arbeit fest. Ihre Kunstwerke und ihre Artikel waren nicht mehr auf kleinere Zeitschriften und unbedeutende Galerien beschränkt. Ihre Zuhörerschaft war über den Raum ihres kleinen Arbeitsraumes hinausgewachsen. Als sie nach Indien zurückkehrten, wurden sie gefeiert, und ein neuer Abschnitt ihres Lebens hatte begonnen.

Das kleine, von Bäumen bedeckte Grundstück in Kasar Devi blieb ihr Zuhause. Trotz ihrer erfolgreichen Reisen waren sie immer froh darüber, wieder nach Hause zurückkehren zu können. Lama Govinda saß an seinem kleinen tibetischen Schreibpult und arbeitete weiter an seiner Autobiographie, *Der Weg der Weißen Wolken*. Das Interesse an Tibet und seiner Kultur im Westen beeindruckte und überzeugte ihn von der Notwendigkeit, weiter darüber zu berichten. Welchen besseren Weg konnte es dafür geben, als seine eigenen Erfahrungen weiterzugeben?

Li saß oft auf einer Mauer und zeichnete oder beaufsichtigte die Arbeiter. Der ruhige Rhythmus und die Abgelegenheit des Kumaon-Distrikts sagten ihr sehr zu, und sie liebte die einsame Lage ihres Zuhauses. Li setzte ihre Zeit dafür ein, das Grundstück zu verschönern und auf ihm einen Ashram entstehen zu lassen, aber die Arbeit schien unendlich groß zu sein. Das steinerne Gebäude war auf einer in Handarbeit nivellierten Terrasse gebaut, und die Entwässerung mußte ständig überprüft werden, denn die Feuchtigkeit schien nie abzunehmen. Die Obstbäume erforderten ebenfalls eine stete Fürsorge und verursachten deshalb häufig Unterbrechungen ihrer Arbeit. Evans-Wentz drängte sie, mehr anzupflanzen. Li beklagte sich darüber, daß sie kurz nach ihrer Europa-Reise nur wenig Hilfe bei der Ernte erhielten.

„Dieser Ort ist entweder ein Zentrum für spirituelles Wachstum", schrieb Lama Govinda an seinen Mäzen, „oder ein Obstgarten; beides gleichzeitig ist unter den gegenwärtigen Umständen nicht möglich." [202]

Alle drei stimmten wohl darin überein, am Zentrum weiterzubauen, aber die Entfernung verhinderte, daß sie über die einzelnen Schritte sprechen konnten. Evans-Wentz konnte nicht verstehen, warum sie mit so vielen Problemen konfrontiert wurden. Sunya zufolge hatte er nie mit den Dorfbewohnern Schwierigkeiten gehabt, ihm war sogar ihr schwieriger Charakter und ihre harten Lebensumstände bekannt. Er hatte sie früher dafür bezahlt, als sie das Haus bauten und das Land kultivierten und hatte an ihren Festen und religiösen Zeremonien teilgenommen. Evans-Wentz' Briefe machten deutlich, was seiner Meinung nach mit dem Besitz geschehen sollte, aber er zog nie Vergleiche oder zeigte sich verärgert. Er schickte oftmals Geld für Reparaturen und anderes – vor allem für einen kleines Gästehaus, das für ihn selbst bestimmt war. Seine Briefe enthielten detaillierte Fragen zu Lebensmittelpreisen und zur politischen Lage, als ob er sich damit auf eine bevorstehende Reise nach Kasar Devi vorbereiten wollte. Damals hatte China seine Grenzkonflikte mit Burma und Pakistan bereinigt, aber nicht mit Indien, und viele Menschen im Kumaon-Distrikt sorgten sich.

Evans-Wentz kehrte jedoch nie mehr dorthin zurück, aber viele andere Menschen fanden ihren Weg nach Almora. 1961 kam der amerikanische Dichter Gary Snyder, angezogen durch den Ruf des Lama als Kenner der tibetischen Philosophie, wie er in seinem Buch *Passage Through India* (Grey Fox, 1983) schrieb. Die wenigen Stunden, die er und seine Begleiter – darunter Allen Ginsberg, ein anderer Dichter – bei den Govindas zubrachten, fanden in einem der wenigen schriftlichen Dokumente über das Leben in Kasar Devi ihren Niederschlag. Li Gotami, die wegen ihre Klavierkünste ein wenig verlegen war, spielte das Stück „Swanee River". Snyder war an Meditationstechniken interessiert, aber Ginsbergs Interesse bezog sich auf den Gebrauch von Drogen in der Meditation. Obwohl der Lama diesbezüglich keinerlei Erfahrung besaß, lachte Snyder und berichtete, er hätte eine „interessante Meinung über ihren teuflischen/himmlischen Gehalt" geäußert. [203]

Diese „interessante Meinung" des Lama wurde im Lauf der Zeit immer deutlicher geäußert. Snyder und Ginsberg waren die ersten Vertreter einer Schar von Reisenden in Sachen „New Age" (ein amerikanischer Begriff, der einen bestimmten Teil der Gegenkultur beschreibt). Viele dieser Reisenden waren extrem wißbegierig, häufig sehr gebildet, aber schlecht informiert und waren Teil einer Drogenkultur, in der die „Erweiterung des Bewußtseins" mit spirituellem Wachstum gleichgesetzt wurde. Indien zog diese Menschen wie ein Magnet an; dort konnte man nicht nur billig Drogen kaufen, es gab auch eine große Zahl spiritueller Lehrmeister. Sie glaubten, man könnte nur so auftauchen und deren Schüler werden. Lama Govindas Name erreichte unter den Guru-Suchern dieser Zeit einen hohen Bekanntheitsgrad. Zunächst waren die Govindas vom Interesse dieser Menschen berührt, von denen viele einen hohen Respekt vor ihrer Arbeit bewiesen. Als deren Zahl jedoch zunahm, begann Li, diesem Pilgerstrom, den sie als Beeinträchtigung empfand, ein Ende zu setzen. Der Gebrauch von Drogen störte sie, aber die Beeinträchtigung ihres Privatlebens war für sie noch schlimmer.

Govinda hielt diese Leute für naiv. Er glaubte, Unterscheidungsvermögen, geistige Ausgeglichenheit und ein tiefergehendes Verständnis seien Voraussetzung für die Entfaltung eines wirklichen spirituellen Wachstums. Diese neuen Besucher besaßen keinerlei Qualifikation. Viele wußten nicht, was sie wollten, und der Lama glaubte, alles würde bei ihnen zu „schlimmer Verwirrung, einem stärkeren Mißverständnis und mehr unbedeutenden Eindrücken und Gefühlen" [204] führen. Evans-Wentz berichtete von ähnlichen Problemen und erzählte Govinda vom Wunsch einiger Besucher, er solle ihr Lehrmeister sein und von deren Fragen, die eine gewisse Gedankenlosigkeit bewiesen. Beide sahen es als ihre Pflicht an, diesen ehrlich Suchenden zu helfen, aber sie verschwendeten manchmal zuviel Zeit an die Falschen. Sie wollten in Zukunft ihre Kontakte in diesem bevorstehenden „Wassermann-Zeitalter" besser prüfen.

Ein Besucher dieser Zeit, für den dies nicht galt, war Dr. Karl-Heinz Gottmann, ein deutscher Arzt, der in Indien arbeitete. Er war seit 1953 Mitglied des Arya Maitreya Mandala, und für ihn war es eine große Ehre, den Lama zu treffen, den er für einen wirklichen Meister hielt. Die Gesellschaft hatte langsam in ganz Europa Fuß gefaßt, auch wenn der Lama nur wenig mit ihren Aktivitäten zu tun hatte. Dr. Gottmann lud ihn zu Vorträgen in den Zentren der

Gesellschaft in Europa ein, aber damals hatte der Lama viel mit anderen Aktivitäten zu tun.

Der Winter 1961 brachte viel Schnee und einen zunehmenden Vandalismus mit sich, durch den die Obstbäume zerstört wurden. Die Govindas konnten unmöglich das gesamte Grundstück ohne einen *chowkidar* bewachen, den sie aber nicht fanden, denn es gab keine geeigneten Kandidaten, und Li war für ihre Unnachgiebigkeit bekannt. Ein Großteil des Grundstücks grenzte an eine zerklüftete Felswand und war von Bäumen eingeschlossen, und jedermann konnte unterhalb dieser Wand tun, was er wollte, ohne befürchten zu müssen, entdeckt zu werden.

Damals machte sich Lama Govinda ebenfalls Gedanken über jenes bevorstehende „Wassermann-Zeitalter", von dem ihm viele seiner Besucher versicherten, es würde ein neues Zeitalter der Erleuchtung werden. Einige meinten, es würde sich positiv für Tibet auswirken, aber er war sich in Anbetracht dessen, was er gesehen hatte, nicht so sicher.

(In einem Brief an Evans-Wentz schrieb er:) Die Sache ist möglicherweise nicht so einfach. Die siebzigtausend Tibeter, die im Exil leben, könnten die Keimzelle einer neuen tibetischen Kultur und Zivilisation sein, wenn sie unter der Leitung ihrer spiritellen Führer stünden, die im Besitz der gesamten Tradition sind. Dadurch kann Tibet die Kräfte der Dunkelheit überwinden – nicht nur für die Befreiung ihres eigenen Landes, sonden auch für die Befreiung der gesamten Menschheit vom Joch von Macht, Politik und Materialismus, das seinen Schatten über Indien ausgestreckt hat. [205]

Damit wollte er nicht den materiellen Fortschritt leugnen, sondern drückte seine tiefe Sorge über den Verlust des Geisteslebens aus, der gewöhnlich damit Hand in Hand geht. Govinda sah dies ähnlich wie Mahatma Gandhi, für den die Tradition und die traditionelle Dorfgemeinschaft den einzelnen unterstützte. Jawaharlal Nehru regierte dagegen Indien mittels fünfjähriger Entwicklungspläne und dem Traum, Indien könne die blockfreien Länder anführen. Viele Fabriken wurden gebaut, und in jedem Staat lebten ausländische Entwicklungshelfer. Indien schien den Traum Gandhis von Indiens Selbständigkeit verwirklicht zu haben. Seine älteren Träume, die sich auf die Ebene der Dorfgemeinschaft bezogen hatten, wurden nun durch einen größeren Rahmen ersetzt.

Lama Govinda, der von den Herausforderungen der modernen Zeit beeindruckt war, bevorzugte seine eigene Maxime. In *Grundlagen tibetischer Mystik* schrieb er: „... eine neue geistige Haltung, nämlich die Wahrheit, die höchste Wirklichkeit, im intuitiven Bewußtsein durch völlige Einswerdung mit ihr selbst zu finden, muß hergestellt werden." [206]

Govinda mag vielleicht den Wunsch gehegt haben, ganz im Bereich des Spirituellen zu leben, aber er konnte ein charmanter Gastgeber und liebenswerter Onkel sein, wenn es die Situation erforderte. Lis Schwester Coomie kam regelmäßig mit ihren beiden Mädchen von Bombay nach Almora zu Besuch (dies war die einzige Möglichkeit, ihre Schwester zu treffen, da Li Kasar Devi nur sehr selten verließ). Jedesmal, wenn die Familie da war, gab es ein Fest. Lama Govinda bereitete europäische Deserts zu und erzählte seine besten Geschichten. Coomie und Li führten ausgedehnte Gespräche und alle machten lange Ausflüge, bei denen der Lama auf Phänomene der Natur und andere interessante Dinge hinwies. Abends rösteten sie Kastanien, und Li brachte den beiden Mädchen tibetische Lieder bei. Sie scheute sich gewöhnlich, vor Fremden ihre Klavierkünste zu zeigen, aber dies war vor ihrer Familie anders.

Diese Besuche gab es nur selten, und die Govindas hatten immer noch mit dem Problem zu kämpfen, das Grundstück in Ordnung zu halten. Jedes Jahr mußten sie die Ernte einbringen, manchmal sogar ohne jede Unterstützung von anderen. Das Schneiden des Grases und die Kastanienernte hatten sie an den verrufensten Dorfbewohner verpachtet, ohne daß es dabei Probleme gab. Langsam warf Kasar Devi auch Gewinn ab. Dennoch schrieb der Lama in Briefen an Evans-Wentz über die Inflation, mit der Indien zu kämpfen hatte. Die Gründe dafür waren komplex. „Bananen werden mit der UdSSR gegen Kampfflugzeuge getauscht."[207]

Militärische Dinge schienen für die beiden Männer eigentlich kein Thema zu sein, aber sie waren sich beide der Verknüpfung der Ereignisse und der Zerbrechlichkeit der politischen Lage in Indien bewußt. Evans-Wentz sorgte sich über die reale und vermutete chinesische Starrheit in der Frage der Grenzstreitigkeiten zwischen Indien und China. Im Laufe der Jahre versuchte der Lama seinen Gönner zu beruhigen, wenn er ihm schrieb, er halte einen Großteil der chinesischen Ansprüche für eine Übertreibung, obwohl er dies nie weiter ausführte. Dies änderte sich am 20. Oktober 1962, als China Indien überfiel und Außenposten in Ladakh und den nordöstlichen Territorien überrannte. Angst verbreitete sich in Kumaon, auch wenn das Gebiet weit von den Kämpfen – die bald zu einem Ende kamen – entfernt lag, veränderte dies die Gegend. Die indische Armee reorganisierte sich nach ihrer demütigenden Niederlage gegen die Chinesen und schwor, die Grenzen so zu sichern, daß sich dies nie mehr wiederholen könnte. Straßen wurden durch das Gebirge gebaut. Dies diente dazu, die Gebiete im Norden von Almora aus besser erreichen zu können. Reisende konnten diese Straßen erst Jahre später benutzen, aber der militärische Verkehr führte Geschäftsleute, Handel und Fortschritt mit sich.

Dies verschärfte die Unruhe, die es Govindas Meinung nach immer zwischen inneren und äußeren Welten gegeben hatte. Er verglich die sich verändernden Zeiten mit einem Kampf zwischen „Vergangenheit und Zukunft, zwischen Rückständigkeit und Fortschritt, Religion und Wissenschaft, Aberglaube und Vernunft". Für ihn war die Sache klar: Die Würde des einzelnen stand über jeglichem Versuch, ihn der Masse unterzuordnen. Dies war für ihn die entscheidende Tragödie, und er verglich die regionalen Konflikte in Indien und Tibet mit den viel persönlicheren, die er in den Zwängen sah, mit denen der moderne Mensch konfrontiert wird. Er glaubte an „die höhere Bestimmung des Menschen durch innere Entwicklung", was ihn unverzüglich in Konfikt mit denjenigen brachte, die an den materiellen Fortschritt durch eine verbesserte Warenproduktion glaubten.

Dies verstärkte seinen Wunsch, ein engagiertes Leben zu führen, um zu verhindern, daß zukünftige Generationen ihre Ursprünge vergessen würden. Er beeilte sich damit, *Der Weg der Weißen Wolken* zu vollenden, um die „lebendige Tradition" Tibets zu veranschaulichen. Lama Govinda glaubte, man müsse „auch die Tiefen des menschlichen Geistes ... erforschen", um den Herausforderungen des modernen Lebens begegnen zu können. Er betonte erneut, daß die Akzeptanz überlieferter Wahrheiten keine Glaubensangelegenheit werden dürfe, denn dies führe zum Absterben der Spiritualität. „In der Zwischenzeit aber ist es unsere Aufgabe", schrieb er, „die Erinnerung an die Größe und Schönheit des Geistes wachzuhalten, welche die Geschichte und das religiöse Leben Tibets erfüllten, damit künftige Generationen ermutigt und inspiriert werden, ein neues Leben auf den Fundamenten einer erhabenen Vergangenheit zu bauen." [208]

Lama Govinda sprach davon, alte Formen des gewohnheitsmäßigen Denkens aufzubrechen und sich einem neuen Bild des Universums zu öffnen. Entwicklungen in Mathematik, Kernphysik und Psychologie zeigten ihm die Bedeutung, die das neue Wissen für unser Leben haben würde. Er war der Meinung, wir besäßen nicht das Geschick, das „Universum in uns aufzunehmen", wobei er die inneren und äußeren Welten meinte. Eine Veränderung sei

Lama Govinda mit Nyanaponika Mahathera zu Besuch
in Deutschland, Mitte 1960

nötig. „Spezialwissen und neue Theorien", schrieb er, hätten den Nichtfachmann in „einem Zustand hilfloser Verwirrung hinterlassen, denn die vertrauten Regeln und Ausdrücke seiner Sprache können die Ergebnisse dieser Wissenschaften nicht adäquat beschreiben oder begreifen, ohne gerade jene Gesetze zu verletzen, auf denen diese Art zu Denken beruht." [209]

Natürlich war Lama Govinda in den frühen Sechzigern einer der ersten, die über multi-dimensionales Bewußtsein nachdachten. In seinem Arbeitszimmer in Kasar Devi wurde ihm deutlich, daß die Logik des Ostens dabei helfen könnte, die Spaltung zwischen dem linearen Denken des Westens − das für ihn einseitig war − und der Methode des Ostens, in der das kontemplierte Objekt langsam eingekreist wird, zu überwinden. Vertraut mit letzterer Denkweise, betonte er, man könne damit einen multi-dimensionalen Ausdruck formen, bis dieser „konzeptionell nicht mehr erfaßbar wird und so das erfahrende Subjekt mit dem kontemplierten Objekt eins wird." Spätere Generationen nannten diese Methode „holistisch", aber damals glaubte er, dies sei der einzige Weg, „die Gesetze besser zu erfassen", auf denen die drei-dimensionale Welt basiere, in der wir leben. [210]

Sicherlich gab Lama Govinda dabei keine simplifizierte Erklärung, wenn er die Herausforderungen der modernen Zeit besser verstehen wollte. Wenn es einen Katalog der Veränderungen im „Wassermann-Zeitalter" geben sollte, mußte auf den Gebieten der Linguistik und Philosophie gearbeitet werden. Leider wollten viele „New Age"-Schriftsteller und Denker die „normale logische Denkweise, die unserer Welt entspricht, zugunsten einiger scheinbar grundlegender Paradoxa aufgeben, wie es innerhalb einiger intellektueller Bewegungen unserer Zeit Mode geworden ist." Er wollte sich damit nicht zufrieden geben. „Wir müssen erst die Grenzen unseres Denkens erreicht haben, bevor wir uns dafür qualifiziert haben, diese zu überschreiten." Es ist eigenartig, daß dies von den Europäern und Amerikanern nicht begriffen worden ist, die das spirituelle Denken des Ostens übernommen haben. Lama Govinda hatte vielleicht die Bedeutung der westlichen Denkweise herabgesetzt, aber er hatte sie nicht vollständig diskreditiert. [211]

„Wir brauchen heutzutage keine vorgefertigten Lösungen – die Welt ist schon voll davon, wie es denn auch nicht an 'Offenbarungen der Wahrheit' mangelt", hatte er bereits früh geschrieben. „Was wir aber brauchen, ist mehr denn je der Geist freier und unvoreingenommener Forschung, der uns befähigt, selber die Wahrheit wieder zu entdecken." [212]

Niemals wurde sein Denken von Zweifeln bestimmt. Lama Govinda versuchte, die Lehren seines Gurus zu leben; sie ließen sich vom Menschen, der sie lebte, nicht trennen. Dies blieb seinen

Lama Govinda mit Tarthang Tulku

Nachbarn nicht verborgen. Einer von ihnen, ein Hindu, der in der Nähe in einer Waldeinsiedelei lebte, beschrieb den deutschen Gelehrten und Mönch als jemanden, der europäischen Ansichtsweisen und kulturellen Errungenschaften verbunden war. Ähnlich erzählte Krishna Prem eines Abends einem Schüler, als die beiden Kasar Devi von einigen Felswänden im Osten aus betrachteten, daß dort ein Mann lebe, der „sein eigenes Licht angezündet hat".

Es gab zu jener Zeit nur wenige Besucher, und die Govindas

pflegten deshalb mit ihren Nachbarn häufige Kontakte. Bevor Li den Besuchern ein zeitliches Limit setzte, kam Sunya oft von seiner Hütte am Kali-Tempel auf der einen Seite des Geländes herab und unterhielt sich mit ihnen. Der heilige Mann aus Dänemark war ständig auf Reisen im Kumaon-Distrikt und im restlichen Indien, und er wußte stets etwas von ihren Freunden zu erzählen. Es ist nicht bekannt, ob sie Briefe von Evans-Wentz austauschten, aber häufig schrieb der Gelehrte aus Oxford allen dreien ganz unterschiedliche Botschaften über das gleiche Thema. Als Sunya ihm die Marktpreise mitteilte, glaubte Evans-Wentz, der Besitz werfe Gewinn ab. Als Govinda Sunyas Reisen erwähnte, schrieb sein Mäzen an Sunya und beglückwünschte ihn dazu.

Eines Tages kam Sri Ashish, Krishna Prems englischer Schüler, von seiner Reise nach Delhi zurück und beschloß, die Govindas zu besuchen, während er auf eine Mitfahrgelegenheit zu seinem Ashram wartete. Ashish erzählte mir, daß er trotz des Schildes, das den Eintritt verbot, klopfte, da er wußte, daß die beiden nur selten das Grundstück verließen. Ein Diener erschien und fragte ihn, was er wolle. Ashish, der groß war, einen kahlgeschorenen Kopf hatte und eine Robe trug, stellte sich vor und sagte, er wolle die Govindas besuchen. Der Diener ging ins Haus zurück und bat ihn zu warten. Nach einiger Zeit kamen mysteriöse Geräusche aus dem Haus. Schließlich öffnete Li die Tür, breitete ihre Arme aus und sagte: „Mein lieber Ashish, welch eine Überraschung!" Er bemerkte die Bügelfalten in ihrer Kleidung. Die Govindas, die vorher ihre Pyjamas trugen, hatten sich schnell umgezogen, während er geduldig wartete.

Die Zahl der Besucher wuchs jedoch. Lama Govinda schrieb an Evans-Wentz, er habe tausend Schweizer Franken für den Tempelfond (zu denen Evans-Wentz weitere tausend Rupien hinzufügte). Er erhielt Anfragen für Vorträge und Symposien aus ganz Europa. Am Anfang wurden sie nur von einigen wenigen Reisenden gestört; nun kamen die „Eindringlinge" von weiter her und bewiesen somit seinen wachsenden Ruf. Täglich türmte sich eine große Zahl von Briefen auf dem Arbeitstisch des Lama und zeugte somit für seine zunehmende Bekanntheit wie auch für sein Unvermögen, „Nein" zu sagen.

Dr. Evans-Wentz' Leben neigte sich allmählich dem Ende zu. Er litt an einer Lähmung, die am Ende so schlimm wurde, daß er nicht mehr schreiben konnte. Seit Jahren hatte er versprochen, noch einmal zu kommen, aber er hatte es immer wieder verschoben. Er war wie der Lama dem Dharma verbunden und führte seine Arbeit fort – wenn er nun auch alles diktieren mußte – und sich dabei den Kopf zerbrach, wie er der Welt noch von Nutzen sein konnte. Da er nicht für sich selbst sorgen konnte, nahm er die Hilfe seines Sekretärs in Anspruch. Gleichzeitig tauchte ein unangenehmes juristisches Problem auf.

Evans-Wentz hatte einige Jahre zuvor testamentarisch festgelegt, daß die Mahabodhi Society of Calcutta den Besitz in Kasar Devi erben solle. Einige Klauseln stellten sicher, daß die Govindas weiter dort leben konnten, aber beide Männer kamen zu dem Entschluß, es sei keine gute Idee, wenn diese große hinduistische Organisation über Kasar Devi zu bestimmen hätte, da der Ashram in Kasar Devi mit zunehmender Größe eher die Prinzipien und Lehre des Mahayana-Buddhismus repräsentierte. Der Guru Lama arbeitete nun als permanenter *chowkidar* am nordöstlichen Teil des Grundstücks und bereitete den Boden für einen tibetischen *gompa* vor. Ein Rechtsstreit um den Besitz stand bevor.

Lama Govinda teilte seinem kalifornischen Mäzen in einem Brief mit, daß er von den Tibetern als „Großer Lotsowa" gesehen werde, da er die tibetischen Schriften in den Westen gebracht hatte. Evans-Wentz antwortete unverzüglich, indem er hastig eine Verfügung schrieb, in der der Besitz an die Govindas übertragen wurde. Es war für sie ein kleiner Hoffnungsschimmer, der sich später als

Lama Govinda und John Blofeld in Bangkok gemeinsam mit einer unbekannten thailändischen Frau (Foto mit freundlicher Erlaubnis von John Blofeld)

sehr wichtig erwies. Die Govindas machten sich keine Sorgen, denn die Pacht eines Besitzes wurde in Indien anerkannt. Dem folgte allerdings ein unangenehmes und teures Gerichtsverfahren.

Es war, wie Govinda im Vorwort zu *Der Weg der Weißen Wolken* schrieb, ein „Kampf zwischen zwei Welten ... oder als der Kampf zwischen ... geistiger Freiheit und weltlicher Macht".[213] Obwohl er dabei an Tibet dachte, galt dies ebenso für die unbedeutenderen Angelegenheiten, die seinem spirituellen Ansinnen im Wege stan-

Lama Govinda in seinem Studio in Kasar Devi

den. Bis zu seinem Tod wurden Govindas Träume und Pläne von den juristischen Problemen um Kasar Devi berührt.

Govinda beendete schließlich seine Autobiographie. Trotz der Unterbrechungen und der fortgesetzten Arbeit mit der Leitung eines Ashrams hatte er die Aufgabe gemeistert, seine Erfahrungen in Tibet und den angrenzenden Ländern zu beschreiben. Jeden Morgen, egal was auf ihn wartete, verbrachte er einige Stunden an seinem Schreibtisch. Ende 1964 schrieb er das abschließende Zitat des Buches, in dem er den Buddha des unendlichen Lichtes beschwor: „Laß mich Deines lebendigen Lichtes Same sein! Gib mir die Kraft, der Selbstheit Hülle zu sprengen, um, gleich dem Samenkorn, durch die Pforte des Todes zu größerem Leben zu erwachen." [214] War ihm klar, wie ein solches einfaches Gebet eine all-umfassende Antwort ergeben konnte? Lama Anagarika Govinda sollte sich bald mit einer neuen Herausforderung konfrontiert sehen, vielleicht der größten seines Lebens – der Rolle eines bekannten religiösen Wortführers.

14
„Eine subtile Transformation"

Arya Maitreya Mandala brachte Lama Govinda 1965 nach Europa. Das Jahr zuvor war Dr. Gottmann einige Male in Almora gewesen, um bei Lama Govinda zu studieren und ihn zu ermutigen, eine aktivere Rolle bei der Gestaltung der Gesellschaft zu spielen. Bis zu diesem Augenblick genügte es dem Lama, wenn Hans Rieker die Gruppe leitete und er das Ganze nur am Rande kontrollierte. Die Gesellschaft war im Laufe der Jahre gewachsen, vor allem in Osteuropa, wo unabhängige Zentren gegründet worden waren, um der Zensur durch die einzelnen Regierungen zu entgehen. Rieker trat von der Position des Direktors zurück, und Dr. Gottmann wurde sein Nachfolger. [215]

Seminare, Vorträge und Begegnungen nahmen die Zeit des Lama während seiner Reise in Anspruch. Die Nachfrage nach spiritueller Unterweisung hatte zugenommen, wie es nach dem Ersten Weltkrieg der Fall gewesen war. Nach jeder Veranstaltung wurde der Lama von immer mehr Menschen angesprochen, die ihn respektvoll um Unterstützung baten, die jedoch einen größeren Teil seiner Aufmerksamkeit erforderten. Fragen führten zu weiteren

Diskussionen, ein einfaches Interview war häufig der Auslöser für weitere Treffen; Manuskripte von Büchern, Gedichten und Artikeln wurden ihm überreicht. Auch wenn er dies alles gern tat, so bedeutete es für ihn eine wesentliche Beschränkung seiner Zeit. Er wollte mit der Gesellschaft zusammenarbeiten und wollte mit Gerald Yorke, seinem Redakteur bei Hutchinson in London, über die baldige Veröffentlichung von *Der Weg der Weißen Wolken* sprechen. Lama Govinda fand kaum eine Möglichkeit, seine Familie, vor allem seinen jüngeren Bruder Hans Joachim, zu sehen, dessen normale Kleidung Dr. Gottmann zufolge neben den unkonventionellen Roben etwas förmlich schien. Schließlich war alles geregelt, obwohl es noch ein weiteres Jahr dauerte, bis eine revidierte Fassung von *Ursprung und Ziele* des Arya Maitreya Mandala erschien. Der Zweck dieser Schrift war es, die Gesellschaft der Öffentlichkeit vorzustellen und darüber hinaus die Mitglieder an ihre drei wesentlichen Aufgaben zu erinnern: die praktische Verwirklichung des Dharma, denen zu helfen, die ernsthaft die Lehre verstehen möchten, und die Entwicklung einer religiösen Praxis, die für den Westen geeignet ist.

Die Aktivitäten in Europa ließen sie auch in Almora nicht zur Ruhe kommen. Lama Govinda war eine Gestalt des öffentlichen Lebens geworden, und ein steter Strom von Besuchern traf im Ashram ein. Obwohl das Jahr 1965 der Beginn der zweiten intensiven Produktivitätsperiode seines Lebens war, die der in den Dreißiger Jahren glich, gab es einige ernste Probleme. Vorher hatten ihre Nachbarn in Almora ihre Zurückgezogenheit respektiert, und wenn sie zu Besuch kamen, geschah dies selten oder die Besuche waren nur kurz. Als die Govindas von ihrer Reise zurückkamen, mußten sie feststellen, daß sie neue Nachbarn bekommen hatten. Einige der größeren Bungalows entlang der Felskette waren normalerweise nicht bewohnt und wurden nur im Sommer von Familien aus der Ebene gemietet. Der Lama stellte fest, daß diese neuen

Bewohner Geld besaßen und bereit waren, höhere Mieten zu bezahlen. Einige besaßen sogar einen Commonwealth-Paß und bewohnten ihre Häuser auch dann, als das Wetter kalt und regnerisch geworden war. Einige dieser neuen Nachbarn lebten selbst zurückgezogen, aber einige waren nach Indien gekommen, um Abenteuer zu erleben, und Drogen tauchten in ihrer Nachbarschaft auf. Li Gotami stellte Schilder auf, die das Betreten des Grundstücks untersagten und bestimmte Besuchszeiten festlegten.

Nichts jedoch konnte die Aufmerksamkeit mindern, die den Govindas in Europa entgegengebracht wurde. Erneut waren sie beeindruckt von dem wachsenden Interesse am Buddhismus und an ihrem „Verständnis eines Buddha-Dharma, das alle buddhistischen Traditionen (darin eingeschlossen das Vajrayana) integriert und diesen „integralen Buddhismus" zu einer lebendigen Kraft unserer Zeit macht – statt in ihm weiterhin ein Relikt aus der Vergangenheit zu sehen". [216] Der Verkauf von *Der Weg der Weißen Wolken* lief so gut, daß Gerald Yorke nach einigen Monaten berichten konnte, eine neue Ausgabe werde vorbereitet. Im September schrieb Lama Govinda an einen Freund, er arbeite an einer deutschen Fassung, die im folgenden Jahr herauskommen solle. Es war eine aufregende Zeit; nicht nur waren die Govindas darüber glücklich, daß man ihrer eigenen Arbeit Aufmerksamkeit entgegenbrachte, auch ihr Freund Sangharashita konnte durch Yorkes Bemühungen sein Buch *The Tree Jewels* veröffentlichen. Lama Govinda und Li planten eine weitere Reise nach Europa, um den siebzigsten Geburtstag des Lama zu feiern. Arya Maitreya Mandala wollte ihn zu diesem Anlaß mit einer Festschrift philosophischer und religiöser Aufsätze ehren, die von bekannten Gelehrten und Mitgliedern der Gesellschaft verfaßt werden sollten.

Inmitten all dieser Aktivitäten besuchte sie Sangharashita. Der englische Gelehrte, der in einem kleinen Raum im „Snowview Estate" wohnte, einem großen Bungalow in der Nähe, der früher von christlichen Missionaren bewohnt worden war, führte mit den Govindas eine Reihe von Gesprächen. Normalerweise wies Li Besucher ab, die für lange Zeit bleiben wollten, aber in diesem Fall wurde natürlich eine Ausnahme gemacht. Sangharashita erzählte mir, er hätte sich mit Li außerordentlich gut verstanden – ein eindeutiges Plus – und wäre darüberhinaus dem Lama für dessen Unterstützung und Vorbild dankbar gewesen.

In Kasar Devi gab es weiterhin Probleme mit den Dorfbewohnern wegen der Wasserrechte, des Betretens des Grundstücks und des Fällens von Bäumen. Einmal erfolgte die Auseinandersetzung sogar mit körperlicher Gewalt, und Li erzählte Sangharashita, wie sie von einer Gruppe Frauen verprügelt worden sei. Arya Maitreya Mandala hatte das Buch des Engländers *Survey of Buddhism* als eines ihrer wichtigsten Studienbücher ausgewählt, und Lama Govinda erzählte ihm während seines Besuches, er hoffe, es ins Deutsche übersetzen zu können.

Die öffentliche Reaktion auf *Der Weg der Weißen Wolken* war sehr groß. Briefe aus aller Welt erreichten Lama Govinda, vor allem aus San Francisco, wo *Der Weg der Weißen Wolken* den Rev. Iru Price veranlaßt hatte, eine öffentliche Vortragsreihe zu initiieren. Sangharashita berichtete aus England, er hätte den *Western Buddhist Order* gegründet, der dem Arya Maitreya Mandala ähnelte. Beide Organisationen betrachteten den Buddhismus als praktischen Weg zur spirituellen Entwicklung und hofften, dies würde Leute im Westen motivieren, ein buddhistisch orientiertes Leben zu führen. Lama Govinda gratulierte und erzählte ihm, er sei eingeladen worden, ein neues Zentrum in Kalifornien zu eröffnen und in ganz Amerika Vorträge zu halten. Ein Komitee wurde gegründet, um die Reise zu organisieren, und Li brach im Juli 1968 mit dem Boot zur amerikanischen Westküste auf. Er versprach, den neuen Orden in England zu unterstützen.

An Dokumenten ihres ersten Amerikabesuches blieb uns nur

noch der Zeitplan der anstrengenden viermonatigen Reise. Mitte September fuhren sie von Chikago nach New York, Buffalo, Cleveland, zurück nach Chikago und schließlich nach Tulsa in Oklahoma. Anfang November kamen sie in Kalifornien an und hielten eine fünftägige Vortragsreihe in der Grace Cathedral ab, einer großen Kirche der Episcopal Church auf San Franciscos berühmten Nob Hill. Die nächsten drei Wochen waren sie in Big Sur, der Monterey-Halbinsel, dem Zen-Center in Tassajara, und im Dezember kamen sie schließlich in Sausalito auf der *SS Vallejo* an, einer früheren Fähre, auf der die Alan Watts Society for the Study of Comparative Philosophy untergebracht war. Der weitere Ablauf der Reise ist nicht bekannt, obwohl Lama Govinda in sein Tagebuch „Große Leere" schrieb, dankbar darüber, daß sie nun zur Ruhe kommen konnten. Ein Ausflug während ihrer Reise durch Kalifornien, der im Zeitplan keine Erwähnung fand, war ein Abstecher nach San Diego, um die Asche seines verstorbenen Freundes Dr. Walter Evans-Wentz zu übernehmen. Es gab Pläne, auf Kasar Devi einen *chörten* zu errichten, um den Pionier der Tibetologie zu ehren und dessen sterbliche Überreste darin beizusetzen, wenn auch ein genaues Datum dafür noch nicht feststand. Als die Govindas die Asche Evans-Wentz' durch den indischen Zoll brachten, war die Atmosphäre spannungsgeladen, denn sie hatten die Urne in ihren Koffer gepackt und hofften, man würde sie nicht finden. Der Lama erzählte mir, daß er nicht wußte, wie die Zollbeamten darauf reagieren würden. Als das Gepäck kontrolliert wurde, warfen die Beamten einen Blick auf ihre Roben, die im Koffer oben lagen und winkten sie durch.

Während dieser Reise entstand ein Rahmen, der ein gutes Dutzend Jahre fortbestehen sollte, und innerhalb dessen sie mehr öffentliche Vorträge hielten als forschten. Diese Vorträge brachten den Lama in Kontakt zu vielen Vertretern der New Age-Bewegung, die die Grundlage für ein spirituelles Studium bereiten wollten. Es ist schwer, einen direkten Erfolg festzustellen, obwohl zu jener Zeit in Amerika viele buddhistische Zentren und Verlage wie Shambala und Dharma gegründet wurden. Viele Menschen zeigten sich von Lama Govinda sehr beeindruckt; als ich sie fragte, konnten sie sich allerdings kaum an das erinnern, was er gesagt hatte. Dies spricht für seine Freundlichkeit, Güte und seine allgemeine Ausstrahlung – doch die substantielleren Aspekte blieben flüchtig. Es scheint, daß seine Popularität um so mehr zunahm, je weniger Informationen über ihn erhältlich waren.

Trotz des unvollständigen Eindrucks verfolgten ihre neuen Freunde ernsthaft einen spirituellen Weg, und von den Govindas angezogen, folgten sie ihnen nach Indien. Li und der Lama versuchten, den Ashram zu leiten wie bisher, aber diese Besucher verlangten ihnen eine noch größere Aufmerksamkeit ab, denn sie wollten unterwiesen werden. Es ist nicht bekannt, was die Govindas anfangs davon hielten, aber zunächst standen ihre eigenen Dinge im Vordergrund. An erster Stelle stand ihr Plan, einen Stupa für Evans-Wentz zu errichten, eine Aufgabe, die Lama Govinda dem Guru Lama nach ihrer Rückkehr übertrug. Ebenso wurde ein *gompa* gebaut und Land im nordöstlichen Teil des Grundstücks wurde dazu ausersehen. Ende 1971 waren die Govindas wieder unterwegs. Ihre erste Reise nach Amerika hatte ihre Gastgeber beeindruckt; es gab Pläne für eine größere Vortragsreihe, darunter Vorträge von Li Gotami über tibetische Kunst. Diese Reise konzentrierte sich im wesentlichen auf die amerikanische Westküste, Europa und Südamerika. In Anbetracht des Alters der beiden war die gesamte Reise eine beachtliche Leistung. Lama Govinda mag eine Parallele zu seinem Lehrer, Tomo Geshe Rimpoche, gesehen haben, der seine Klause verlassen und sich der Welt zugewandt hatte. Zwanzig Jahre vorher hatte der Lama einen Artikel zum Thema „Buddhismus als lebendige Erfahrung" geschrieben, der seine Einstellung angesichts der einjährigen Reise wiedergeben mag:

Jede neue Erfahrung, jede neue Lebenssituation erweitert unseren geistigen Ausblick und erzeugt in uns selbst eine subtile Transformation. Dadurch verändert sich unser Charakter kontinuierlich, nicht nur wegen der Umstände, in denen wir leben, sondern – auch wenn diese Welt unverändert bliebe – wegen der ständigen Bereicherung um neue Eindrücke nimmt die Struktur unseres Geistes ständig an Vielschichtigkeit und Komplexität zu. [217]

Eine Reise von einjähriger Dauer bringt beträchtliche logistische Probleme mit sich; die Govindas erwähnten niemals irgendwelche Unannehmlichkeiten – ihre Reise war von anderen gut organisiert worden. Im Dezember hielten sie nach Zwischenstops in Malaysia und auf den Philippinen Vorträge an der amerikanischen Westküste, vor allem in San Francisco und Vancouver, und führten 1972 in Los Angeles Seminare durch. Die nächsten Monate verbrachten sie in Texas an der Perkins School of Theology der Southern Methodist University, wo ihre Vorträge auf Video aufgezeichnet wurden. Ende Juni nahmen sie an einigen Treffen in New York teil und fuhren während des Sommers nach Europa, um mit Arya Maitreya Mandala zu arbeiten. Einige organisatorische Änderungen wurden in der Gesellschaft vorgenommen, unter anderem wurden einige neue Regeln eingeführt. Dr. Gottmann erinnerte sich, daß der Lama sagte: „Wenn ihr die Regeln nicht kennt, wie könnt ihr wissen, was ihr tut?" [218] Dies führte zu einer engeren Kontrolle ihrer Aktivitäten und einer besseren Praxisorientierung. Im Oktober legten die Govindas in Südafrika den Grundstein für ihren ersten *chörten* auf diesem Kontinent, ein Ereignis, von dem der Lama Sangharashita mit Freude berichtete, als sie am Ende des Jahres wieder zurück in Indien waren.

Erneut war Almora für sie kein Ort der Abgeschirmtheit; die Dinge hatten sich verändert. Ein „Berg von Briefen" wartete auf den Lama; der Geldmangel hatte den Bau des *gompa* verzögert, und Besucher stellten sich in gewohnter Zahl ein. Wenn sie in ihrem Leben jemals Streß empfunden hatten, so war dies nach außen niemals sichtbar. Sunya berichtete mir allerdings, Li hätte sich bei ihm über eine Frau beklagt, die ihren Mann während der Vorträge mit Beschlag belegt hatte. Die Seminare, die von ihren Bewunderern besucht wurden, fanden schließlich in Kasar Devi statt und wurden von buddhistischen Schülern aus Kalifornien und von Bob Shapiro, einem amerikanischen Geschäftsmann, veranstaltet. Man hätte sich keinen idyllischeren Ort dafür vorstellen können, auf der einen Seite die Bergkette des Himalaja, auf der anderen die dramatische Aussicht auf das Tal. Ein Video entstand bei diesen Treffen, das, repräsentativ für jene Zeit, in Farben und Licht schwelgte, und das die Aura um den Lama und seine Lehre vergrößerte. Zusätzlich zu seiner Aufgabe als religiöser Wortführer war Lama Govinda ein Medienereignis geworden, was damals noch ungewöhnlicher als heute war.

Ihre Zeit wurde nicht ständig von äußeren Ereignissen bestimmt, und so konnte Li ihr Privatleben so einrichten, daß ihr Gatte an seinen Artikeln arbeiten und die Korrespondenz erledigen konnte. Jeden Morgen gab es Frühstück, bevor er sich in dem sonnigen, von Büchern erfüllten Raum an seinem Schreibtisch niederließ. Durch Lis Bemühungen, den Lama abzuschirmen, konnten beide ein normales Leben führen. Leider wurden selbst enge Freunde ferngehalten, was dazu führte, daß sie einen Vorwand finden mußten, um mit Lama Govinda ein privates Gespräch führen zu können. Dr. Gottmann erzählte, wie er einmal sehr früh an das Fenster des Lama klopfte, um seine Aufmerksamkeit zu erwecken, und wie beide dann leise zu einem überhängenden Felsen in der Nähe schlichen, wo sie niemand sehen konnte.

In der Mitte der siebziger Jahre führte das anwachsende Interesse am Buddhismus zur Gründung zahlreicher Zentren aller Schulen – tibetischer, japanischer und chinesischer – in der Gegend um

San Francisco, in denen Lehrer unterrichteten, die den Buddhismus gut kannten. Man bat Lama Govinda inständig, wieder nach Kalifornien zurückzukehren, und diesmal waren außer seiner Lehrtätigkeit noch andere Gründe vorhanden. 1975 berichteten die Nachbarn der Govindas, es sei für beide zunehmend schwerer geworden, in Kasar Devi zu leben. Dort mußte man sehr weit zu Fuß gehen, um die lebensnotwendigen Dinge zu besorgen. Eine angemessene medizinische Versorgung gab es nicht, und die Kräfte der beiden ließen wegen ihres hohen Alters nach.

Anfang 1975 lebten sie wieder auf der *SS Valejo* in Sausalito. Nach einer kurzen Vortragsreise durch den mittleren Westen, die im Juli zu Ende war, nahmen sie die Einladung von Tarthang Tulku Rimpoche an, im Nyingmapa Institute in Berkeley, Kalifornien zu leben. Es schien ein idealer Ort für beide zu sein: Die Mahlzeiten wurden zubereitet, es gab keine unangemeldeten Besucher, es herrschte Ruhe, und sie waren von hingebungsvollen Schülern des Buddhismus umgeben, die sich um alles kümmerten. Der Lama hatte für *Gesar*, die Zeitschrift des Institutes, geschrieben, und dessen Verlag, Dharma Publishing, äußerte Interesse an *Psycho-Cosmic Symbolism of The Buddhist Stupa*, einer Sammlung von Vorträgen, die er in Shantiniketan gehalten hatte. Während ihres zweimonatigen Aufenthaltes bereitete der Lama sein Buch für die Veröffentlichung vor, und Dharma Publishing brachte es im folgenden Jahr heraus. Nach der Fertigstellung des Manuskriptes kehrten sie auf das Hausboot zurück, das ihnen in den nächsten Monaten als Ausgangspunkt für die Teilnahme an mehreren Seminaren in verschiedenen Städten diente. Li, die immer noch am Leben in Kasar Devi Anteil nahm, sandte detaillierte Anweisungen an Gertrude Sen, wie sie mit all den Problemen fertigwerden konnte. Dies beschäftigte sie ständig, denn sie wußte, daß die Diebstähle, die mangelnde Hilfe bei der Ernte und die Inkompetenz der *chowkidars* selbst dann zu keinem Ende kommen würden, wenn sie und der Lama dort gewesen wären.

Ihre Lebensweise und die Zeitknappheit zeigten Folgen für den Lama, denn am 24. November erlitt er seinen ersten Herzinfarkt und war für einige Tage sehr geschwächt. Dr. Gottmann vertrat die Meinung, der Lama sei völlig überarbeitet gewesen, und obwohl die Prognose für eine vollständige Rekonvaleszenz gut war, konnte man sich in Anbetracht seines Alters dessen nicht sicher sein. Die *SS Vallejo* blieb ihr Zuhause, aber die Zimmer waren feucht, und die Decks schränkten die Bewegungsfähigkeit eines älteren Menschen, der am Stock ging, ein. Die Govindas machten Pläne, das Land trotz seines Infarkts zu verlassen. Sie fuhren nach Deutschland, damit der Lama an einer medizinischen Nachbehandlung teilnehmen konnte, zu der ihm Dr. Gottmann geraten hatte. In ihren Plänen erwähnten sie Indien als ein anderes mögliches Ziel, aber es ist nicht bekannt, wo sie sich 1976 aufhielten. Andere Bewohner des Hausbootes sagten, die Govindas hätten zurückgezogen gelebt, obwohl eine Frau meinte, Li hätte häufig im Konferenzraum des Schiffes Klavier gespielt.

Im August 1977 flogen die Govindas von Kalifornien nach Europa. Arya Maitreya Mandala und die deutsche Regierung hatten eine Ausstellung ihrer Bilder und Publikationen in Bonn organisiert, darunter ein Buch von Li, genannt *Tibetan Fantasies* (Dharma Publishing), eine Sammlung von Bildern, Gedichten und Kinderliedern. Diese Ausstellung erweckte weiteres Interesse am Buddhismus, und Lama Govinda hielt einige Vorträge und Seminare in Deutschland und später in der Schweiz. Am Ende des Jahres befanden sie wieder in Kalifornien und zerbrachen sich den Kopf über die Höhe ihrer Miete und darüber, ob sie für immer in Amerika bleiben sollten.

Lama Govinda vertrat die Meinung, in Indien könne er kaum etwas veröffentlichen und beklagte sich bei Getrude Sen darüber, daß man ihn dort ignoriere. Darüber hinaus waren seine Bilder im Museum von Allahabad im Archiv gelandet, und seine Farbrepro-

Lama Govinda mit Allan Watts, San Francisco, 1971

Lama Govinda mit Baba Ram Das, Kasar Devi

duktionen waren verschwunden. Eines von Lis besten Bildern war gestohlen worden.

> *Die Leute in Indien sind weder am Buddhismus noch an der Kunst interessiert, wogegen Amerika nach beidem gierig ist. Es gibt hier blühende buddhistische Gemeinden, die froh sind, uns in jeder Hinsicht unterstützen zu können. Wir haben hier viele Freunde, wogegen wir in Indien mehr oder weniger isoliert leben, obwohl wir eigentlich Almora und Indien lieben.* [219]

Das Zen-Center in San Francisco bemühte sich um die Govindas und organisierte für sie ein kleines Haus in einer ruhigen Straße in Mill Valley, einem Vorort im Norden San Franciscos. Es tat ihnen leid, ihre Freunde und ihre Familie in Indien enttäuschen zu müssen, wenn sie blieben, aber der Lama äußerte in zahllosen Briefen seine Sorge über Lis Gesundheitszustand. Er war der Meinung, die Ärzte in Indien könnten die Parkinsonsche Krankheit, an der sie litt, nicht angemessen behandeln. Er versuchte, die Tasache, daß sie in Kalifornien blieben, dadurch abzumildern, daß er mit Gertrude Sen über ihre augenblickliche Miete sprach – vier Vorträge im Monat im Zen-Center. Diese Abmachung war nicht so eigenartig wie es den Anschein haben mag. Unter der Leitung von Richard Baker Roshi hatte das San Francisco Zen-Center an einem ambitionierten Programm für Nachbarschaftshilfe teilgenommen. Die Unterstützung eines Menschen, der als eine Verkörperung des Dharma angesehen wurde, verdeutlichte die Vorträge über Meditation, spirituelles Wachstum und bewußtes Leben.

Der Umzug brachte wieder Stabilität in das Leben der beiden, und die nächsten zwei Jahre verließen sie ihre neue Heimat nur, um in Berkeley, der Green Gulch Zen-Farm und in San Francisco Vorträge zu halten. Mehrere Beschwerden plagten die beiden, aber die Jahre 1978 bis 1980 brachten für beide mehr als irgendein anderer Zeitraum ihres Lebens eine Vielzahl von Kontakten mit sich, die für sie ebenso viel Freude wie Arbeit bedeuteten. Lama Govinda schickte an Getrude Sen, die sich nun um Kasar Devi kümmerte, detaillierte Instruktionen. Er erwähnte erneut, wie sehr ihre Arbeit in Amerika geschätzt wurde und entschuldigte sich dafür, daß er nicht zurückkehrte; seine Krankheit erwähnte er kaum, beschrieb aber um so präziser Lis gesundheitliche Probleme.

Er schrieb weiterhin für einige kleine Zeitschriften, die in Kalifornien und ganz Amerika herausgegeben wurden. Wie in Almora traf ein steter Strom an Besuchern in Mill Valley ein; viele dieser Besucher arbeiteten direkt auf dem Gebiet des spirituellen oder kreativen Wachstums. Fritjof Capra, Peter Matthiessen, der Psychologe Claudio Naranjo und John Blofeld waren unter diesen Besuchern. Damals zog Sunya nach Mill Valley, obwohl er eingeladen worden war, auf der *SS Vallejo* „Schweigen zu lehren", aber er zog es vor, in der Nähe der Govindas zu wohnen.

Diverse Krankheiten bestimmten ihr Leben 1978, als der Lama an der Galle operiert werden mußte, und Li wegen ihrer Medikamente an Halluzinationen litt. Komplikationen begrenzten ihre Aktivitäten, und Yvonne Rand begann damit, sich regelmäßig um die beiden zu kümmern und wurde bald ihr Hauptkontakt zum Zen-Center. Der Lama war etwa einen Monat lang bettlägerig und Li wollte gerne allein sein, aber wenn sie jemanden zu Besuch einluden, waren sie verärgert, wenn der Besucher ging, bevor sie ihn entlassen hatten. Sie erhielten eine ständige Aufenthaltserlaubnis für die Vereinigten Staaten und konnten deshalb staatliche Unterstützung für ihre Arztrechnungen in Anspruch nehmen. Diese Kosten erreichten eine Höhe von einigen tausend Dollar, und deshalb waren sie auf die Hilfe von Freunden angewiesen.

Kurz danach verhandelten die Govindas mit Dharma Publishing wegen Lis Photobuch, *Tibet in Pictures*. Seit ihrer Expedition nach Tsaparang waren zwanzig Jahre vergangen, und nur ein kleiner Teil ihrer Arbeit war bisher veröffentlicht worden. Sie waren darüber erfreut, ihre Arbeit in einem Band präsentieren zu können, auch wenn sie in diesem Fall die Veröffentlichung vorfinanzieren mußten. Die zweibändige Ausgabe, die 1979 erschien, stellt ein wunderbares Zeugnis einer verschwundenen Welt dar. Während der Kulturrevolution waren die Statuen in den Tempeln von Tsaparang und dem Kumbum von Gyantse zerstört worden, und Lis Photos sind die vollständigste Dokumentation aus der Zeit davor. Aber es gab einige schwere Mißverständnisse bei der Veröffentlichung von *Tibet in Pictures*, und der Erscheinungstermin mußte verschoben werden. Zur gleichen Zeit beendete Lama Govinda seine Studie des *I Ging* und kümmerte sich um die Veröffentlichung; in Kasar Devi gab es größere Probleme, und Lis medikamentöse Behandlung bereitete ihr Schwierigkeiten.

Monate später waren diese Probleme bereinigt, und das Buch kam in den Handel. Eine geplante Reise nach Almora, bei der sie ihren Besitz packen und auf Wiedersehen sagen wollten, mußte verschoben werden, und der Lama war dem Verlagswesen gegenüber noch mißtrauischer geworden.

Wie üblich nutzten die Govindas ihre knappe Zeit gut. Der Lama half anderen beim Lesen von Manuskripten und beim Beantworten von Briefen. Obwohl ihre geplante Reise nach Almora erneut verschoben worden war, auf der sie den Dalai Lama auf dessen Reise besuchen wollten, war das Leben für sie leichter geworden, als es je zuvor in Indien gewesen war. Aber dies alles hatte seinen Preis, wie der Lama selbst folgendermaßen darstellte:

Wir leben in einer unbeständigen und unstabilen Welt, denn wir werden durch deren fragmentarischen Schein geblendet — einer Welt von Fragmenten, an denen wir anhaften, denn wir glauben, sie seien alles, das existiert, wir glauben, dies sei die Wirklichkeit selbst. Wir haften an dieser fragmentarischen Welt unter dem Einfluß unvernünftiger Wünsche: so geblendet verlieren wir die eigentlichen Bindungen und die innere Beziehung, die dem Fluß des Lebens Bedeutung und Harmonie verleiht. [220]

15
Die letzte Unterweisung

Almora hatte sich nicht verändert; der Ort war noch immer sehr isoliert und wurde von allen Wetterlaunen heimgesucht. Trotz der Straßenarbeiten in den Jahren 1979-1980 konnte die neue Straße, die von der Kreuzung bei Dinapani nach Kasar Devi abzweigt, nicht benutzt werden. Schwere Monsunregenfälle hatten Teile der Straße weggespült, und die Leute mußten die Hügelkette mittels einer Trage überqueren. Im vergangenen Jahr hatte es im Kumaon-Distrikt einige Probleme gegeben, Streiks, ungenügende Stromzufuhr und die allgemeine Prohibition, die dem Land von der neuen Janata-Regierung auferlegt worden war.

Gertrude Sen war seit Monaten pessimistisch gewesen, obwohl dies hauptsächlich auf ihre Krankheit zurückzuführen war. Sie bat die Govindas zurückzukommen und befürchtete, sie könnte ihre Ankunft nicht mehr erleben. Frau Sen blieb nicht mehr viel Zeit, und sie hätte es gern gesehen, daß ihre Freunde die Angelegenheiten in Almora geregelt hätten, bevor die Situation sich verschlimmern würde, denn ein intensiver Briefwechsel und zahllose Gespräche mußten wegen des Besitzes geführt werden.

Ein Aufschub nach dem anderen hinderte die Govindas an ihrer Rückkehr, und sie waren von der Perspektive nicht begeistert, Kasar Devi vollständig aufzugeben. Das Problem, einen Besitz über eine weite Entfernung instandzuhalten, erinnerte an die Probleme, die ihr Mäzen Evans-Wentz fünfundzwanzig Jahre zuvor gehabt hatte. Da Grundbesitz in Indien normalerweise zur Vorbedingung hat, daß der Eigentümer in Indien lebt, hatten die Govindas mit den Behörden früher im allgemeinen wenig Probleme gehabt; dieses Mal hatte der Guru Lama jedoch weniger Glück. Bei ihrer Rückkehr nach Indien brachte Lama Govinda einige Briefe und Unterlagen von Evans-Wentz und eine Kopie seines Testamentes mit, in dem er seine Verfügung bezüglich des Grundstückes festgelegt hatte. Für das Finanzamt waren die Govindas die Besitzer, die die Steuer bezahlten, aber die Mahabodhi-Society wurde als der eigentliche Eigentümer betrachtet. Auch wenn Evans-Wentz' Unterlagen alt und von Hand geschrieben waren, so waren sie vor dem Gesetz gültig, und die Govindas benötigten jede mögliche Unterstützung. Sie wollten das Grundstück unverzüglich den Tibetern überschreiben. Überall in Indien hatte man Grund beschlagnahmt, und Gertrude Sen erwähnte den Verlust von Grundeigentum, das der Gemeinde gehört hatte, und das in einem Rechtsstreit nach Forderungen und Gegenforderungen verlorengegangen war.

Wie üblich wohnten die Govindas in Almora in dem engen, aber komfortablen Haus von Gertrude Sen, das oberhalb der Haupstraße lag, und blieben einige Tage bei ihrer Freundin, bevor sie weiter nach Kasar Devi fuhren. Sie tranken unzählige Tassen Tee und sprachen über die Ereignisse der letzen Jahre. Frau Sens Sorge darüber, daß ihre Freunde den Besitz aufgeben und sich dauerhaft in Amerika niederlassen würden, ließ sie ins Grübeln verfallen.

Lama Govinda hatte sich selbst bereits emotional von Kasar Devi getrennt:

Es kann nicht Wachstum ohne Veränderung geben. Leben bedeutet nicht nur zu sein, sondern zu werden ... solange wir uns in dem Prozeß des Werdens befinden, gibt es Leben und Wachstum. Das Schlimmste für uns ist die Unfähigkeit zur Veränderung ... solange es dafür eine Möglichkeit gibt, besteht Hoffnung. Aber der, der glaubt, er habe den Zustand der Vollkommenheit erreicht, ist am Ende nur in einer Sackgasse angelangt, denn er hat aufgehört, sich weiter zu bemühen. [221]

Li empfand dies ein wenig anders: Kasar Devi war ihr Zuhause. Das Alter und die Parkinsonsche Krankheit machten eine medizinische Betreuung erforderlich, die es im Himlaja nicht gab. Nachbarn erzählten, sie habe das Packen immer hinausgezögert und ihre Zeit damit verbracht, darüber nachzudenken, was mit ihrem Besitz geschehen solle. Die Tage verstrichen, und der Lama machte sich über den Fortschritt ihrer Arbeit Gedanken, auch wenn ein großer Teil der Arbeit darin bestand, die Besitzverhältnisse zu klären und die Übertragung der Rechte sicherzustellen. Schließlich transportierte eine lange Schlange von Ochsenkarren ihre Bücher, Schriften und allgemeine Dinge aus dem Haushalt, doch Li war über diesen Augenblick verärgert. Es war für sie ein schmerzvolles Erlebnis, und für sie war dies alles nur eine vorläufige Angelegenheit, in dem Glauben, sie würden wieder zurückkehren.

Gertrude Sen fragte mich 1979, wohin die Welt treiben würde, eine Frage, die gleichermaßen auf die Situation in Almora nach Abfahrt der Govindas gelten konnte. Die Besitzverhältnisse in Kasar Devi waren nun geklärt, und der Degungpa-Orden war nun der neue Eigentümer des Grundstücks; die Besitzverhältnisse führten jedoch auch in Zukunft zu Problemen. Gertrude Sen und der Guru Lama berichteten von Streitigkeiten und gewaltsamen Aktionen nach der Abfahrt der Govindas, und ein Freund der beiden wurde ins Gefängnis gesteckt. „Indien besitzt all dies Wissen, aber hat es scheinbar weggeworfen", sagte sie zu mir, obwohl sie dabei eher an Dinge von globaler Bedeutung dachte.

Jeder Brief aus Indien rief den Govindas den Schmerz in Erinnerung, und Mill Valley wurde für sie eine Art Refugium. Li erzählte ihrer Schwester Coomie, das Leben in Amerika sei einfacher, vor allem wegen der vielen Fertiggerichte in den Supermärkten, die die Organisation eines Haushaltes erleichterten. Dieses einfachere Leben spielte für Li und ihren Ehemann eine zunehmend größere Rolle, da es beiden immer schwerer fiel, sich allein zu versorgen. Die kleinen Probleme des Alltags, die in Almora oft ungeahnte Mühen bereitet hatten, waren in Kalifornien beinahe nicht vorhanden. Das Zen-Center half ihnen beim Einkaufen, Kochen und Saubermachen. Als sich ihr Gesundheitszustand immer mehr verschlechterte, waren sie von der Hilfe anderer abhängig. Yvonne Rand besuchte sie täglich und brachte sie zum Arzt oder erledigte Besorgungen. In einem Raum wohnte häufig ein Mitglied des Zen-Centers (und später eine Pflegeschwester), um den beiden stets unauffällig zur Seite zu stehen. Sie empfingen auch immer noch Besucher.

Lama Govinda, ein begnadeter Gesprächspartner, der einen großen Vorrat an Anekdoten und Geschichten zu erzählen wußte, war ein engagierter Verfechter des spirituellen Wachstums. Er war Vertreter des Mahayana, aber seine Einstellung war immer ökumenisch und ermutigte andere, die Wahrheit ungeachtet ihrer spirituellen Zugehörigkeit zu suchen. Die Universalität seines Weltbildes war vielleicht mehr als jeder andere Aspekt seines Lebens und seiner Arbeit für das wachsende Interesse am Buddhismus verantwortlich. Der Lama meinte, jede ernsthaft gestellte Frage verdiene eine ernsthafte Antwort. Selbst diejenigen, die die Arbeit Lama Govindas nicht begreifen konnten, verstanden doch seine Aufgeschlossenheit und waren häufig bereit, ein wenig mehr über spirituelles Wachstum zu lernen. Niemals gab er das auf, was er für seine

Verantwortung hielt; nur Krankheit und Schwäche beschränkten seine Kontakte zu anderen Menschen. Seine schriftstellerische Arbeit führte er ebenfalls weiter.

Auch in seinen letzten Jahren, in denen Lama Govinda im Rollstuhl saß und nicht laufen konnte, zog er sich selbst oft an den tibetischen Schreibtisch heran, den er seit Jahren benutzt hatte und verbrachte jeden Morgen einige Stunden mit Schreiben und Studium. Aus dieser Zeit gibt es einige Artikel. Seine Korrespondenz war sehr groß, und er versuchte, jeden Brief zu beantworten, was oft auf Kosten seiner eigenen Arbeit ging. Weiterentwicklung hieß für Lama Govinda Leben, und er versuchte, jeden Augenblick gut zu nutzen, während er den Pfad des Dharma beschritt.

Der menschliche Geist kann auf keinem Punkte seines Erkenntnisweges stehenbleiben. Stillstand bedeutet Tod – Erstarrung und Verfall. [222]

Veränderung bedeutete dem Lama sehr viel. 1981 veröffentlichte *Weatherhill and the Wheelright Press* des San Francisco Zen-Center *Die innere Struktur des I Ging*, einen Höhepunkt seiner vierzigjährigen Arbeit. Es war sein engagiertestes Buch, das auch für ihn das bedeutendste war. Die beträchtliche Anzahl an Zeichnungen im Buch demonstrierte sein Verständnis der Hexagramme und Triagramme, ohne daß er hätte auf Sekundärliteratur zurückgreifen müssen. Lama Govinda verteidigte seine Studie, denn er hatte den Eindruck gewonnen, die zeitgenössischen Übersetzungen „legen mehr Wert auf spätere Kommentare als auf die Struktur und tiefere Bedeutung des *I Ging*." [223] Im Lauf der Jahre hatte Lama Govinda seine Interpretation etwas umgeschrieben und verbessert, und seine Schwägerin Coomie erinnerte sich daran, daß er seine Zeichnungen voller Stolz vorzeigte, als sie ihn besuchte. Einen Teil seiner Arbeit hatte er in Shantiniketan und im Lager während des Krieges vollendet. Dort hatte er bei einigen Lehrern Chinesisch studiert, und dort war er zu dem Schluß gekommen, daß der Buddhismus wegen des *I Ging* problemlos Fuß fassen konnte. Lama Govinda schrieb, dies sei darauf zurückzuführen, daß die Chinesen „Mitgefühl und Selbstvertrauen, Ichlosigkeit und Erleuchtung, Dienst am Mitmenschen, selbstloses Handeln, Gewaltlosigkeit und innere Ruhe und die Erkenntnis der ewigen Veränderung oder Transformation" [224] hoch einschätzten.

Trotz seiner Freude über die Veröffentlichung des Buches hatten die früheren Herzinfarkte ihre Wirkung nicht verfehlt, und seine Bewegungsfähigkeit wurde weiter eingeschränkt. Er war von nun an immer auf den Rollstuhl angewiesen, und seine Vorlesungen und Seminare konnte er nicht mehr weiterführen. Mit Ausnahme von Arztbesuchen und einem gelegentlichen Abendessen in ihrem bevorzugten italienischen Restaurant in Mill Valley, verließen die Govindas nur selten das Haus. Zwei Jahre zuvor hatte Lama Govinda an Gertrude Sen geschrieben, die Menschen in Amerika schätzten ihr Werk hoch ein und bewiesen, daß sie bessere Buddhisten seien, als die, die sie in Indien getroffen hätten. Es ermutigte ihn, eine so verantwortungsbewußte Zuhörerschaft zu haben, und trotz seines schlechten Gesundheitszustandes arbeitete der Lama weiter. Damals schrieb er nur noch in englischer Sprache und sagte zu Yvonne Rand, er könne so mehr Menschen erreichen. *The American Theosophist* und *The Middle Way* veröffentlichten seine Artikel, und seine Einleitung zu Evans-Wentz' *Cuchame and Sacred Mountains* erschien, als *Swallow Press* das Buch 1981 herausbrachte. Während die Govindas wohl von Ärzten, Medikamenten und dem Komfort, den sie in Amerika fanden, abhängig waren, ließ der Lama nicht zu, daß dies seine Arbeit beeinträchtigte. Er hatte Pläne für eine Vielzahl von Projekten, darunter ein Buch über die Siddhas.

Eine Art innerer Zwang war für seine spätere Arbeit bestimmend, als ob er die Dinge in den verbleibenden Jahren noch ordnen wollte. Er drückte seine Sorge über die Interpretation der Religion durch Außenstehende aus. Religion war für ihn eine Form der Erfahrung, ein Ausdruck des Lebens, und er war der Meinung, jede „philologisch objektive und korrekte Übersetzung" könne ihr Wesen nicht adäquat beschreiben. Er schrieb weiter: „Ein außerordentlicher Grad an Feingefühl ist nötig, um alte religiöse Schriften zu übersetzen, ohne uns selbst mit dem Inhalt und der Tradition einer noch immer existierenden religiösen Erfahrung zu identifizieren. Unglücklicherweise mangelt es den meisten Übersetzern an diesem Feingefühl." [225] In einem anderen Artikel vertrat er die Auffassung, einige der bedeutendsten Übersetzer hätten nicht die Fähigkeit besessen, Geist und Freude zu vermitteln, welche die frühen Buddhisten erfahren hätten. Dies ließe sich auf die exakten, wörtlichen Übersetzungen zurückführen, die oft „den Zweck verfehlen". [226]

Damals erlebte das San Francisco Zen-Center einen traumatischen Umbruch, der dazu führte, daß Richard Baker Roshi das Zentrum verließ und die Zukunft im Unklaren lag. Lama Govinda, der durch die Ereignisse zutiefst betroffen war, konnte seine Freunde nur ermutigen, an der Grundlehre des Buddha festzuhalten und auf bessere Zeiten zu warten. Er erwähnte mir gegenüber allerdings, es gebe mit Ausnahme des Dalai Lama keinen wirklich glaubhaften buddhistischen Lehrer. Darüber hinaus teilte er Dr. Gottmann mit, er wünsche, daß sich Arya Maitreya Mandala „auf das Substantielle konzentriert". Der Lama hatte nun aus engster Nähe die Probleme einer Lebensgemeinschaft kennengelernt, und er war zu dem Schluß gekommen, ein System, in dem die Mitglieder nicht gemeinsam lebten und arbeiteten, sondern nur zu besonderen Anlässen zusammenkämen, sei am besten geeignet. Er war der Meinung, auch seine eigenen Bücher seien nicht ausreichend. Er verglich sie mit einem „Strohfeuer", an denen die Menschen nach einer anfänglichen kurzen Begeisterung kein weiteres Interesse zeigten. [227]

„Warum besteht ein so großer Unterschied zwischen dem Wissen, das durch das Leben selbst erworben und dem Wissen, das durch uns an andere weitergegeben wird?" fragte Lama Govinda in einem Artikel, der nach seinem Tod erschien. [228]

> *Warum sind diejenigen, die im Geist der großen Denker erzogen worden sind, so häufig weit von der Weisheit entfernt? Dies ist so, weil Erfahrung bedeutet, mit unserem ganzen Sein am Leben teilzuhaben, und dies bedeutet mehr als nur objektiv und unbetroffen zu beobachten ... jede wirkliche Erfahrung ist eine Verkörperung, eine Assimilation von etwas wirklich wichtigem ... Der andere, der, der nicht fühlt, der nicht davon betroffen ist, der nicht zuläßt, daß andere Dinge oder Menschen sein Herz berühren, ist zu einer wirklichen Erfahrung unfähig, denn er läßt zu, daß die Dinge von ihm Besitz ergreifen und wird so der Sklave der äußeren Welt.* [229]

Um ihn herum gab es viele Beispiele für ein solches Verhalten, und er beklagte sich immer wieder über ein mangelhaftes Verständnis und betonte die Notwendigkeit für ein wirkliches Mitgefühl. Nach einer Diskussion über die Siddhas in einem Artikel für *Wind Bell* schrieb er: „Mitgefühl ohne Weisheit ist ebenso schlecht wie Weisheit ohne Mitgefühl." Tara werde mit dem Auge der Weisheit in ihrer gebenden Hand dargestellt, um dies zu verdeutlichen. „Wir sollten nicht nur mit offenem Herzen geben, sondern auch mit offenen Augen." [230]

Die Govindas selbst führten nie eine abgehobene Existenz. In vieler Hinsicht hatten sie sehr gewöhnliche Vorlieben und aßen gerne gut, auch wenn Yvonne Rand sagte, sie hätten „Junk-Food" gemocht. (Lama Govinda sagte einmal zu mir, als er mir Kuchen und Coca Cola anbot, die Amerikaner zerbrächen sich „über so etwas" viel zu sehr den Kopf.) Li und ihr Gatte gingen oft erst spät zu Bett, aber in den letzten Jahren wurde dies durch Lama Govindas schlechten Gesundheitszustand eingeschränkt. Trotz Lis Beschwerde über aufdringliche Besucher waren die Abendstunden für Gäste reserviert – normalerweise, wenn nicht gerade im Fernsehen Tiersendungen liefen – und Li war sehr empfänglich für Komplimente über ihre eigenständige Rolle als Künstlerin. Ihre Bücher *Tibetan Fantasies* und *Tibet in Pictures* hatten ihren Ruf begründet, und dies war ihr sehr wichtig. Ein besonderes Thema, wenn Gespräche über Musik und Kunst erschöpft waren, war der „Guru-Klatsch", und dies führte oft dazu, daß ich ihr Haus sehr spät verließ, wenn das Gespräch auf dieses Thema kam.

Sie lebten gern komfortabel, und die einzige Sorge, die ihr Leben bestimmte, war ihre schwindende Gesundheit. Im Mai 1984 veranstaltete Arya Maitreya Mandala in Stuttgart eine einmonatige Ausstellung von Lama Govindas Gemälden und Büchern, zu deren Anlaß auch Vorträge von Indologen und Mitgliedern der Gesellschaft gehalten wurden. Die Govindas konnten nicht daran teilnehmen. Sein Augenlicht war schwächer geworden, und er beklagte sich darüber, daß er sich wegen der partiellen Lähmung seiner Beine nur noch im Rollstuhl fortbewegen konnte. Lis Parkinsonsche Krankheit hatte sich verschlimmert. Sie waren aber stolz über die Aktivitäten in Deutschland, und der Lama meinte, man betone dort die Grundlage des Buddhismus, ohne jedoch die verschiedenen Formen und Interpretationen zu ignorieren. Arya Maitreya Mandala hatte ein umfassendes Archiv von Lama Govindas Arbeiten angelegt, und er hatte Dr. Gottmann zu seinem Nachfolger ernannt und die Korrekturen seiner augenblicklichen Arbeiten und die Verhandlungen mit den Verlagen ihm übertragen.

Sangarashita trat nach einigen Jahren des Schweigens erneut in sein Leben. Es war für den Lama eine Freude, von dem englischen Buddhisten noch einmal eine Nachricht zu erhalten, und er antwortete ihm unverzüglich und beglückwünschte ihn zu seinen Arbeiten und Reisen, vor allem zu seinen Ausflügen nach Italien, ein Land, dem gegenüber der Lama eine starke Zuneigung empfand.

Ich bin ein großer Bewunderer der italienischen Kunst, und wie Sie auch, habe ich stets die Bedeutung der europäischen Kultur vertreten. Ohne die Wurzeln unserer eigenen Kultur zu kennen, wie können wir das Wesentliche an der Kultur des Buddhismus aufnehmen? [231]

Dies war seine letzte bekannte Äußerung. Vier Tage später, am 14. Januar 1985, als Lama Anagarika Govinda gerade Li und einem Freund eine Geschichte erzählte, erlitt er einen weiteren Herzinfarkt und starb in den Armen seiner Gattin. In einem Brief an Sangharashita hatte Lama Govinda ausgedrückt, was er für seine letzte Botschaft hielt:

Nun liegt es an der nächsten Generation, den Buddhismus aus einer rein akademischen Atmosphäre herauszuführen und ihn als lebendige Erfahrung zu vermitteln. [232]

Epilog

In seiner Interpretation des *I Ging* hatte Lama Govinda betont, jede Art von Leben unterliege einer kontinuierlichen Veränderung. Nichts sei statisch, alles befinde sich in Bewegung. Es ist nötig, dieses Prinzip zu verstehen, wenn man die Grenzen des linearen Denkens überwinden möchte, die für Selbsttäuschung, Desorientierung und ein begrenztes Verständnis verantwortlich sind. Dies wurde nicht nur durch das Beispiel seines eigenen Lebens deutlich, sondern auch in den Ereignissen, die seinem Tod folgten.

Nach einigen Monaten, in denen sich ihr Gesundheitszustand immer mehr verschlechtert hatte, kehrte Li Gotami zu ihrer Familie nach Indien zurück. Zuerst sollte sie in Kalifornien bleiben, wo die gleichen Freunde sie weiter betreuen wollten, die bereits zuvor den Lama und sie betreut hatten. Die Zeiten hatten sich jedoch geändert, und es gab immer größere finanzielle Schwierigkeiten, und das Zen-Center, das sie unterstützt hatte, mußte die Unterstützung einstellen, nachdem sich die finanzielle Situation so verschlechtert hatte, daß man über den Fortbestand ernsthaft nachdachte. Nach einem kurzen Aufenthalt in einer kleinen Wohnung in Poona, In-

Kasar Devi, Bild von Li Gotami

dien, starb Li im August 1988; ihre Pläne, in Almora einen *chörten* zu bauen, in dem die Asche Lama Govindas beigesetzt werden sollte, wurden nicht erfüllt.

Die Zukunft Kasar Devis ist ebenso unsicher. Kurz nach der Übertragung der Besitzrechte und der Rückkehr der Govindas nach Amerika, sah der Besitz aus wie jeder andere Hof auf den Hügeln des Kumaon, der seine Bewohner kaum ernähren konnte und der sich von den benachbarten Häusern in keiner Weise unterschied. Nachdem auch der Guru Lama verstorben ist, ist der Verbleib seiner Familie und der Waisenkinder, um die er sich dort gekümmert hatte, unbekannt. Wenn die zentrale Gestalt eines religiösen Zentrums nicht mehr da ist, löst sich ein solches Zentrum häufig auf. Der Degungpa-Orden hatte geplant, einen Lama dorthin zu schicken, der die Lehre weiter vertreten sollte, aber es ist unklar, was dies in der Praxis bedeuten soll. Die lokale politische und wirtschaftliche Lage unterstützt eine solche Entwicklung auf dem Grundstück kaum, und der Guru Lama hatte mir noch kurz vor seinem Tod gesagt, die Habgier der Nachbarn sei trotz der legalen Übertragung der Besitzrechte an den Degungpa-Orden nicht zu vernachlässigen.

Was bleibt von Lama Govindas Werk? Welche seiner Artikel und Bücher werden dem Lauf der Zeit widerstehen? Es ist richtig, daß die Tibetologie ihm für seine Pionierleistung zu Dank verpflichtet ist, obwohl moderne Forschungsmethoden und eine bessere photographische Technik und Ausrüstung seinen eher persönlichen, individuellen Stil ersetzt haben. Eine größere Zahl an buddhistischen Schriften erscheint jedes Jahr – Übersetzungen, Ausblicke und Meditationsanweisungen – und führen die Arbeit des Lama in einer Weise fort, die er früher kaum für möglich gehalten hätte.

Tsaparang ist nun für Touristen zugänglich, und viele Zeitschriften veröffentlichen Bilder von den interessanten und auch im Detail sehr schönen Fresken, die Lama Govinda beschrieben und die Li Gotami vor mehr als vierzig Jahren photographiert hatte. Kurz vor seinem Tod hatte der Lama zugegeben, es sei falsch gewesen, seine Reise nach Westtibet allein durchgeführt zu haben. Er glaubte damals, es wäre sinnvoller gewesen, mit einem Team dorthin zu gehen und *alle* Kunstwerke zu untersuchen, bevor ein Großteil durch die Kulturrevolution vernichtet wurde. In Anbetracht der Qualität der verbliebenen Fresken und Statuen können wir ihm nur zustimmen; das, was er 1949 gesehen hatte, muß überwältigend gewesen sein.

Das, was er gesehen hatte, war von Bedeutung. Dies gilt nicht nur für seinen Aufenthalt in Tsaparang und Gyantse, sondern auch für seine Reise zum Mt. Kailash und seine Meditationen in Capri, in Nordindien und den Grenzregionen. Es waren seine inneren Visionen, seine eindrucksvollen Beobachtungen und Erfahrungen, die der Welt des Westens eine Biographie vermittelt haben, die so umfassend, so reichhaltig ist, daß selbst Jahre nach ihrer Veröffentlichung diese Bilder ihre Schärfe und Ursprünglichkeit behalten haben.

Diese Gedanken und Visionen wurden in langen Stunden an seinem Schreibtisch gleichsam destilliert, verfeinert und im Laufe der Jahre überarbeitet, bis der Fall Lhasas ihn dazu veranlaßte, diese in *Der Weg der Weißen Wolken* zu veröffentlichen. Dieses Buch überragt seine anderen Arbeiten, und es ist seine meistgelesene und meistbekannte Publikation. Die verschiedenen Kapitel zeigen eine faszinierende Sicht der Wirklichkeit, eine unermeßliche Sammlung rein äußerlicher Beschreibungen und eine Diskussion spiritueller Themen, die für jeden dafür empfänglichen und suchenden Menschen von Belang ist. Seine Verständlichkeit ist nicht nur für den Erfolg dieses Buches verantwortlich, sondern auch für den seiner Vorträge und privaten Gespräche. Die Universalität seiner Ansichten und seine Persönlichkeit überragten bei weitem noch seine Bedeutung als Gelehrter.

Lama Govinda stammte aus einem anderen Jahrhundert. Er lebte auf einer anderen Ebene der Realität, die sich einerseits im Spirituellen, andererseits im Künstlerischen offenbarte, und die in seiner mitfühlenden, ästhetischen Empfindung und seiner umgänglichen Persönlichkeit zur Vollendung kam. Sein Einfluß dauert an, sei es in Buchläden in Katmandu, in Klosterbibliotheken oder in den Rucksäcken von Suchenden und Pilgern.

Anmerkungen

[1] Lama Anagarika Govinda, *Der Weg der weißen Wolken* (München, 1987) Seite 121.
[2] Ebenda
[3] Ebenda
[4] Lama Anagarika Govinda, *Why I am a Buddhist* (Mahabodhi Youth League, Sarnath, undatiert), S. 3
[5] Ebenda
[6] Herausgegeben von K. Paul, Trench, Trubner, London 1926
[7] Yvonne Rand, *Ein Interview mit Lama Govinda*, private Bandaufzeichnung
[8] Ebenda
[9] Lama Anagarika Govinda, *The Buddhist Annual of Ceylon* (Colombo, 1927), ohne Seitenangabe
[10] Lama Anagarika Govinda, *Psycho-Cosmic Symbolism of the Buddhist Stupa* (Dharma Publishing, 1976), S. xiii
[11] Yvonne Rand, Bandaufzeichnung
[12] Ebenda
[13] Ebenda
[14] Ebenda
[15] *The Ceylon Independent* (Arya Maitreya Mandala Bibliothek), 11. Januar 1929, nicht numerierter Artikel
[16] Yvonne Rand, Bandaufzeichnung
[17] *The Ceylon Independent*, Ebenda
[18] *Der Weg der weißen Wolken*, S. 201
[19] Ebenda, S. 206
[20] Ebenda, S. 217 f.
[21] Ebenda, S. 218
[22] Ebenda, S. 219
[23] Yvonne Rand, Bandaufzeichnung
[24] *Der Weg der weißen Wolken*, S. 34
[25] Ebenda, S. 33

[26] Karl Ray, „Lama Anagarika Govinda; An Interview", *The Shambala Review*, Band 4, No. 4, November 1975, S. 16
[27] *Der Weg der weißen Wolken*, S. 34
[28] Ebenda, S. 38 f.
[29] Ebenda, S. 61 f.
[30] Ebenda, S. 62
[31] Ebenda, S. 38
[32] Ebenda, S. 44
[33] Ebenda, S. 50
[34] Ebenda, S. 65
[35] Ebenda, S. 27
[36] Ebenda, S. 27
[37] Ebenda, S. 67
[38] Ebenda, S. 73
[39] Walter Evans Wentz, *Tibets Great Yogi Milarepa* (Oxford University Press, 1976), S. xiii
[40] *Der Weg der weißen Wolken*, S. 76 f.
[41] Ebenda, S. 78
[42] Ebenda, S. 78
[43] Ebenda, S. 103
[44] Ebenda, S. 103
[45] Ebenda, S. 103
[46] Ebenda, S. 104
[47] Ebenda, S. 104
[48] Ebenda, S. 108
[49] Ebenda, S. 108
[50] Ehrw. Sangharashita, unveröffentlichte Erinnerungen, S. 215
[51] *Der Weg der weißen Wolken*, S. 111
[52] Ebenda, S. 118 f.
[53] Ebenda, S. 116
[54] Ebenda, S. 117
[55] Ebenda, S. 117
[56] Ebenda, S. 70
[57] Ebenda, S. 70
[58] Ebenda, S. 236
[59] Ebenda, S. 237
[60] Ebenda, S. 237
[61] *The Tribune* (Arya Maitreya Mandala Bibliothek), Artikel vom 16. September 1933
[62] Gespräch mit Li Gotami
[63] Lama Anagarika Govinda, *Die psychologische Haltung der frühbuddhistischen Philosophie*, Rascher Verlag, Zürich und Stuttgart 1961, Umschlag
[64] Ebenda, S. 12-14
[65] *Der Weg der weißen Wolken*, S. 162
[66] Ebenda, S. 167
[67] Ebenda, S. 172
[68] Ebenda, S. 173
[69] Ebenda, S. 178
[70] Ebenda, S. 184 f.
[71] Ebenda, S. 187
[72] Ebenda, S. 194
[73] Ebenda, S. 195
[74] Ebenda, S. 196
[75] Ebenda, S. 198
[76] Ebenda, S. 198

[77] Gespräch mit Lama Govinda
[78] Brief von Ehrw. Nyanaponika Mahathera
[79] Ebenda
[80] Lama Anagarika Govinda, «Man and Nature in Tibet», *Mahabodhi Society Journal*, Mai 1935
[81] Nyanaponika Mahathera, Brief
[82] *Der Weg der Weißen Wolken*, S. 241
[83] Aus einer Sammlung von Aufzeichnungen Govindas
[84] Gespräch mit Li Gotami
[85] Brief von Li Gotami an C.P. Ross, 4. September 1947
[86] Tagebucheintrag Li Gotamis, 15. Juli 1947; unbetitelte und nicht numerierte Seiten in den Schriften Govindas
[87] Ebenda
[88] Ebenda
[89] Ebenda
[90] Ebenda
[91] Ebenda
[92] Ebenda
[93] Brief von Li Gotami an ihre Schwester Coomie, 4. September 1947
[94] Ebenda
[95] *Der Weg der Weißen Wolken*, S. 247 f.
[96] Brief von Li Gotami an ihre Schwester Coomie, 4. September 1947
[97] *Der Weg der Weißen Wolken*, S. 260
[98] Brief von Li Gotami an C.P. Ross, 4. September 1947
[99] Brief von Li Gotami an ihre Schwester Coomie, 2. November 1947
[100] Ebenda
[101] Brief von Li Gotami an ihre Schwester Coomie, 21. Dezember 1947
[102] *Der Weg der Weißen Wolken*, S. 297
[103] Brief von Li Gotami an ihre Schwester Coomie, 25. Mai 1948
[104] Ebenda
[105] Li Gotami, *Illustrated Weekly of India*, aus einem Artikel vom 15. April 1951, S. 29
[106] Ebenda
[107] *Der Weg der Weißen Wolken*, S. 348 f.
[108] Ebenda
[109] Li Gotami, *Illustrated Weekly of India*, aus einem Artikel vom 22. April 1951, S. 31
[110] John Snelling, *The Sacred Mountain* (EastWest Publications, 1983), S. 47
[111] Ebenda, S. 15
[112] Dr. Walter Evans-Wentz, *Cuchama and Sacred Mountains* (Swallow Press, 1981) S. 54
[113] Ebenda, S. xxix
[114] Ebenda, S. 53, Fußnote
[115] *Der Weg der Weißen Wolken*, S. 318
[116] Ebenda, S. 319
[117] *Illustrated Weekly of India*, 22. April 1951; Die vorhergehenden beiden Absätze enthalten Zitate aus diesem Artikel auf S. 33
[118] Ebenda
[119] *Der Weg der Weißen Wolken*, S. 345
[120] Ebenda, S. 346 f.
[121] Ebenda, S. 348
[122] Li Gotami, *Illustrated Weekly of India*, aus einem Artikel vom 29. April 1951, S. 29
[123] *Der Weg der Weißen Wolken*, S. 348
[124] Ebenda, S. 352 f.
[125] Li Gotami, *Illustrated Weekly of India*, aus einem Artikel vom 6. April 1951, S. 31
[126] Ebenda

[127] *Der Weg der Weißen Wolken*, S. 358
[128] Ebenda, S. 359
[129] Ebenda, S. 359 f.
[130] Li Gotami, *Illustrated Weekly of India*, aus einem Artikel vom 6. Mai 1951, S. 32
[131] *Der Weg der Weißen Wolken*, S. 361
[132] Ebenda, S. 364
[133] *Illustrated Weekly of India*, 6. Mai 1951, S. 32
[134] *Der Weg der Weißen Wolken*, S. 367
[135] Li Gotami, *Illustrated Weekly of India*, aus einem Artikel vom 13. Mai 1951, S. 32
[136] *Der Weg der Weißen Wolken*, S. 367 f.
[137] *Illustrated Weekly of India*, 13. Mai 1951, S. 32
[138] *Der Weg der Weißen Wolken*, S. 376
[139] Ebenda, S. 385
[140] Ebenda, S. 387
[141] Ebenda, S. 388
[142] Ebenda, S. 388/389
[143] Li Gotami, *Illustrated Weekly of India*, aus einem Artikel vom 20. Mai 1951, S. 32
[144] *Der Weg der Weißen Wolken*, S. 396
[145] *Illustrated Weekly of India*, 20. Mai 1951, S. 32
[146] Ebenda
[147] *Der Weg der Weißen Wolken*, S. 399
[148] *Illustrated Weekly of India*, 20. Mai 1951, S. 32
[149] Ebenda
[150] Li Gotami, *Illustrated Weekly of India*, aus einem Artikel vom 27. Mai 1951, S. 30
[151] *Der Weg der Weißen Wolken*, S. 402
[152] Ebenda, S. 403
[153] Ebenda, S. 405
[154] Ebenda, S. 406
[155] Ebenda, S. 409
[156] Ebenda, S. 409
[157] *Illustrated Weekly of India*, 27. Mai 1951, S. 32
[158] Gespräch mit Lama Govinda
[159] Memoiren von Sangharashita, die ersten beiden Absätze enthalten Zitate aus den Seiten 203-4
[160] Ebenda, S. 205
[161] Ebenda, die ersten beiden Absätze enthalten Zitate aus S. 207
[162] Ebenda, S. 208
[163] Ebenda, S. 209
[164] Ebenda
[165] Ebenda
[166] R. C. Tandan, *Art of Anagarika Govinda* (Allahabad, 1937) ohne Seitenangabe
[167] Memoiren von Sangharashita, S. 216
[168] Ebenda
[169] Ken Winkler, *Pilgrim of the Clear Light: The Biography of Dr. Walter Evans-Wentz* (Dawnfire, 1982) S. vii
[170] Dr. Walter Evans-Wentz, *Das tibetanische Totenbuch* (Walter Verlag AG, Olten, 1971) S. 39
[171] Ebenda
[172] *Pilgrim of the Clear Light*, S. viii
[173] *Der Weg der Weißen Wolken*, S. 32
[174] Aus einem Brief von Dr. Walter Evans-Wentz an Lama Govinda, Stanford University Special Collections Library, 28. 4. 55
[175] Ebenda
[176] Gespräch mit Gertrude Sen

[177] Brief von Gertrude Sen an Li Gotami, undatiert
[178] Gespräch mit Sunyabhai
[179] Ebenda
[180] *Die psychologische Haltung der frühbuddhistischen Philosophie*, S. 2
[181] Ebenda (Nicht in der deutschen Ausgabe)
[182] Lama Anagarika Govinda, *Mahabodhi Society Journal*, Buchbesprechung, August 1954
[183] Ebenda
[184] Lama Anagarika Govinda, *Grundlagen tibetischer Mystik (Fischer Taschenbuch Verlag, Frankfurt am Main, 1979, S. VII*
[185] Ebenda
[186] Ebenda, S. 28
[187] *Why I Am a Buddhist*, S. 4
[188] Ebenda
[189] Lama Anagarika Govinda, *Wind Bell* (San Francisco Zen Center, Sommer 1985) S. 7
[190] *Grundlagen tibetischer Mystik*, S. 334
[191] Aus einem Brief von Dr. Walter Evans-Wentz an Lama Govinda, Stanford University Special Collections Library, 20. 7. 57
[192] Aus einem Brief von Dr. Walter Evans-Wentz an Lama Govinda, Stanford University Special Collections Library, 17. 9. 59
[193] *Der Weg der Weißen Wolken*, S. 12
[194] Ebenda
[195] Ebenda
[196] Ebenda, S. 14
[197] Lama Anagarika Govinda, «The Reality of Perfection», *The Middle Way*, März 1960, S. 19
[198] Ebenda
[199] Ebenda
[200] *The Middle Way*, September 1960, S. 60
[201] *The Middle Way*, Mai 1960, S. 19
[202] Aus einem Brief von Lama Govinda an Dr. Walter Evans-Wentz, Stanford University Special Collections Library, 15. 7. 62
[203] Gary Snyder, *Passage Through India* (Grey Fox, 1983) S. 70
[204] Lama Anagarika Govinda, «Consciousness Expansion and Disintegration versus Concentration and Spiritual Regeneration», *The Middle Way*, August 1971, S. 77
[205] Aus einem Brief von Lama Govinda an Dr. Walter Evans-Wentz, Stanford University Special Collections Library, 10. 11. 62
[206] *Grundlagen tibetischer Mystik*, S. 86
[207] Aus einem Brief von Lama Govinda an Dr. Walter Evans-Wentz, Stanford University Special Collections Library, 14. 4. 64
[208] *Der Weg der Weißen Wolken*, S. 14
[209] Lama Anagarika Govinda, «Logic and Symbol in the Multi-Dimensional Conception of the Universe», *The Middle Way*, Februar 1962, S. 151
[210] Ebenda, S. 151-4
[211] Ebenda, S. 154-5
[212] *Why I Am a Buddhist*, S. 10
[213] *Der Weg der Weißen Wolken*, S. 11
[214] Ebenda, S. 421
[215] Gespräch mit Dr. Gottmann, Mai 1987
[216] Aus einem Brief von Lama Govinda an Ehrw. Sangharashita, The Friends of the Western Buddhist Order Archiv, 24. 9. 61
[217] Lama Anagarika Govinda, *Stepping Stones*, Juli 1951, ohne Seitenangabe
[218] Gespräch mit Dr. Gottmann, Mai 1987
[219] Aus einem Brief von Lama Govinda an Gertrude Sen, 10. 8. 71, Aus der Sammlung des Verfassers

[220] Lama Anagarika Govinda, «Symbols of Transformation», *Main Currents in Modern Thought*, September-Oktober 1975, Vol. 32, No. 1, S. 12
[221] Lama Anagarika Govinda, «Buddhism as Actuality, Beyond Pessimism and Optimism», *The American Theosophist*, Herbst 1983, S. 361
[222] *Grundlagen tibetischer Mystik*, S. 238
[223] Lama Anagarika Govinda, *Die innere Struktur des I Ging – Das Buch der Wandlungen*, (Aurum Verlag).
[224] Ebenda.
[225] Lama Anagarika Govinda, *Wind Bell* (San Francisco Zen Center, Sommer 1985) S. 7
[226] *The American Theosophist*, Herbst 1983, S. 357
[227] Gespräch mit Dr. Gottmann, Mai 1987
[228] Lama Anagarika Govinda, «Symbols as Transfomation», *The American Theosophist*, Frühjahr 1986, S. 177
[229] Ebenda, S. 177-8
[230] Lama Anagarika Govinda, «Masters of The Mystic Path», *Wind Bell* , (San Francisco Zen Center, Frühjahr 1984), S. 38
[231] Aus einem Brief von Lama Govinda an Ehrw. Sangharashita, The Friends of the Western Buddhist Order Archiv, 1. 10. 85
[232] Ebenda

Dalai Lama
Die Vorträge in Harvard

Im Jahre 1981 hielt der Dalai Lama an der Harvard Universität eine Serie von Vorträgen, die in unnachahmlicher Weise in die Tiefe der buddhistischen Weisheitstradition einführen. Unter der Überschrift „Vorträge über den buddhistischen Pfad zum Frieden" wurden seine zehn Vorträge und Dialoge mit Studenten und Professoren veröffentlicht. Sie stellen ein faszinierendes Dokument buddhistischer Geisteskultur dar, wie es zur Zeit außer dem Dalai Lama wohl kaum ein buddhistischer Lehrer entfalten kann. Es offenbart sich in jedem Satz die einzigartige Kombination eines brillanten Intellektes, eines zutiefst praktischen Denkens und das allumfassende Mitgefühl sowie die tiefe Menschenliebe, die den 14. Dalai Lama charakterisieren.

Seine Ausführungen zeigen nicht nur einen Weg zum *äußeren Frieden* auf, sondern sie beschreiben vor allem den Pfad zum *inneren Frieden,* der erst die Voraussetzung dafür schafft.

Die Darlegungen des Dalai Lama zur Buddha-Natur, zu höheren Bewußtseinsstufen oder zur Karma-Lehre offenbaren auch dem nicht speziell am Buddhismus Interessierten einen Geisteskosmos von kristallener Klarheit und Schönheit.

In diesem Werk kommt der Leser dem Friedensnobelpreisträger und dem großen Weisen so nahe, wie vielleicht mit keiner anderen seiner Veröffentlichungen.

Ein Buch von großer Tiefe und Weisheit. Ein Zeugnis bewegender Humanität.

ISBN 3-89427-014-4

DALAI LAMA
Die Gespräche in Bodhgaya

In jedem Jahrhundert ragen einige große Gestalten aus der Menschheitsfamilie heraus, die Geistes- und Zeitgeschichte schrieben. Wenn einmal die Chronik des 20. Jahrhunderts zu verfassen sein wird, dürfte die Figur des 14. Dalai Lama an prominenter Stelle Erwähnung finden.

Auf seinen zahllosen Reisen in den Westen gewann der Dalai Lama durch Offenheit, Menschlichkeit und Spiritualität die Herzen vieler Abendländer. Wer diesem Mann begegnet, spürt die geistige Tiefe einer großen Seele, die sich aber nicht hinter einer Mauer weltferner Heiligkeit verschanzt. Der Dalai Lama ist seinen Mitmenschen, trotz seiner herausragenden weltlichen und geistigen Stellung, allzeit nahegeblieben.

Diese Nähe zu den alltäglichen Sorgen und Nöten des Menschen spürt man aus den Gesprächen heraus, die der Dalai Lama über mehrere Jahre hinweg in Bodhgaya (dem Ort, wo Buddha zur Erleuchtung fand) geführt hat. Seine Antworten auf Fragen über den geistigen Weg, die Meditationspraxis, die Begegnung zwischen Buddhismus und Christentum, das Selbst und die Unsterblichkeit – um nur einige Themen anzusprechen – weisen Wege, ohne zwingend zu wirken. Nicht der Bekenntnischarakter steht für den Dalai Lama im Mittelpunkt des Religiösen, sondern die gelebte spirituelle Praxis.

So strahlen seine Antworten und Erläuterungen aus als ein Licht der Liebe und des Mitgefühls, in eine Zeit, die diese Qualitäten so sehr benötigt.

Die Bodhgaya-Gespräche bringen dem Leser einen großen „Lehrer der Weisheit" näher, der weit über die Grenzen seiner eigenen Tradition hinaus Gehör findet – und zu den wesentlichen Menschen der Gegenwart gezählt werden darf.

ISBN 3-922936-83-0

Renée Weber
Wissenschaftler und Weise
Gespräche über die Einheit des Seins

Die Welt steht an einem Wendepunkt. Nicht mehr der Spezialwissenschaftler, der alles über sehr wenig weiß und dabei das Ganze aus den Augen verliert, wird das Weltbild der Zukunft gestalten, sondern jene, die ganzheitlich (holographisch) denken, werden die verborgene Einheit des Seins enträtseln. Es ist eine Wendezeit. Zwei Welten begegnen sich, die einander anscheinend so fremd sind,– Naturwissenschaft und Mystik.

ISBN 3-922936-53-9